全国中国特色社会主义政治经济学研究中心（福建师范大学）学者文库
主编 李建平

绿色创新驱动我国制造业绿色转型的作用机理与模式研究

RESEARCH ON THE MECHANISM AND MODEL OF GREEN TRANSFORMATION OF CHINA'S MANUFACTURING INDUSTRY DRIVEN BY GREEN INNOVATION

林寿富 ◎ 著

中国财经出版传媒集团
经济科学出版社
Economic Science Press

图书在版编目（CIP）数据

绿色创新驱动我国制造业绿色转型的作用机理与模式研究/林寿富著．—北京：经济科学出版社，2020.4
（全国中国特色社会主义政治经济学研究中心（福建师范大学）学者文库）
ISBN 978－7－5218－1467－5

Ⅰ．①绿…　Ⅱ．①林…　Ⅲ．①制造工业－产业结构升级－研究－中国　Ⅳ．①F426.4

中国版本图书馆 CIP 数据核字（2020）第 059053 号

责任编辑：孙丽丽　纪小小
责任校对：王肖楠
责任印制：李　鹏

绿色创新驱动我国制造业绿色转型的作用机理与模式研究
林寿富　著
经济科学出版社出版、发行　新华书店经销
社址：北京市海淀区阜成路甲 28 号　邮编：100142
总编部电话：010－88191217　发行部电话：010－88191522
网址：www.esp.com.cn
电子邮箱：esp@esp.com.cn
天猫网店：经济科学出版社旗舰店
网址：http://jjkxcbs.tmall.com
北京季蜂印刷有限公司印装
710×1000　16 开　14.75 印张　270000 字
2020 年 4 月第 1 版　2020 年 4 月第 1 次印刷
ISBN 978－7－5218－1467－5　定价：58.00 元
（图书出现印装问题，本社负责调换。电话：010－88191510）

总 序*

在2017年春暖花开之际，从北京传来喜讯，中共中央宣传部批准福建师范大学经济学院为重点支持建设的全国中国特色社会主义政治经济学研究中心。中心的主要任务是组织相关专家学者，坚持以马克思主义政治经济学基本原理为指导，深入分析中国经济和世界经济面临的新情况和新问题，深刻总结改革开放以来中国发展社会主义市场经济的实践经验，研究经济建设实践中所面临的重大理论和现实问题，为推动构建中国特色社会主义政治经济学理论体系提供学理基础，培养研究力量，为中央决策提供参考，更好地服务于经济社会发展大局。于是，全国中国特色社会主义政治经济学研究中心（福建师范大学）学者文库也就应运而生了。

中国特色社会主义政治经济学这一概念是习近平总书记在2015年12月21日中央经济工作会议上第一次提出的，随即传遍神州大地。恩格斯曾指出："一门科学提出的每一种新见解都包含这门科学的术语的革命。"① 中国特色社会主义政治经济学的产生标志着马克思主义政治经济学的发展进入了一个新阶段。我曾把马克思主义政治经济学150多年发展所经历的三个阶段分别称为1.0版、2.0版和3.0版。1.0版是马克思主义政治经济学的原生形态，是马克思在批判英国古典政治经济学的基础上创立的科学的政治经济学理论体系；2.0版是马克思主义政治经济学的次生形态，是列宁、斯大林等人对1.0版的

---

* 总序作者：李建平，福建师范大学原校长、全国中国特色社会主义政治经济学研究中心（福建师范大学）主任。

① 马克思．资本论（第1卷）［M］．北京：人民出版社，2004：32.

坚持和发展；3.0 版的马克思主义政治经济学是当代中国马克思主义政治经济学，它发端于中华人民共和国成立后的 20 世纪 50 ~ 70 年代，形成于 1978 年党的十一届三中全会后开始的 40 年波澜壮阔的改革开放过程，特别是党的十八大后迈向新时代的雄伟进程。正如习近平所指出的："当代中国的伟大社会变革，不是简单套用马克思主义经典作家设想的模板，不是其他国家社会主义实践的再版，也不是国外现代化发展的翻版，不可能找到现成的教科书。"① 我国的马克思主义政治经济学"应该以我们正在做的事情为中心，从我国改革发展的实践中挖掘新材料、发现新问题、提出新观点、构建新理论。"② 中国特色社会主义政治经济学就是具有鲜明特色的当代中国马克思主义政治经济学。

中国特色社会主义政治经济学究竟包含哪些主要内容？近年来学术理论界进行了深入的研究，但看法并不完全一致。大体来说，包括以下 12 个方面：新中国完成社会主义革命、确定社会主义基本经济制度、推进社会主义经济建设的理论；社会主义初级阶段理论；社会主义本质理论；社会主义初级阶段基本经济制度理论；社会主义初级阶段分配制度理论；经济体制改革理论；社会主义市场经济理论；使市场在资源配置中起决定性作用和更好发挥政府作用的理论；新发展理念的理论；社会主义对外开放理论；经济全球化和人类命运共同体理论；坚持以人民为中心的根本立场和加强共产党对经济工作的集中统一领导的理论。对以上各种理论的探讨，将是本文库的主要任务。但是应该看到，中国特色社会主义政治经济学和其他事物一样，有一个产生和发展过程。所以，对中华人民共和国成立七十年来的经济发展史和马克思主义经济思想史的研究，也是本文库所关注的。从 2011 年开始，当代中国马克思主义经济学家的经济思想研究进入了我们的视野，宋涛、刘国光、卫兴华、张薰华、陈征、吴宣恭等老一辈经济学家，他们有坚定的信仰、不懈的追求、深厚的造诣、丰硕的研究成果，为中国特色社会主义政治经济学做出了不可磨灭的

① 李建平. 构建中国特色社会主义政治经济学的三个重要理论问题［N］. 福建日报（理论周刊）. 2017 - 01 - 17.

② 习近平. 在哲学社会科学工作座谈会上的讲话［M］. 北京：人民出版社，2016：21 - 22.

贡献，他们的经济思想也是当代和留给后人的一份宝贵的精神财富，应予阐释发扬。

全国中国特色社会主义政治经济学研究中心（福建师范大学）的成长过程几乎和改革开放同步，经历了40年的风雨征程：福建师范大学政教系1979年开始招收第一批政治经济学研究生，标志着学科建设的正式起航。以后相继获得：政治经济学硕士学位授权点（1985年）、政治经济学博士学位授权点（1993年），政治经济学成为福建省“211工程”重点建设学科（1995年）、国家经济学人才培养基地（1998年，全国仅13所高校）、理论经济学博士后科研流动站（1999年）、经济思想史博士学位授权点（2003年）、理论经济学一级学科博士学位授权点（2005年）、全国中国特色社会主义政治经济学研究中心（2017年，全国仅七个中心）。在这期间，1994年政教系更名为经济法律学院，2003年经济法律学院一分为三，经济学院是其中之一。40载的沐雨栉风、筚路蓝缕，福建师范大学理论经济学经过几代人的艰苦拼搏，终于从无到有、从小到大、从弱到强，成为一个屹立东南、在全国有较大影响的学科，成就了一段传奇。人们试图破解其中成功的奥秘，也许能总结出许多条，但最关键的因素是，在40年的漫长岁月变迁中，我们不忘初心，始终如一地坚持马克思主义的正确方向，真正做到了咬定青山不放松，任尔东西南北风。因为我们深知，“在我国，不坚持以马克思主义为指导，哲学社会科学就会失去灵魂、迷失方向，最终也不能发挥应有作用。”① 在这里，我们要特别感谢中国人民大学经济学院等国内同行的长期关爱和大力支持！因此，必须旗帜鲜明地坚持以马克思主义为指导，使文库成为学习、研究、宣传、应用中国特色社会主义政治经济学的一个重要阵地，这就是文库的“灵魂”和“方向”，宗旨和依归！

是为序。

李建平

2019年3月11日

---

① 习近平. 在哲学社会科学工作座谈会上的讲话［M］. 北京：人民出版社，2016：9.

前 言

制造业是实体经济的基础和核心，也是财富的真正来源和保障，能够充分体现一个国家的综合实力和水平。新中国成立70年来，在中国共产党的坚强领导下，中国经济发生了翻天覆地的变化，中国一跃成为世界第二大经济体和世界第一大工业国，“中国制造”成为享誉世界的名片，在世界制造业中起着举足轻重的作用。后金融危机时代，世界各国都深刻认识到实体经济和制造业的不可替代，着力振兴实体经济，实施再工业化，掀起了新一轮制造强国的竞争热潮。但中国制造业依然“大而不强”，而且带有明显的资源要素驱动、高投入、高消耗、高排放的特征，给资源环境带来了巨大压力。在生态文明建设加快推进的背景下，我国制造业若要在新的国际竞争环境中保持竞争优势，就必须加快绿色转型升级。

此外，科技创新是国家经济增长的根本动力，也是世界各主要经济体应对危机、抢占竞争制高点的战略选择。从历史经验来看，要走出危机、实现经济持续健康增长，最根本的还是要靠科技创新。因此，世界各主要经济体高度重视科技创新，纷纷把创新上升为国家战略，加快以创新驱动经济结构调整和制造业转型升级。

为把握和应对全球产业变革和新一轮科技革命对“中国制造”带来的重大机遇和严峻挑战，2015年中国共产党第十八届五中全会提出了“创新、协调、绿色、开放、共享”五大发展理念，创新和绿色成为中国发展的重要主题。同年，我国正式印发了实施制造强国战略的第一个十年行动纲领——《中国制造2025》，围绕创新驱动、智能转型、强化基础、绿色发展、人才为本等关键环节，以及先进制造、高端装备等重点领域，明确提出了加快制造业转型升级、提质增效的重大战略任务和重大政策举措，力争到2025年使我国从制造大国迈入制造强国行列。《中国制造2025》旨在转变制造业传统发展模式、推进制造业绿色转型、提升我国制造业国际竞争力，明确了创新驱动、绿色发展的基本方针，提出要全面推行绿色制造，重点推进绿色制造工程，确立了制定绿色产品、绿色工厂、绿色园区、绿色企业标准体系、开展绿色评价等行动。可以看出，绿色发展、创新发展已经成为"中国制造"的重要发展方向，是中国制造业发展的主基调。而制造业的绿色转型和创新发展也成为解决中国资源环境问题的关键。

制造业作为实体经济的重要支撑和基础性产业，有很强的自身发展规律和内在逻辑。而制造业绿色转型成功的关键就在于正确把握制造业绿色转型的发展规律和内在作用机理，厘清推动绿色转型的关键要素，探究符合产业自身发展实际的绿色转型之路。因此，研究绿色创新与制造业绿色转型之间的关系，深入探究绿色创新驱动制造业绿色转型的作用机理和关键影响要素，对于正确认识制造业发展规律，探索制造业绿色转型的模式和现实路径，推动制造业持续健康发展具有非常重要的现实意义。

有鉴于此，围绕绿色创新如何驱动我国制造业绿色转型、选择何种模式和路径转型，我们进行了深入的理论探索和实践研究，并组建课题组申报了国家社科基金青年项目，有幸获得立项（项目编号：16CJL020），而本书正是该课题的最终研究成果，在此特别感谢国家社科基金的资助。在课题研究过程中，课题组紧密跟踪产业经济学、生态经济学、计量经济学、管理学等多学科的前沿研究成果，基于可持续发展、绿色经济理论和产业结构理论，系统梳理了绿色创新驱动制造业绿色转型的理论演进脉络，构建了绿色创新驱动制造业绿色转型的作用机理模型。在此基础上，提出"制造业绿色度"概念，构建了制造业绿色度评价指标体系和评价模型，并对2004~2016年我国制造业28个行业的绿色度及其关键影响因素进行定量评价和分析，提炼其动态趋势特征和要素特征。接着，构建"绿色度—行业特征—转型模式—转型路径"的绿色转型匹配模型，有效指导我国制造业各行业绿色转型模式和路径的选择，并客观分析我国制造业绿色转型可能面临的主要障碍以及实现绿色转型可能带来的预期收益。进一步地，深入总结分析发达国家和发展中国家推进制造业绿色转型的主要做法和经验，提出促进我国制造业绿色转型的政策建议，为我国制造业绿色转型提供参考借鉴。围绕上述主要内容，本书共分为14章。

本书力图在绿色创新发展和制造业绿色转型领域的理论和实证研究上尝试做一些创新和突破，但这是一项复杂的系统工程，跨越了多个学科，我们受到知识结构、研究能力和资料限制等主客观因素的制约，在一些方面的认识和研究仍然不够全面和深入，还有许多问题需要深入研究。因此，我们将在此基础上继续拓展和深化研究，做出新的探索与思考，不断完善理论框架体系和模型，并强化政策建议的针对性和可操作性，希冀能对我国绿色创新发展和制造业绿色转型升级提供有价值的决策参考和借鉴。

林寿富

2019年10月1日于福建师范大学

目录
CONTENTS

第一章

绪 论

制造业是实体经济的基础和核心，也是财富的真正来源和保障，是一个国家不可缺少的重要产业，能够充分体现一个国家的综合实力和水平。2008 年国际金融危机的爆发，使世界各国更加深刻地认识到制造业不可替代的价值和地位，纷纷调整产业发展战略，把工业和制造业重新作为经济发展的重点和突破口，提出了工业 4.0、再工业化等概念（Wu，2016；Kagermann et al.，2013），重新拟定制造业发展规划以加快制造业转型发展。

改革开放以来，中国经济快速发展，这与工业化进程的快速推进尤其是制造业的快速发展密不可分，但中国制造业的发展带有明显的资源要素驱动、高投入、高消耗、高排放的特征，给资源环境带来了巨大的压力。在全球制造业格局面临重大调整、我国经济发展环境发生重大变化的情境下，制造业的绿色转型已刻不容缓。2015 年，党的十八届五中全会提出了“创新、协调、绿色、开放、共享”的五大发展理念，创新与绿色成为今后中国发展的重要主题。《中国制造2025》则更加明确地提出了创新驱动、绿色发展的基本方针，提出要全面推行绿色制造，重点推进绿色制造工程，绿色发展、创新发展成为“中国制造”的重要发展方向。

可以说，制造业的绿色转型和创新发展已经成为中国制造业发展的主基调，但制造业作为实体经济的重要支撑和基础性产业，有很强的自身发展规律和内在逻辑。制造业绿色转型成功的关键就在于正确把握制造业绿色转型的发展规律和内在作用机理，厘清推动绿色转型的关键要素，探究符合产业自身发展实际的绿色转型之路。因此，系统研究制造业绿色转型的内在作用机理，尤其是绿色创新驱动我国制造业绿色转型的作用机理，深入探索我国制造业绿色转型的成效、关键影响要素及其作用路径，并对制造业绿色转型的模式和现实路径进行深入研究，对于正确认识制造业发展的规律，推动我国制造业持续健康发展具有非常重要的现实意义，也对相关领域的理论和实践研究提出了挑战，这也是开展本书研究的根本出发点和立足点。

第一节 研究背景

工业革命在提高了社会生产力的同时，也给资源和环境带来了沉重的压力。20 世纪以来，资源环境问题更加凸显，如何解决资源浪费和环境污染问题迫在眉睫。1972 年，在瑞典斯德哥尔摩举办的世界人类环境大会强调人们不能过度地开发资源，要加强对环境的保护，由此开创了人类保护环境的新纪元。20 世纪 80 年代，西方国家提出可持续发展的概念，并开始研究如何解决经济发展带来的环境问题。90 年代，联合国环境与发展大会通过《里约热内卢宣言》与《21 世纪议程》，呼吁各国积极妥善对待环境问题，要求各国基于自身国情及具体情况制定相应的发展策略。2012 年，“里约 +20”联合国可持续发展大会提出绿色经济的新理念，极力推崇强可持续性的绿色经济新模式，强调人类经济社会发展必须维持在地球边界内，要用强可持续性的绿色经济新模式取代以往的褐色经济，而且发展水平不同的国家采取不同的绿色发展方式促进经济增长。如何实现人类社会的可持续发展，越来越引起全球范围的关注。

随着全球化的日渐深入，工业经济以前所未有的速度快速发展壮大，但同时也给资源环境带来了巨大的压力和负担。尤其是 2008 年国际金融危机的爆发，使得作为主要污染来源的制造业重新引起了世界各国的重视，纷纷调整产业发展策略，把制造业作为摆脱经济危机的突破口。例如，美国出台了包括《重振美国制造业框架》《先进制造业伙伴计划》和《先进制造业国家战略计划》在内的一系列政策举措，旨在能够推动制造业回流美国，增强其制造业在全球的地位和竞争力；2009 年，英国公布了“制造业新战略”以振兴制造业；2013 年，德国公布《保障德国制造业的未来：关于实施“工业 4.0”战略的建议》，希望借助德国制造业的传统优势，开展新一轮制造技术革命；2013 年，法国推出了《新工业法国》战略，希望通过创新重塑法国工业实力，提升法国制造业的国际竞争力；日本发布《2015 年版制造白皮书》，旨在促进日本制造业再次重振发展。各国对制造业的重视一方面推动了制造业的快速发展，另一方面也给资源环境造成了很大压力。如何在工业生产中尤其是制造业生产中降低对资源和环境的消耗和损害、如何实现对资源环境友好的发展模式已成为当下社会各界关注的热点和焦点。

新中国成立以来，中国经济快速发展，取得了举世瞩目的成就，这与工业化进程的快速推进密不可分，正是由于工业的快速发展极大地促进了中国经济的腾飞。从某种程度上说，以高投资、高能耗、高排放和低产出为特点的传统工业增长模式推动了中国经济的高速增长。根据国家统计局数据（中华人民共和国国家统计局，2018），1978～2018年，中国工业增加值同比增长了56.3倍，年均增长率高达10.6%。2018年，中国国内生产总值达90.03万亿元（当年价），其中工业增加值达30.52万亿元，占比达33.90%。而制造业作为工业的核心、实体经济的基础，具有不可替代的重要作用。根据世界银行统计数据（世界银行，2019），2017年，中国制造业增加值占GDP的比重达到29.34%，总额达到3.59万亿美元（当年价），比2004年增长了4.74倍，年均增长14.39%。制造业生产规模的迅速扩大，使得制造业产品不但可以满足国内需求，还能够大量出口，而且出口品种不断增多，产品档次和质量也在不断提高，成为拉动中国经济增长的重要引擎。1992～2017年，工业制成品出口额由669亿美元增长到2.12万亿美元，增长了30.67倍，年均增长30.45%；而同期的出口商品总额增长相对较为缓慢，增长了25.65倍，年均增长28.73%，使得工业制成品出口额占出口商品总额比重迅速增长，由1992年的78.73%上升到2017年的93.58%。而高科技产品的出口增长更为迅速，2017年，中国高科技产品出口总额达到5044亿美元（当年价），占工业制成品出口的比重达到23.80%，比1992年增长了116.21倍，年均增长44.26%，占工业制成品比重提高了17.38%。而同期世界高科技产品出口占工业制成品出口的比重则由18.32%下降到16.57%。这些都说明中国的工业尤其是制造业发展非常迅猛，工业体系日趋完善，而且高科技产业发展迅速，使得中国制造业在全球的地位不断提升，在世界制造业中起着举足轻重的作用。

制造业的快速发展也给中国的资源环境带来了沉重的负担，资源环境问题日益凸显，对自然资源和生态环境的保护越来越受到重视。而且中国目前仍处于工业化进程当中，工业以及制造业还需要得到进一步的发展，对资源环境的压力可能仍比较大。根据陈诗一（2009）的测算方法，我们发现2015年，占国内生产总值31.33%的制造业却消耗了全国能源的57.85%，并排放出全国二氧化碳的48.48%。可以看出，制造业的快速发展不仅消耗了大量的资源，也给环境带来了巨大的压力。在此背景下，我国不得不高度重视资源环境问题，生态环境保护成为基本国策。其实，早在1994年，我国就发布了《中国21世纪议程》，这标志着我国正式将可持续发展战略思想融入国民经济和社会发展的实践当中。1996年，八届全国人大四次会议进一步确定了可持续发展战略。基于我国国情，我国政府创造性地提出了科学发展观，资源节约型、环境友好型社会，生态文明建设等有中国特色的发展理念和发展目标。2015 年，中国共产党第十八届五中全会把绿色发展理念作为国民经济和社会发展第十三个五年规划纲要（简称“十三五”规划）甚至是长期发展的指导思想，同年我国正式印发了实施制造强国战略的第一个十年行动纲领——《中国制造 2025》①，旨在转变制造业传统发展模式、推进制造业绿色转型以及提升我国制造业国际竞争力。《中国制造 2025》更加明确地提出了创新驱动、绿色发展的基本方针，提出要全面推行绿色制造，重点推进绿色制造工程，确立了制定绿色产品、绿色工厂、绿色园区、绿色企业标准体系，开展绿色评价等行动。可以说，绿色发展、创新发展已经成为“中国制造”的重要发展方向，是中国制造业发展的主基调。而制造业的绿色转型和创新发展也成为解决中国资源环境问题的关键。

通过阅读大量的文献和认真分析研究发现，虽然创新一直被视为推动经济增长和产业发展的主要动力，如何利用创新驱动产业发展和经济增长是许多学者关注的重要问题。但当前将制造业与绿色创新结合起来的研究还很少，甚至绿色创新的概念和内涵界定都还没有完全统一，而且由于绿色创新涉及非常广泛的内容，因此学者们更多的只是侧重于研究绿色创新的部分内容，如绿色技术创新、绿色产品创新、绿色工艺创新以及绿色制度创新等，并且更多地停留在概念和内涵的界定上。当然，也有一些学者对绿色创新和制造业的结合进行了有益的探索，如毕克新等（2012），毕克新、刘刚（2015）等，但从绿色创新角度来研究制造业绿色转型的学术文献还极其匮乏，更多是停留在政府或社会层面的讨论上，不够系统深入，理论高度也不够，实证研究更是缺乏。

当前，创新是驱动产业发展和转型的重要力量已经成为共识，学者们对创新推动制造业发展和转型方面的研究也已经取得了许多成果，但仍然存在如下三个方面需要进一步完善：

第一，进一步系统梳理绿色创新驱动制造业绿色转型的理论演进脉络。由于绿色创新的概念提出较晚，从绿色创新角度对制造业绿色转型的研究还处于一个比较缺乏、分散、凌乱和粗浅的状态，其理论渊源和演进脉络并不明确，亟须进行系统的梳理和全面的阐释。

第二，从理论高度深入探究绿色创新驱动制造业绿色转型的作用机理。目前大多数研究主要是简单地定性描述创新对制造业转型的作用，不够深入，缺乏定量的实证研究进行验证，也尚未对绿色创新驱动制造业绿色转型的作用机理和效

① 中华人民共和国中央人民政府. 国务院关于印发《中国制造 2025》的通知. 2015 年 5 月 8 日，http：//www. gov. cn/zhengce/content/2015 －05/19/content_9784. htm.

应、具体作用路径进行深入研究。

第三，为我国制造业绿色转型的模式和路径选择提供理论和实证支撑。当前有关我国制造业绿色转型的模式和路径选择的研究比较少见，而且制造业具有很大的行业异质性，只有深入探究各行业的特点和“绿色度”，构建合理的模型才能有效指导不同类型的制造业行业选择合适的转型模式和路径，使转型真正落到实处。

基于此，本书以绿色创新驱动我国制造业绿色转型的作用机理与模式选择为主题，以实现制造业绿色转型为主要目标，遵循“理论演进分析—作用机理研究—绿色度定量评价—转型模式和路径选择—转型障碍和预期收益分析—国外经验借鉴—政策建议”的研究思路，首先系统梳理绿色创新驱动制造业绿色转型的理论演进脉络，接着构建绿色创新驱动制造业绿色转型的作用机理模型，深入研究制造业绿色转型的内在作用机理、关键影响要素及其影响效应。在此基础上，提出“制造业绿色度”概念，构建制造业绿色度评价指标体系和评价模型，并对2004～2016年我国制造业28个行业①的绿色度及其关键影响因素进行定量评价和分析，提炼其动态趋势特征和要素特征。基于各行业的绿色度状况和水平，对各行业的发展阶段进行定量判别，将它们分为五个发展时期——传统发展阶段、绿色转型初期、绿色转型中期、绿色转型后期和绿色发展阶段。接着，构建“绿色度—行业特征—转型模式—转型路径”的绿色转型匹配模型，有效指导我国制造业各行业绿色转型模式和路径的选择，并客观分析我国制造业绿色转型可能面临的主要障碍以及实现绿色转型可能带来的预期收益。进一步地，深入总结分析发达国家和发展中国家推进制造业绿色转型的主要做法和经验，为我国制造业绿色转型提供参考借鉴。最后，提出促进我国制造业绿色转型的政策建议，以促进目标的实现。

第二节　研究目的和价值

一、研究目的

本书研究的目的在于通过构建理论分析框架和定量模型，深入研究绿色创新

---

① 由于2012年我国对制造业行业的划分做出调整，导致一些行业的前后数据不一致，因此为了保证数据的连续性，我们对一些行业进行了整合、调整，最终调整为28个行业，具体行业列表见第五章第二节。

对制造业绿色转型的作用机理、关键影响要素和影响效应，以及制造业绿色度状况、发展阶段识别、绿色转型的模式和路径选择、转型过程中可能遇到的障碍和实现转型后预期的收益等关键问题，具体来说需要达到以下目标：

（1）正确建立绿色创新驱动制造业绿色转型的作用机理模型，深刻揭示绿色创新及其关键要素对我国制造业绿色转型的内在作用机理和效应。

（2）客观、准确地评价分析 2004～2016 年我国制造业 28 个行业的绿色度状况，并准确提炼其动态趋势特征和要素特征。

（3）建立合理的绿色转型匹配模型，为不同发展阶段的行业选择合适的绿色转型模式和路径，为我国制造业实现绿色转型指明方向。

（4）总结提炼其他国家促进制造业绿色转型的实践经验和教训，为我国制造业实现绿色转型提供参考借鉴。

（5）找准当前我国制造业绿色转型可能面临的主要障碍，制定科学合理的政策体系，有效推动我国制造业成功实现绿色转型。

二、研究价值

绿色制造是我国制造业转型升级的主攻方向之一，也是我国从制造业大国向制造业强国转变的根本路径之一，而绿色创新是决定制造业绿色转型能否成功的关键因素。但当前有关绿色创新驱动制造业转型升级问题的研究比较匮乏，亟须加强相关方面的研究。因此，选取绿色创新驱动我国制造业绿色转型的作用机理与模式为研究对象，通过深入探讨制造业绿色转型的内涵实质，理清制造业绿色转型的内在作用机理，这将进一步拓宽我国制造业转型升级的研究思路和视野，对促进我国制造业转型升级、向价值链高端攀升和实现绿色发展、创新发展提供重要的理论参考和实证支撑，不仅具有独到的学术研究价值，而且也有很高的应用价值。

从学术研究价值来说，无论是从研究的理论体系，还是从研究视角、研究内容和研究方法，都要求对绿色创新驱动制造业绿色转型升级问题进行更深入、细致的研究。本书研究将产业经济学、环境经济学、创新理论、演化经济学、协同学、生态学等相融合，系统梳理了绿色创新驱动制造业绿色转型的理论演进脉络，构建了绿色创新驱动制造业绿色转型的作用机理模型、绿色度评价指标体系及综合评价模型、绿色转型匹配模型，力图建立具有一般意义的、能够有效指导制造业绿色转型的理论框架和模型，从理论和实践角度全面揭示绿色创新对制造业绿色转型的作用机理、影响效应、具体作用路径和动态过程特征，更系统科学地指导不同类型的制造业各行业开展绿色转型的模式和路径，并对未来我国制造业成功转型的预期收益进行预判。上述研究内容具有较高的学术研究价值，也具有一定程度的理论和实践创新，既能丰富相关领域的理论研究，使理论体系更加完善，又能在实证分析方法上取得进展，为有效指导我国制造业绿色转型升级提供理论和实证支撑，部分弥补现有研究的一些不足，也为今后研究提供一些思路和启示。

从应用价值来说，通过本书研究，可以更科学地认识绿色创新对制造业绿色转型的作用机理和效应，更深入地了解我国制造业各行业的绿色度状况和基本特征，更好地指导我国制造业各行业选择科学合理的绿色转型模式和路径，更准确地把握影响制造业绿色转型的关键因素和主要障碍，以及转型成功可能带来的潜在收益，参考借鉴其他国家制造业绿色转型的主要做法和经验，从根本上提出更有针对性、有效性和实质性的政策手段，为我国制造业绿色转型升级提供理论和实证支撑，有效拓宽政府管理部门以及各方利益群体制定制造业绿色转型策略的思路，推动我国制造业真正实现绿色发展、创新发展，塑造我国经济发展的新动力，也为推进我国生态文明建设和可持续发展、应对气候变化、缓解国际压力提供决策参考和支持。

第三节　研究内容与方法

一、研究内容

本书遵循“理论演进分析—作用机理研究—绿色度定量评价—转型模式和路径选择—转型障碍和预期收益分析—国外经验借鉴—政策建议”的研究思路，首先系统梳理绿色创新驱动制造业绿色转型的理论演进脉络，接着构建绿色创新驱动制造业绿色转型的作用机理模型。在此基础上，提出“制造业绿色度”概念，构建制造业绿色度评价指标体系和评价模型，并对 2004 ~ 2016 年我国制造业 28 个行业的绿色度及其关键影响因素进行定量评价和分析。接着，构建“绿色度—行业特征—转型模式—转型路径”的绿色转型匹配模型，有效指导我国制造业各行业绿色转型模式和路径的选择，并客观分析我国制造业绿色转型可能面临的主要障碍以及实现绿色转型可能带来的预期收益。进一步地，深入总结分析发达国家和发展中国家推进制造业绿色转型的主要做法和经验，为我国制造业绿色转型提供参考借鉴。最后，提出促进我国制造业绿色转型的政策建议，以促进目标的实现。主要研究内容如图 1－1 所示。

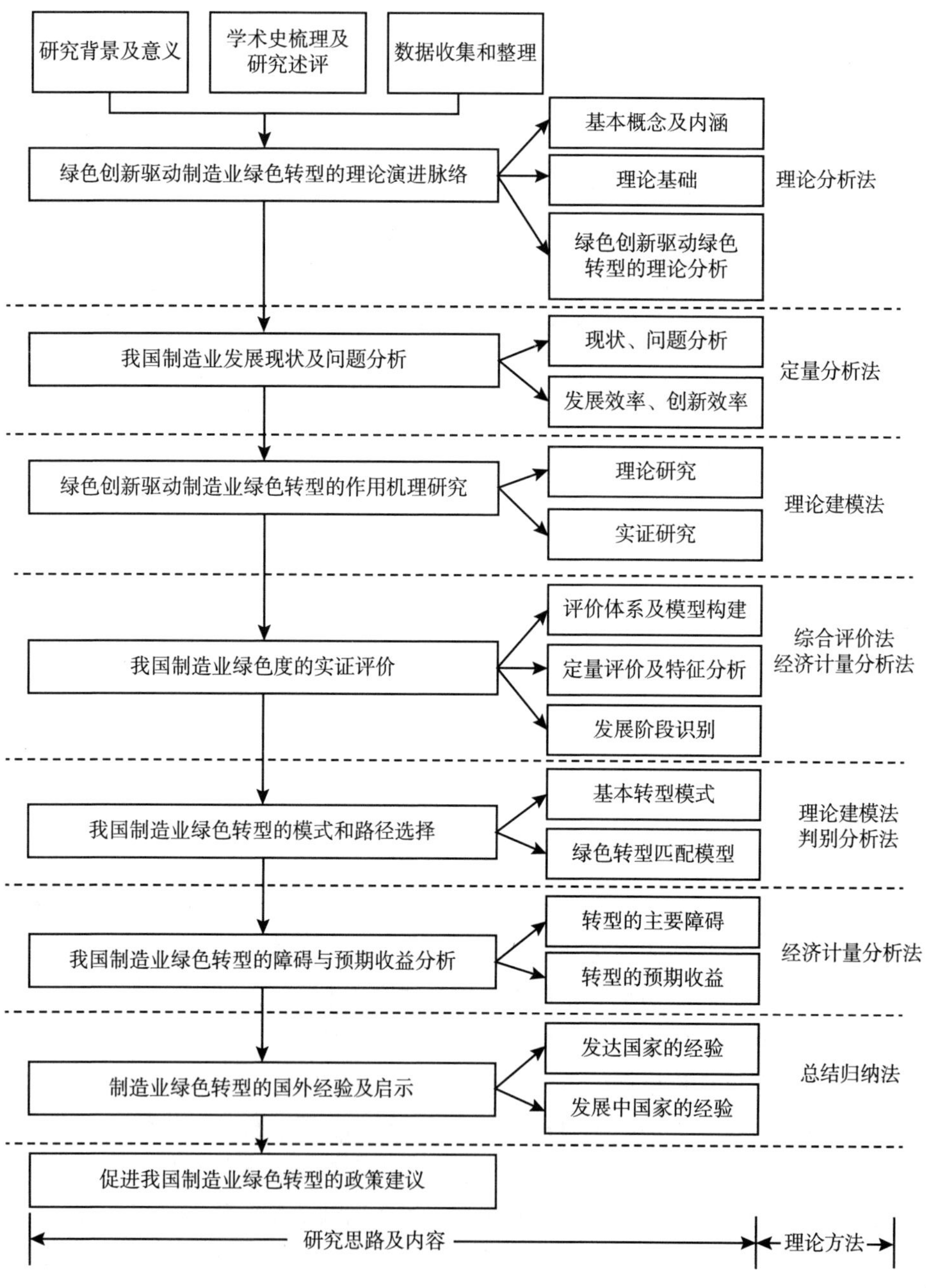

图 1－1　本书的主要研究内容

根据上述研究思路和框架，本书共分十四章。

第一章为绪论。主要介绍了本书研究的背景、目的和价值，以及研究内容、方法和研究特色、创新之处。

第二章为学术史梳理和研究综述。系统梳理了与本书研究相关的学术发展历程和研究动态。

第三章为绿色创新驱动制造业绿色转型的理论演进脉络。主要介绍与本书研究有关的可持续发展理论、绿色经济理论和产业结构演变理论，并基于协同学和生态学相关理论对绿色创新驱动制造业绿色转型的演变过程进行理论阐释和分析。

第四章为我国制造业发展现状及问题分析。深入分析了我国制造业发展的状况，以及当前存在的四个主要问题。

第五章为我国制造业发展效率和绿色创新效率的实证评价。运用基于理想窗宽的 DEA 视窗分析模型定量测算了我国 28 个省份的制造业发展效率和 28 个制造业行业的绿色创新效率，并进行横纵向比较分析和收敛分析，深刻揭示了我国制造业各地区发展效率、各行业绿色创新的状况和动态变化趋势。

第六章为我国制造业绿色转型作用机理的理论研究。主要从环境规制、技术创新、产业结构优化和对外开放四个方面探讨了制造业绿色转型的内在作用机理；在此基础上，基于偏最小二乘法结构方程模型（PLS－SEM）建立了中国制造业绿色转型作用机理模型，深刻揭示了创新等关键要素对我国制造业绿色转型的内在作用机理和路径，为后续研究提供了理论分析框架。

第七章为我国制造业绿色转型作用机理的实证研究。根据上述的中国制造业绿色转型作用机理模型，基于 2005～2016 年的统计数据，实证分析了我国制造业绿色转型的作用机理、关键要素的影响效应及路径。进一步地，动态评价了我国制造业绿色转型的成效。

第八章为我国制造业绿色度评价指标体系的构建。深刻阐述了“制造业绿色度”的内涵，并从资源利用、环境影响、技术创新、经济效益和社会效益五个方面对制造业绿色度进行了深入剖析。接着，遵循“O－C－W－I－S－D”原则构建了我国制造业绿色度评价指标体系，为制造业绿色度的定量评价打下了坚实基础。

第九章为我国制造业绿色度的实证评价分析。基于上述评价指标体系，定量评价了 2004～2016 年我国 28 个制造业行业的绿色度状况，并深入分析其趋势特征和要素特征。

第十章为基于绿色度的我国制造业发展阶段识别。基于各行业绿色度状况，定量判别了 2004～2016 年我国制造业各行业的发展阶段，并分析其变化态势和特征。此外，以计算机、通信和其他电子设备制造业的绿色转型发展过程为典型案例，深入分析我国制造业的绿色转型发展。

第十一章为我国制造业绿色转型的模式和路径选择。构建了中国制造业绿色转型匹配模型，分别为“黑色”和“深褐色”行业、“褐绿色”行业、“浅绿色”行业提供绿色转型模式和路径参考。同时，也对“绿色”行业的特征与未来发展策略进行了分析。

第十二章为我国制造业绿色转型的主要障碍与预期收益分析。深入分析了当前我国制造业绿色转型可能面临的主要障碍，以及实现制造业绿色转型可能带来的潜在收益，包括经济效益、环境质量改善、资源节约利用、科技创新、社会效益等。

第十三章为制造业绿色转型的国外经验及启示。总结分析了美国、德国等发达国家和俄罗斯、印度等发展中国家推进制造业绿色转型的主要做法和经验，并提出五点启示。

第十四章为促进我国制造业绿色转型的政策建议。主要根据前文研究成果和结论，提出促进我国制造业绿色转型的六点对策建议，为我国制造业绿色转型提供决策参考。

二、研究方法

本书主要采用了以下研究方法：

（1）文献综述法。文献综述法主要是在收集和整理相关文献的基础上，分析、归纳和总结现阶段国内外关于绿色创新、绿色转型、制造业转型、绿色制造的研究状况，为深入研究我国制造业绿色转型的内在作用机理、模式和路径、绿色度评价等提供参考借鉴。

（2）理论分析法。全面、系统地梳理产业经济学、环境经济学、创新理论、演化经济学、协同学、生态学等多学科理论，总结当前研究进展及研究成果，为后续研究打好基础。

（3）理论建模法。在扎实全面的理论分析基础上，基于 PLS - SEM 模型将环境规制、技术创新、产业结构优化和对外开放等因素纳入制造业绿色转型内在作用机理的分析当中，构建了绿色创新驱动制造业绿色转型的作用机理模型。

（4）定量分析法。运用基于理想窗宽的 DEA 视窗分析模型对我国制造业发展效率和绿色创新效率进行了定量测算，为后续分析我国制造业绿色转型的作用机理打下了基础。此外，基于定量分析法对我国制造业发展的现状及存在的问题进行了分析。

（5）模糊综合评价法。主要运用该方法构建了制造业绿色度评价指标体系和评价模型，并进行动态评价分析。

（6）判别分析法。主要运用该方法构建了中国制造业绿色转型匹配模型，对各类型行业的绿色转型模式和路径提供了参考借鉴。

（7）总结归纳法。主要运用该方法对发达国家和发展中国家推动制造业绿色转型的主要做法和经验进行总结归纳。

第四节 研究特色和创新之处

一、研究特色

现有对制造业的研究成果比较分散、凌乱，缺乏系统性，研究视角过于单一，缺乏从绿色创新角度对制造业绿色转型的理论分析和实证研究，理论分析框架不够扎实。本书研究更加重视对基础理论的研究，系统梳理了绿色创新驱动制造业绿色转型的理论演进脉络，构建了绿色创新驱动制造业绿色转型的作用机理模型，作为本书研究的理论基础和基本分析框架，使后续研究成为“有源之水”。在此基础上，创新性地提出“制造业绿色度”概念，构建了制造业绿色度评价指标体系和综合评价模型、绿色转型匹配模型，并进行实证分析，对我国制造业28个行业进行分类，为每类行业选择合适的转型模式和路径，理论和实践相结合，更好地指导我国制造业的绿色转型升级。进一步地，从现状研究拓展到未来预期判断，对实现绿色转型给未来我国制造业发展带来的潜在收益进行了预测分析，使研究更加具有前瞻性。此外，总结归纳发达国家和发展中国家推进制造业绿色转型的主要做法和经验，能够更好地为我国制造业绿色转型提供参考借鉴，使研究更加完整和具有决策参考价值。

二、创新之处

本书研究主要有以下五点创新：

（1）从协同创新驱动、分布式创新理论以及创新生态系统的视角系统全面地阐释了绿色创新驱动制造业绿色转型的理论演进过程，夯实了理论研究基础。

（2）基于 PLS – SEM 模型构建了绿色创新驱动制造业绿色转型的作用机理模型，建立了基本的逻辑分析框架，从理论层面和实证层面全面揭示了绿色创新及其他关键要素对制造业绿色转型的作用机理和效应，以及具体作用路径和动态过程特征。

（3）提出“制造业绿色度”概念，明确界定其内涵和主要内容，并建立了制造业绿色度评价指标体系和评价模型，进而对我国制造业 28 个行业的绿色度状况、趋势特征和要素特征进行了实证分析。

（4）根据各行业绿色度的动态评价结果，对每个行业的发展阶段进行定量识别，将所有行业分为五类。

（5）提出了制造业绿色转型的基本模式，构建了“绿色度—行业特征—转型模式—转型路径”的绿色转型匹配模型，为我国制造业绿色转型指明了方向和路径。

第二章

学术史梳理与研究综述

第一节　学术史梳理

自从 1912 年熊彼特首次提出创新理论后，西方经济学者就从各个方面对创新作出了不同的阐述，出现了很多学派，也形成了很多较为系统的创新理论体系，如企业家创新理论、网络创新理论、集群创新理论以及分布式创新理论等。

进入 20 世纪 70 年代，研究进一步细化，将对创新的研究和对产业的研究结合在一起，开始了产业技术创新的深入探讨。弗里曼和苏特（Freeman and Soete）于 1972 年第一次把产业创新作为系统的概念提出（Freeman and Soete，1997）。之后，学者们从产业技术创新的角度，把创新视为产业持续发展、产业结构不断优化的重要动力。威廉·配第、科林·克拉克、霍夫曼和西蒙·库兹涅茨等人在研究产业结构演进的一般规律时，均认为创新带来的技术进步对于三次产业结构的变动起了决定性的作用。此外，技术创新对三次产业内部结构的优化与协调发展也有巨大的促进作用。

1990 年，迈克尔·波特提出了创新驱动的概念，把国家之间竞争所推动的经济发展分为四个阶段：生产要素驱动、投资驱动、创新驱动以及财富驱动，创新被视为推动经济增长的主要动力（迈克尔·波特，2012）。之后，如何利用创新驱动产业发展和经济增长成为许多学者关注的问题，创新对制造业发展的作用也日渐受到关注。洛斯和维斯帕根（Los and Verspagen，2000）、科恩和列文塔尔（Cohen and Levinthal，2002）以及沃尔夫冈（Wolfgang，2004）分别研究了美国、日本、德国等国制造业的合作研发溢出、专利和创新绩效，指出创新在制造业中的重要作用；王章豹和李垒（2007）从成本、质量、效率、规模、结构等7个方面剖析了技术创新对提升我国制造业产业竞争力的作用机制。

2008年国际金融危机爆发后，实体经济的回归更是使学者们把创新驱动与制造业转型发展结合在一起进行研究。基斯（Kis，2011）认为，创新可能带来的产业革命会帮助发达国家把经济发展重点放在实体经济方面，运用技术创新促进制造业升级；里夫金（Rifkin，2011）认为互联网与可再生能源的融合引发的第三次工业革命会酝酿出新的产业发展模式，深刻地影响着全球价值链的分工；彭建平（2011）研究了创新对促进工业结构升级的机理；庄志彬、林子华（2014）分析了创新驱动与制造业转型发展的关系；“制造业创新驱动发展战略研究”课题组（2015）分析了我国制造业创新能力的现状，提出了我国制造业创新驱动发展的思路、目标和重点任务。

与此同时，由于资源环境的巨大压力，越来越多的政府和国际组织开始积极致力于寻求绿色发展，制造业向绿色化、低碳化发展的方向也越来越明晰，涌现出了一批有关制造业或工业绿色转型的研究成果。例如，张志元、李兆友（2013）提出要推进我国制造业向绿色低碳、智能制造、服务型制造转型；张翔、赵群（2013）介绍了绿色制造的主要内容，论述了我国制造业绿色化发展的变化形势、政策导向；蓝庆新、韩晶（2012）分析了中国工业绿色转型的障碍和战略；何小钢、王自力（2015）分析了我国33个行业的能源偏向型技术进步与绿色增长转型的作用关系；王勇、刘厚莲（2015）分析了中国工业的绿色转型趋势与基本特征、转型的减排效应以及污染治理方式对绿色转型的影响；孙毅、景普秋（2012）分析了资源型区域产业绿色转型的模式及路径。

同时，越来越多的研究者关注绿色创新。中国科学院前任院长路甬祥（2009）指出：绿色创新将成为未来创新的重要方向，在今后的10～20年很有可能发生一场以绿色、智能和可持续为特征的科技革命和产业革命。可以预见，无论是解决资源环境问题、气候变化问题，还是应对金融危机，绿色创新都将为各国经济发展创造新的需求和市场。

但由于绿色创新的概念和内涵界定并没有完全统一，而且涉及非常广泛的内容，要做系统性的研究并不容易，因此学者们更多的只是侧重于研究其中的部分内容，如绿色技术创新、绿色产品创新、绿色工艺创新以及绿色制度创新等，而且研究更多地停留在概念和内涵的界定上。布朗和维尔德（Brawn and Wield，1994）首次提出了绿色技术的概念；迪韦卡（Diwekar，2005）定义了绿色工艺设计的内容；姜太平（1999）对绿色制度创新进行了界定。具体有关绿色创新的概念和内涵将在第三章进行详细阐述。也有一些学者研究了绿色创新的驱动因素、绿色创新绩效、绿色创新体系等，如戴鸿轶、柳卸林（2009），延斯（Jens，2008），彭海珍（2009），李强、聂锐（2009），阿伦德尔和坎普（Arundel and Kemp，2009），奥尔特拉和圣（Oltra and Saint，2009），程华、廖中举（2011），张瑛、贾明德（2012）等。少数学者将制造业与绿色创新结合进行研究，如哈尔滨理工大学毕克新教授及其学生对制造业绿色创新系统、制造业绿色创新体系等进行了深入研究：毕克新等（2012）探讨了我国制造业绿色创新的政策体系；毕克新、刘刚（2015）研究了制造业绿色创新系统运行机制及其协同性。而从绿色创新角度来研究制造业绿色转型的学术文献还极其匮乏，更多是停留在政府或社会层面的讨论上，不够系统深入，理论高度也不够，实证研究更是缺乏。

第二节　研究综述

一直以来，产业的转型升级问题都是国内外学者研究的焦点。早在1931年，霍夫曼就对产业结构的变迁进行了研究，提出了著名的霍夫曼定理。随着资源环境问题的日益严重，工业尤其是制造业作为污染产生的主要来源之一，引起了学者们的极大关注，纷纷对产业的绿色转型展开了研究，产生了一些有用的成果。由于发达国家的产业本身就比较“绿色”，因此，发达国家的学者对产业绿色转型的关注比较少，基本上还是集中于研究产业整体的转型升级问题，而发展中国家尤其是中国学者对工业和制造业绿色转型的研究则比较多。总的来看，与本书研究的主要内容相关的现有研究文献主要涉及五个方面：绿色创新、制造业转型、绿色转型、绿色度和绿色制造运行模式。因此，本书研究重点从这五个方面梳理相关文献并加以评述，指出现有研究的不足。

一、绿色创新研究现状

有关绿色创新（又被称为“环境创新”）的研究主要集中于以下三个方面。

第一，绿色创新的驱动因素。绿色创新往往被认为是由技术推动、需求拉动和政策驱动。戴鸿轶和柳卸林（2009）认为政府资助的环境试验与研究发展（R&D）在推动技术创新方面占主导地位，企业的作用相对较弱。而环境技术类型对环境技术创新的影响也非常重要。绿色创新的需求拉动因素主要是用户对环境友好型产品和清洁技术的需求（Konar and Cohen，1997）、政府的公共采购尤其是绿色采购的需求（CCICED，2009），以及对发达国家的出口需求（Porter and Linde，1995）。政府的政策也是绿色创新的主要驱动因素之一，其中最重要的政策就是环境规制，持这种观点的主要有延斯（2008）、波特和林德（Porter and Linde，1995）等。还有许多学者实证分析了环境规制对绿色技术创新的影响，如彭海珍（2009）、李强和聂锐（2009）。

第二，绿色创新绩效。阿伦德尔和坎普（2009）等从投入水平、知识产出水平、间接绩效水平和直接绩效水平四个角度对绿色创新绩效进行了评价；奥尔特拉和圣（2009）使用环境专利比较了不同国家具体领域之间的环境技术创新绩效水平；程华和廖中举（2011）从投入与产出视角构建了绿色创新绩效评价指标体系，并测量了区域绿色创新投入产出的绩效，分析了影响绿色创新绩效的主要因素；张瑛和贾明德（2012）运用 ARIMA 模型预测了 2011～2012 年西部地区的绿色创新绩效，并分析了绿色创新绩效与经济增长之间的关系。

第三，绿色创新体系和绿色创新能力。戴鸿轶和柳卸林（2009）提出了火力行业的产业——绿色创新体系概念图；程华等（2011）提出了绿色创新能力的概念，并建立理论指标体系进行了评价；范群林等（2011）对我国 30 个地区的环境技术创新能力进行了分类分析。也有少数学者将制造业与绿色创新结合进行研究，如哈尔滨理工大学毕克新教授及其学生对制造业绿色创新系统、制造业绿色创新体系等进行了深入研究，毕克新等（2012）从产学研合作、人才培养与引进、知识产权信息服务、财政补贴、税收优惠和金融支持六个方面探讨了信息化条件下我国制造业绿色创新的政策体系。毕克新、刘刚（2015）将制造业绿色创新系统的运行机制概括为形成机制、整合机制、扩散机制和长效机制，而其协同性包括内部协同与外部协同，并构建了制造业绿色创新系统运行机制协同模型。但目前从绿色创新角度来研究制造业绿色转型的学术文献还极其匮乏，更多是停留在政府或社会层面的讨论上，不够系统深入，理论高度也不够，实证研究更是缺乏。

二、制造业转型研究现状

随着西方发达国家工业化的完成，有关产业转型升级的研究逐渐减少，学者们更多地转向微观和中观层面的研究。例如，格雷菲（Gereffi，1999）认为产业转型就是企业从低附加值生产活动向高附加值生产活动的转变；普恩（Poon，2004）认为产业转型是企业从劳动密集型向资本密集型和技术密集型经济领域转变的过程；绍姆堡 - 穆勒（Schaumburg - Müller，2003）对外商直接投资流向越南的内外部影响进行了探讨，并进一步地研究了外商直接投资对民营制造业升级的影响；鲁特耶（Luethje，2004）基于大量实证研究，追溯我国华南地区合同制造企业的生产场所、生产组织、劳动力政策，并探讨了产业升级的观点和限制；利亚（Lia，2011）通过建立生产性服务业和制造业的两部门模型研究了生产性服务业对制造业升级的影响，并认为生产性服务业可以提升制造业的竞争力；恩思特（Ernst，2014）研究了印度的限制性规定和以往支持政策的功能障碍如何制约工厂和设备的投资、技术吸收和创新，并认为产业政策和制度改革能够促进印度电子制造产业升级。

国内对制造业转型的研究虽然起步较晚，但是发展迅速，涌现出大量研究成果，主要集中在以下四个方面：

第一，制造业转型升级的机理研究。郭伟锋等（2012）分析了制造业转型升级的影响因素，并基于协同学理论研究了制造业转型升级的协同机理，认为产业链的协同对制造业转型升级起决定作用，而行业协会、市场环境和政府则起关键影响作用；孙冰等（2012）构建了制造业产业自主创新动力系统，分析了中国东北地区制造业产业自主创新动力机制的运行过程及其影响因素；崔淼和苏敬勤（2012）、周长富和杜宇玮（2012）、孔伟杰（2012）等则从企业角度分析了制造业转型升级的影响因素；仇方道等（2015）从技术创新、区域政策等方面研究江苏省工业转型时空分异的作用机理；曾繁华等（2015）基于全球价值链治理的角度深入分析创新驱动制造业转型升级机理；张志元、李兆友（2015a）认为我国制造业转型升级的动力机理包括科学技术的发展、需求结构的升级、产业组织结构的改革和创新；孙泗泉和叶琪（2015）认为创新从动力、要素和竞争三个维度驱动制造业转型；相关研究还有秦月等（2014）、叶琪（2015）、曾繁华等（2016）。

第二，制造业转型升级的绩效研究。对制造业转型升级的评价也是学者们研究的一项重要内容。研究成果较为丰富的是国务院国有资产监督管理委员会研究中心（以下简称“国资委研究中心”）胡迟研究员，他对我国各时期的制造业转型升级成效进行了定量评估（胡迟，2013；2014a；2014b；2015a；2015b；2016a；2016b）。胡迟（2015b）认为，制造业转型升级既要考虑制造业自身的发展，又要考虑制造业与其他产业之间的协调。此外，既要衡量制造业转型升级的过程，也要考察转型升级的效果。他从产业之间的比例、产业层级与技术水平、能耗水平、研发投入等指标衡量了我国制造业转型升级的最新成效。孙玉锋、吴程（2016）则从内部结构、信息化作用、服务业作用三个方面简要论述了中国制造业转型升级的成效。王志华、陈圻（2012）用生产效率的提升来衡量产业转型升级。林春艳、孔凡超（2016）从产业结构高级化和合理化来衡量产业结构转型升级。孙理军、严良（2016）完善了基于全球价值链的制造业转型升级的测度指标，并比较分析了中国与其他主要制造业国家的制造业转型升级绩效。

第三，制造业转型升级的影响因素研究。孔伟杰（2012）基于浙江省制造业企业大样本调查问卷，从企业层面研究了企业转型升级的影响因素；周长富、杜宇玮（2012）基于昆山市制造业企业的问卷调查数据研究附加值水平、出口倾向、企业规模、技术创新强度和工资水平五个方面对代工企业转型升级的影响；周大鹏（2013）基于投入产出数据的分析，发现不同类型制造业转型升级受服务要素投入的影响不同；黄满盈、邓晓虹（2013）基于2007～2011年我国23家工程机械上市公司的数据，对我国工程机械制造业转型升级的影响因素进行了实证分析；詹浩勇、冯金丽（2016）基于2006～2012年我国城市面板数据研究了西部生产性服务业集聚对制造业转型升级的影响；吴静（2017）通过对2005～2014年我国西部省份制造业数据的研究，发现技术和资金是影响我国西部省份制造业转型升级的主要原因；周正、毛瑞男（2017）基于2000～2014年黑龙江省人口数量和人口质量数据，研究了人口红利对装备制造业转型升级的影响。

第四，制造业转型升级的路径和策略研究。王志华、陈圻（2012）基于江苏省制造业各要素贡献率的测算，从制造业转型和升级两个方面提出江苏省制造业转型升级的路径；曾繁华等（2015）基于全球价值链治理视角深入分析了创新驱动制造业转型升级的演化路径；杜传忠等（2016）认为互联网从生产方式、商业模式、价值链和管理方式四条路径来推动我国制造业转型升级；章立东（2016）提出工匠精神守护传统制造业，提升核心企业自主创新能力，工业2.0、3.0与4.0齐头并进的制造业转型升级路径；胡迟（2014a）提出建立市场主导、政府引导的转型升级模式，推行适合制造业发展趋势的战略，提升供应链、生产与营销流程的效率等五条推进制造业转型升级的对策；胡迟（2015a）提出实施创新驱动发展战略、将产业新趋势作为转型升级的方向、促进战略性新兴产业可持续发展、推进“走出去”战略与有效发挥管理对转型升级的促进作用四条对策建议；张志元、李兆友（2015a）提出将着力点放在创新上、大力创新制造业价值链、营造创新制度环境、构建多维度多层次制造业协同创新体系四条制造业转型升级的创新驱动策略；沈坤荣、李震（2015）从产业、技术、产品、企业、布局和政策层面提出“十三五”期间我国制造业转型升级的对策建议。

三、绿色转型研究现状

2008年10月和12月，联合国环境规划署（UNEP）提出“绿色经济”和

“绿色新政”的倡议，并得到发达国家的积极响应，欧美等发达国家纷纷鼓励本国产业进行绿色转型和低碳发展。事实上，国外很早就开始了有关绿色转型的研究。1962年，《寂静的春天》一书引发了广泛的关注，开启了人类的环境保护意识。1972年，《增长的极限》对不可再生资源枯竭、生态环境恶化、粮食短缺等物种社会问题进行了阐明，警示了传统经济发展模式的不可持续性。1989年，《绿色经济的蓝图》提出要构建“可承受的经济”。随后，联合国环境规划署认为通过较少污染排放和提高能源利用率等方法可以实现绿色经济收入和就业的增长。当前有关绿色转型的研究主要涉及以下四个方面：

第一，绿色转型的内涵和模式研究。刘纯彬、张晨（2009）构建了绿色转型三维结构模型，并比较分析了一般经济转型与绿色转型的差别，接着探讨了资源型城市绿色转型的内涵；孙毅、景普秋（2012）基于绿色发展理念和可持续发展理论，认为资源型区域应该通过产业绿色转型和经济发展方式绿色转变，进入资源型区域可持续发展道路；孙凌宇（2012）阐述了资源型产业绿色转型的内涵和特征，构建了资源型产业绿色转型的概念模型，并提出资源型产业绿色转型的生态管理模式。

第二，绿色转型的评价研究。巴比巴利（Barbiroli，2011）从不可再生和可再生资源、技术和生产趋势等多个方面讨论了向绿色和可持续经济社会转型的主要成本和优势；鲁肯和卡斯特拉诺斯－西尔韦利亚（Luken and Castellanos－Silveria，2011）将发展中国家分为5组，分析发展中国家工业可持续发展的积极与消极影响，以及与工业转型之间的关系，结果发现经历最大程度工业转型的发展中国家对人均工业产出和就业均有积极影响；中国社会科学院工业经济研究所课题组（2011）评价了中国工业绿色转型的成本和收益；陈静等（2012）基于灰熵理论对2001～2007年上海市绿色转型情况进行了评价；卢强等（2013）基于脱钩理论，以工业资源消耗或污染物排放变化相对工业产值的弹性脱钩值来衡量工业绿色转型升级水平，并进一步以工业新鲜用水量和燃料消耗量、化学需氧量和 SO_2 排放量分别作为资源与环境指标，评价分析了“十一五”期间广东及其各地市工业绿色转型升级的情况；肖宏伟等（2013）通过构建包含环境保护、资源利用、竞争力提升三个方面的绿色转型发展指标体系，对我国30个省市的绿色转型发展情况进行综合评价；李廉水等（2015）构建了制造业“新型化”评价指标体系，并对中国各省份制造业“新型化”程度进行了动态评价；肖贵蓉等（2016）构建了包含驱动力、压力、状态、影响和响应五个方面的城市绿色转型评价指标体系，并对2006～2014年太原市绿色转型情况进行了评价；孙丽文等（2017）基于DPSIR模型构建了工业绿色转型评价指标体系，并对河北省的工业绿色转型情况进行了评价。

第三，绿色转型的影响因素研究。费尔南多等（Fernando et al.，2015）通过文献分析和访谈，发现那些愿意进行尝试、改变商业模式和与新伙伴合作的企业更容易向工业可持续性方向发展；韩晶（2011）认为中国工业绿色转型主要有体制障碍、技术障碍和阶段障碍；韩晶等（2014）基于行业异质性的环境效率视角，运用 Super－SBM 模型研究了制度软约束对制造业绿色转型的影响；彭星、李斌（2015）以工业绿色全要素生产率对工业经济增长的贡献率作为工业绿色转型的衡量指标，基于动态面板门限模型研究了贸易开放和国际直接投资（FDI）对工业绿色转型的影响；王勇、刘厚莲（2015）分析了工业污染治理投资、预防性的污染治理投入、清洁生产投入三种污染治理方式对中国工业绿色转型的影响；彭星、李斌（2016）对不同类型及不同地区不同类型的环境规制进行了区分，基于动态面板模型实证研究了环境规制对工业绿色转型的非线性影响；廖中举等（2016）分析了环境政策、绿色技术、市场需求、企业自身的资源条件和绿色意识等因素对钢铁企业绿色转型的影响。

第四，绿色转型的策略和对策研究。韩晶（2011）认为要从积极发展现代制造技术、运用信息化改造传统产业、通过基地建设获取集聚经济效益和发展“静脉产业”四个方面来推动中国工业绿色转型升级；魏后凯、张燕（2011）提出遵从发展两型产业、创新建设模式、推广绿色生活、加强污染防治与生态修复的思路，从推动形成绿色城镇化建设的全民参与机制、积极推进城镇化绿色转型的全方位创新、将绿色环保理念融入城镇化建设各领域、加快构建和谐统一的城镇生态文明体系四个方面全面推进城镇化绿色转型；叶敏弦（2013）提出要推动现有产业结构绿色转型，构建都市化的绿色农业体系、集约化的绿色工业体系和高效的绿色服务业体系来推动城市绿色转型；杜淑芳（2014）提出要从经济发展模式、产业结构、资源消耗强度、居民消费结构四个方面实现内蒙古城市绿色转型；林和徐（Lin and Xu，2014）认为中国是目前世界上最大的碳排放国，也是气候变化的主要受害者，政府应该积极进行经济增长方式和经济结构的转变，并进一步探讨了包括碳定价和创新政策在内的政策选择。

四、绿色制造研究现状

绿色制造是制造业实现绿色发展模式的方法和路径。美国制造工程师学会（SME）于 1996 年出版的绿色制造蓝皮书《绿色制造》对绿色制造进行了定义：绿色制造又被称为清洁制造、环境意识制造、环境负责制造、全面环境质量管理、工业生态、面向环境的制造和生态尽责制造等。在中国，绿色制造被提出来之后就受到政府和学界的重视，相关的研究也非常多。关于绿色制造的定义，目前引用较多、认可度较高的是刘飞等（2000）对绿色制造的定义：绿色制造是一个综合考虑环境影响和资源消耗的现代制造模式，其目标是使得产品在整个生命周期中，对环境和资源的负面影响最小，并使企业在社会效益和经济效益两个方面协调优化。许多学者在进行相关研究时都沿用了这一定义。徐滨士（2017）首次提出“再制造”的概念，并结合《中国制造2025》，对我国再制造产业进行了研究，指出未来我国再制造工程将向“绿色、优质、高效、智能、服务”五大方向发展。

绿色制造运行模式是指应用绿色制造技术的生产组织和技术系统的形态与运作方式，说明了如何实施绿色制造的问题（谷振宇等，2008）。绿色制造运行模式的重点在于如何有效实施绿色制造，以使在生产过程中对环境的负面影响减少到最低。在绿色制造运行模式方面，研究的焦点在于可持续基础设施（Glasgo et al.，2017）、能源与环境（Mullins et al.，2014）和环境管理（Smith et al.，2017）。古托夫斯基等（Gutowski et al.，2017）和艾尔伍德等（Allwood et al.，2017）分别从制造过程的系统热力学以及消费的环境影响等方面研究了绿色制造的运行模式；刘飞等（2000）、谷振宇等（2008）、李聪波等（2009）从系统集成的角度阐释了绿色制造运行模式的含义，并从功能、产品生命周期、制造过程、资源流、环境影响、系统结构六个方面入手，建立了四层结构的绿色制造运行模型，系统阐述了绿色制造运行模式；杨仙荣（2010）则从信息技术与绿色制造理念相结合的角度，构建了基于信息技术的绿色制造运行系统体系结构，并对其构成模块进行了深入研究；江志刚等（2010）对绿色规划优化运行模式进行了研究，并通过实证分析验证了该运行模式的可行性和有效性。2015 年 3 月，清华大学与沃尔沃集团合作成立了清华大学绿色经济与可持续发展中心（GESD），主要目标是成为中国可持续发展研究领域的思想领袖和高端智库，为政府与企业提供高质量政策咨询和战略建议。该中心在绿色制造运行中的二氧化碳减排策略（潘文卿，2015；潘文卿等，2017），可持续经济发展和社会治理（孙笑非等，2017），经济、社会、资源和环境的协调和平衡发展，绿色交通发展战略与政策（陆化普，2015；张晓丽、陆化普，2015）等方面做出了很大贡献。

五、研究述评

毋庸置疑，当前国内外学者对创新推动制造业发展和转型方面的研究已经取得了许多成果，提出了许多具有参考价值的理论、方法和观点，创新是驱动产业发展和转型的重要力量也已经成为共识，但仍然存在以下三点不足。

第一，与制造业绿色转型直接相关的研究相对比较少，而研究制造业绿色转型机理的成果则更为匮乏。在有限的文献中，有关产业绿色转型的影响因素或机制的研究还比较零散，学者们往往从某个方面对工业绿色转型进行分析，或者基于某个具体行业角度进行实证分析，缺乏系统性，没有提出完整的制造业绿色转型的理论体系，其理论渊源和演进脉络并不明确，亟须进行系统的梳理和全面的阐释。此外，目前还没有立足整体层面、基于多个区域关于制造业绿色转型的内在作用机理和规律的实证研究。同时，制造业绿色转型成效的相关定量研究也比较缺乏。另外，制造业绿色转型是一项复杂的系统工程，受到各种因素的影响，而这些因素往往不能直接测量，需要用到多指标的方法进行处理，且这些因素的影响可能是非线性的，一般的线性模型并不适用。

第二，虽然创新一直被视为推动经济增长和产业的主要动力，如何利用创新驱动产业发展和经济增长是许多学者关注的重要问题，但当前将制造业与绿色创新结合起来的研究还很少，甚至绿色创新的概念和内涵界定都还没有完全统一，而且由于绿色创新涉及非常广泛的内容，因此学者们更多的只是侧重于研究绿色创新的部分内容，如绿色技术创新、绿色产品创新、绿色工艺创新以及绿色制度创新等，并且更多地停留在概念和内涵的界定上。虽然也有一些学者对绿色创新和制造业的结合进行了有益的探索，但从绿色创新角度来研究制造业绿色转型的学术文献还极其匮乏，更多是停留在政府或社会层面的讨论上，不够系统深入，理论高度也不够，实证研究更是缺乏。

第三，当前有关我国制造业绿色转型的模式和路径的理论研究及实证研究比较少见，而且制造业具有很大的行业异质性，只有深入探究各行业的特点和“绿色度”，构建合理的模型才能有效指导不同类型的制造业行业选择合适的转型模式和路径，使转型真正落到实处。

有鉴于此，本书研究尝试从以下几个方面来弥补当前研究的不足。

第一，进一步系统梳理绿色创新驱动制造业绿色转型的理论演进脉络。主要从协同学、生态学等相关理论出发分析绿色创新驱动制造业绿色转型的理论渊源和发展演变，其中，协同学主要从协同创新驱动、分布式创新角度，生态学主要从创新生态系统角度来进行探讨。

第二，从理论高度深入探究绿色创新驱动制造业绿色转型的作用机理。采用PLS－SEM 模型构建中国制造业绿色转型的内在作用机理模型，并以中国各省份为主要研究对象，实证分析中国制造业绿色转型的内在作用机理、路径和影响效应，进而定量评价和比较各省份制造业绿色转型的成效，有效弥补现有文献在本领域研究的不足，进一步完善制造业绿色转型的理论体系，为中国制造业的绿色转型提供理论参考和实证支撑。

第三，定量评价我国制造业各行业的绿色度状况。构建中国制造业绿色度评价指标体系，定量评价我国 28 个制造业行业的绿色度状况，并深入分析其变化趋势和基本特征。

第四，深入研究我国制造业绿色转型的模式和路径。基于各行业绿色度状况，定量判别我国制造业各行业的发展阶段，进而根据中国制造业绿色转型匹配模型，为处于不同发展阶段的制造业各行业提供绿色转型模式和路径参考。

第三章

绿色创新驱动制造业绿色转型的理论演进脉络

第一节　基本概念及内涵

一、绿色创新的概念与内涵

随着资源环境压力的加大，社会各界越来越关注绿色创新。路甬祥（2009）指出：绿色创新将成为未来创新的重要方向，在今后的10~20年很有可能发生一场以绿色、智能和可持续为特征的科技革命和产业革命。可以预见，无论是解决资源环境问题、气候变化问题，还是应对经济危机，绿色创新都将为各国经济发展创造新的需求和市场。但当前绿色创新的概念和内涵界定并没有完全统一，因此很有必要对绿色创新的概念进行界定。有些学者提出环境创新的概念，从现有文献来看，大部分学者都将绿色创新、环境创新等同于一个概念，虽然从字面上的意思来看，两者有一些差别，但总体含义还是一样的。因此，我们也将绿色创新等同于环境创新。此外，许多国内外学者将“绿色创新”等同于“绿色技术创新”（戴鸿轶和柳卸林，2009），他们的研究也更多地集中于“绿色技术创新”而不是“绿色创新”。但我们认为绿色或者环境技术创新所涵盖的范围比较窄，仅仅是绿色创新的一部分，不足以反映出致力于绿色发展的创新活动的全貌。

环境创新最早出现在福斯勒和詹姆斯（Fussler and James，1996）的著作中，他们将环境创新定义为给客户和企业带来具有价值的新产品和新过程，而且这些新产品和新过程大大降低了对环境的影响，主要是针对企业的创新。克莱默（Klemmer，1999）指出，环境创新是相关行为者发展、应用或引入新思想、新行为、新产品和新过程，有助于减少环境负担或实现具体的生态可持续发展目标的所有措施。学术界更多采用坎普等（Kemp at al. ，2002）给的定义：环境创新包括因避免或减少环境损害而产生的新的或改良的工艺、技术、系统和产品。它提出的系统创新，实质上是一种系统性的组织创新和管理创新。中国环境与发展国际合作委员会（CCICED）提出了“国际环境创新计划”的概念，将环境创新的概念扩展到社会和制度等领域，认为环境创新应该包括公众参与方式的创新、创新体系制度结构的创新、环境教育体系的创新等（2009）。陈鹏（2012）认为，绿色创新不仅包括绿色技术创新，还包括绿色工艺、产品、服务和商业模式创新，以及相关的绿色组织创新、管理创新、制度创新等。

由此可见，绿色创新的含义非常广泛，它包括技术上的、经济上的、法律上的、制度上的、组织上的和行为上的任何一种创新，无论它出于何种其他的利益或动机，只要它能够带来生态环境质量的某种改善，就是一种绿色创新。绿色技术创新仅仅是绿色创新的一个部分。从宏观上来讲，绿色创新是创新与可持续发展的重要结合点，追求的是经济效益、环境效益和社会效益的三重目标（翁莉等，2013）。从微观上讲，绿色创新可以使企业的经济效益与生态效益协调一致，企业通过绿色创新可以获得环境竞争优势实现可持续发展（戴鸿轶、柳卸林，2009）。

因此，我们认为绿色创新突出强调环境观念，环境友好型技术、工艺和产品的研究开发与应用；强调以绿色市场为导向，促进环境技术成果的转化；强调机制创新以及生产组织方式、经营管理模式、营销服务方式等多方面创新的结合。例如，党的十八大报告提出“树立尊重自然、顺应自然、保护自然的生态文明理念，把生态文明建设放在突出地位，融入经济建设、政治建设、文化建设、社会建设各方面和全过程，努力建设美丽中国”的战略构想就是一个重要的绿色创新。绿色创新可以使各区域的经济效益与生态效益协调一致，从而获得绿色竞争优势实现可持续发展。绿色创新已经被视为在解决一个国家或地区生态环境问题的同时并不减少相关经济活动的一个重要方式，绿色创新的开发与扩散也成为以成本有效方式达到环境目标的一条黄金道路。

绿色创新是推动制造业绿色转型的主要动力和关键。绿色创新的关键要素包括绿色制度创新、绿色技术创新、绿色管理创新，其中，绿色制度创新是推动绿色转型的基础，绿色技术创新是推动绿色转型的关键，绿色管理创新是推动绿色转型的重要支撑。这些内容的绿色创新覆盖了制造业价值链的全过程，融入了制造业产品生命周期的各个环节，能极大地推动制造业绿色转型。

二、制造业绿色转型的概念与内涵

绿色转型是指以生态文明建设为主导，以循环经济为基础，以绿色管理为保障，发展模式向可持续发展转变，实现资源节约、环境友好、生态平衡，人、自然、社会和谐发展。[①] 其主要内容是从传统消耗资源和污染环境的粗放型模式向以经济发展为主、倡导循环可持续发展的科学发展模式转变，也就是实现从人与自然、社会相隔离向人与自然、社会和谐相处的转变。

而制造业绿色转型的概念提出较晚，中国社会科学院工业经济研究所课题组（2011）提出工业绿色转型是工业迈向“能源资源利用集约、污染物排放减少、环境影响降低、劳动生产率提高、可持续发展能力增强”的过程。张翔、赵群（2013）认为制造业绿色转型是指在制造业绿色化发展过程中，其产品从设计、制造、包装、运输、使用到报废处理的整个产品生命周期，对环境的负面影响最小，资源利用率最高，实现了经济效益和社会效益协调优化。有鉴于此，本书研究认为制造业绿色转型是在重视制造业经济产出的同时，兼顾资源环境效益，实现从“高投入、高消耗、高污染”发展模式向“低投入、低消耗、低污染、高产出”发展模式的转变。具体来说，就是制造业在发展过程中，将环境因素考虑进来，以资源集约利用和环境友好为导向，不断提升资源的利用效率、减少对环境的破坏、提高资源环境效益，实现经济发展和环境保护协调发展。它的内涵主要包括以下三个方面。

第一，生产方式的转变。生产方式的转变是指制造业由原来只考虑资源型生产要素投入的生产方式，向把环境作为生产要素投入的生产方式的转变。过去单纯只考虑资源型生产要素的投入，忽略了环境的重要性，致使生态环境受到极大的破坏，严重阻碍了经济的可持续发展。将生态环境作为生产要素考虑进来，改变过去粗放型的生产方式，在考虑资源型生产要素成本的同时，也考虑生态环境要素的成本，实现由“高污染”向“低污染”的转变。

第二，生产效率的转变。生产效率的转变是指制造业由以往过度依靠资源环境要素驱动的生产方式，向依靠科学技术进步和人才资本投入驱动的生产方式的

① 太原市委市政府．太原市推进绿色转型条例（草案）[EB/OL]．第一章第三条，http://www.taiyuan.gov.cn/zfbmxxgktzgg/33154.jhtml，2008-5-16.

转变，实现生产要素的“低效率”向“高效率”转变。过去过度依靠资源环境要素驱动的粗放型生产方式，给资源环境带来了巨大的压力，而且这种方式是一种不可持续的生产方式，无法满足经济的长足发展。通过依靠技术进步和人力资本投入驱动的生产方式提升制造业生产要素的生产效率，在等量生产要素投入的情况下，生产更多的产品，带来更多的市场价值，实现生产要素的“低效率”利用向“高效率”利用的转变，推动制造业向集约化方向发展。

第三，生产目的的转变。生产目的的转变是指制造业由过去只单纯地计算企业个体的生产成本，向考虑企业生产给社会带来负外部性的社会成本转变。单纯计算企业个体生产的私人成本，而不将其所带来的负外部性考虑进成本函数中，会使得企业生产成本低于社会成本，刺激企业破坏生态环境。而考虑将企业生产带来的负外部性纳入社会成本，会推动企业进行绿色生产，减少对环境的破坏，提升对生态环境的友好程度。

第二节　理论基础

以往有关产业优化升级的研究大多源于对制造业升级或工业升级的经验总结，因此制造业转型升级和产业转型升级之间有着相通之处。此外，本书研究的重点是制造业的绿色转型，涉及绿色经济领域的研究。虽然本书研究也有涉及创新理论，但是考虑到我们是将绿色创新作为产业转型升级的一个动力或因素，不是研究的主体，另外，对于绿色创新驱动制造业绿色转型的理论分析将在第三节重点介绍，因此，本节主要介绍与制造业绿色转型密切相关的可持续发展理论、绿色经济理论和产业结构演变理论。

一、可持续发展理论

在环境和人类问题上，主流经济学总体上是以“人类中心论”为逻辑前提进行理论的研究与分析。在人的无穷欲望和资源的稀缺性矛盾面前，主流经济学追求的是片面的经济增长，而不是在一定程度上合理抑制人的主观欲望，环境和资源要素的地位相对较低。片面追求经济增长的结果必然是环境污染、资源枯竭速度加快，经济增长前景黯淡。

可持续发展正是源于对日益恶化的环境问题的思考。可持续发展的目标在于人与人和自然与人的和谐（广义），在不损害后代人发展的基础之上满足当代人的发展需求（狭义）。可持续发展理论将发展的可持续作为基本前提和出发点，在人与环境的关系问题上强调人与环境的协调发展。可持续发展理论不否定经济增长，而是强调经济增长必须建立在资源环境自我更新的限度之内。可持续发展的基本观点主要体现在以下三个方面。

第一，资源环境的可持续是重点，但不可忽视经济增长。可持续发展强调资源和环境的可持续，但也强调经济增长。因为经济增长增加了社会财富，提高了人们的生活水平，保证了国家的稳定和富强。但可持续发展不追求片面的经济增长，而是更加重视经济增长对资源环境的负面影响，强调要提高经济增长的质量。

第二，要保证自然资源的可再生性和生态环境的可恢复性。发展的可持续性就意味着消耗的可控性，只有控制好消耗的限度，才能更好地实现可持续发展。当一个经济体实现可持续发展，其对自然资源的消耗速度和对生态环境的破坏速度就必然不会超过资源的再生速度和生态环境的恢复程度，能够使资源和环境持续支撑经济增长。

第三，可持续发展的目的是实现人类社会的全面进步。由于个体的差异，每个经济体发展的目的和阶段都可能不尽相同，但发展的实质都应当包含对人类本身的健康、生存质量的关注和社会自由、平等与和谐的追求。

二、绿色经济理论

“绿色经济”的概念最早是由英国环境经济学家大卫·匹尔苏提出的，但其思想起源于20世纪60～70年代的《寂静的春天》、“太空飞船理论”和罗马俱乐部发表的《增长的极限》等，并在《世界自然保护大纲》中有较为详细的阐述。而绿色经济从理论走向实践的标志是1992年里约热内卢召开的联合国环境与发展大会上通过的《地球宪章》和《21世纪议程》。2012年召开的“里约+20”联合国可持续发展大会更是将绿色经济作为其中的一个会议主题。

绿色经济是一种新的经济形式，它要求经济的发展要使人类的福利水平得到提高，社会更加和谐，并且不会给后代带来生存环境的影响。绿色经济的本质在于自然生态环境和经济快速发展的协调（刘思华，2001），其文明属性不是工业文明的经济范畴，而是生态文明的经济范畴（高红贵，2015）。工业文明是工业时代的经济形态，而绿色经济是紧随其后的文明形态（方时娇，2010）。

绿色经济的内涵主要包括以下四个方面：一是以人为本。绿色经济是为人的需求和发展而服务的，因此，绿色经济的目标是要通过人与自然的和谐发展，来实现人类更好的生存和发展需要。与此同时，当代人类的发展也要兼顾不同时代人类发展的需要。二是经济绿色化。绿色经济要求经济能够实现永续发展，而生态环境和自然资源是经济发展的基础，因此，必须将经济的绿色化作为绿色经济的核心，使经济发展能够在地球的资源和环境承载范围内实现。三是更高层次的经济和社会发展。绿色经济还强调当代人在经济社会发展的同时，努力做到不对后代的生存和发展构成危害，也不给本地区以外的其他地区的经济社会发展带来危害。四是效率最大化。绿色经济注重经济发展效率的提高，推动资源和资本从资源利用效率低、污染排放高的部门流向资源利用效率高、污染排放低的部门。

绿色经济的特征有以下四点：一是广义性。绿色经济包含多个方面的内容，不仅包括生态产业，而且还包括低碳经济、循环经济和其他建设生态的经济等。二是现实性。可持续发展是人类长期发展形成的理念，是人类一步步达成的共识，而绿色经济则是贯彻可持续发展理念的具体方法和路径，也是区别于以往褐色经济（即损耗式经济）发展模式的一种新的发展模式。三是时效性。从当前来看，发展绿色经济可以迅速拉动就业、促进经济发展和调整产业结构，是解决当下能源、人口、粮食、金融危机等多重危机，实现可持续发展的重要途径（李晓西、胡必亮，2012）。四是必然性。生态文明是全新的人类社会文明形态，是人类文明必经的阶段，而绿色经济则是生态文明建设的必然产物，也是面对当下严峻生态环境问题的必然选择。

三、产业结构理论

产业结构理论是指在社会再生产过程中，一个国家或地区的产业组成（即资源在产业间的配置状态）、产业发展水平（即各产业所占比重）和产业间的技术经济联系（即产业间相互依存、相互作用的方式）。产业结构理论的思想源头可以追溯到威廉·配第，他于1672年在其著作《政治算术》中通过比较发现：在英国，船员的收入是农民收入的4倍。经过多方论证得出结论，认为“商业的收入多于工业的收入，而工业的收入又多于农业的收入”，这就是著名的配第定理。

20世纪30年代，澳大利亚经济学家费歇尔根据三次产业的概念明确提出三次产业分类法，即根据经济活动与自然界的关系，将取自于自然的产业称为第一产业，加工自然生产物的产业称为第二产业，繁衍于有形物质生产活动之上的无形财富的生产部门称为第三产业。

在配第和费歇尔的基础上，克拉克通过统计若干国家的历史数据资料，发现随着经济的发展和人均国民收入水平的上升，劳动力由第一产业向第二产业转移，进而向第三产业流动。劳动力在三次产业中的分配状况是第一产业逐渐减少，而第二、第三产业逐渐增加。这就是著名的“配第—克拉克”定理。

基于克拉克的研究，库兹涅茨做了进一步的发展。他通过收集并整理20多个国家的数据，发现随着时间的推移，农业部门的国民收入在整个国民收入中的比重以及农业劳动力在总劳动力中的比重均在下降；工业部门的国民收入在整个国民收入中的比重是上升的，而其劳动力在总劳动力中的比重上升不够明显；服务部门的国民收入在整个国民收入中的比重大体不变，略微上升，但其劳动力在总劳动力中的比重是上升的。

德国经济学家霍夫曼在1931年的《工业化阶段和类型》一书中，通过分析不同国家工业发展阶段的历史数据，发现在工业化第一阶段，消费资料工业占工业产值比重远大于资本资料工业所占比重，随着工业化的进行，资本资料工业占工业产值比重最终将超过消费资料工业所占比重。

钱纳里和赛尔奎因在克拉克和库兹涅茨研究的基础上，通过对101个国家1950~1970年的统计资料进行研究分析，构造了一个“世界发展模型”，并由此整理出经济发展结构模型，即经济发展不同阶段的产业结构标准数值。他们认为经济发展的不同阶段对应着不同的经济结构，这为不同国家地区分析经济发展过程中产业结构是否正常提供了参考依据。其后钱纳里又提出了大国产业结构模型，即在人均国民收入基本相同的情况下，大国工业产值在国民生产总值中的比重要比小国平均高出5~6个百分点。

第三节　绿色创新驱动制造业绿色转型的理论分析

制造业绿色转型是指制造业在发展的同时，兼顾资源环境效益，从传统的消耗资源和污染环境的粗放型模式向循环可持续的绿色发展模式转变，是一个具有复杂动态特征的经济系统，它关系到我国经济发展的质量。而在制造业绿色转型的过程中，绿色创新发挥的作用越来越大，成为驱动制造业绿色转型的重要动力。

绿色创新是一个具有多层次、多指标的动态复杂系统。它的复杂性决定了制造业绿色转型过程也是一个开放的复杂系统过程，需要系统内的各个要素协同作用来进行推动。在这个开放的复杂大系统下，制造业绿色转型既需要协同创新驱动规避风险、协同分布式创新促进社会资源共享，也要注重创新生态系统的动态演化性，通过各个创新要素的有机结合，提高创新效率、增强绿色转型能力，促进绿色创新产品的持续生产，实现制造业绿色转型发展。

具体来说，基于协同学和生态学理论，绿色创新驱动制造业绿色转型的发展演变过程大致可以分为以下四个阶段。

第一阶段——生成阶段：制造业企业基于协同创新实现了产业间资源共享的协同效应，并在自组织原理的正负反馈机制下为制造业绿色转型打下了坚实基础。

第二阶段——成熟阶段：在分布式创新中，受共享机制与竞争机制的影响，企业一方面通过合作、技术模仿与学习实现上下游企业的绿色创新，另一方面通过竞争效应和优胜劣汰实现制造业结构的优化升级，促进制造业绿色转型。

第三阶段——扩散阶段：创新生态系统会自发形成一种基于选择关系—共生关系—演化关系的绿色创新模式，在整个系统内部的自我演化、循环发展路径下推动制造业向更高级方向（即绿色化方向）发展。

第四阶段——反馈阶段：供给决定需求，需求又反作用于供给。消费者的绿色需求导向刺激了制造企业的绿色创新动力，在反馈机制下为制造业绿色转型过程注入源源不断的创新活力。

为更加深入地阐述上述绿色创新驱动制造业绿色转型的理论演变过程，本书研究将从协同创新、分布式创新和创新生态系统三方面展开论述。

一、绿色创新驱动制造业绿色转型的协同学分析

德国著名物理学家哈肯在20世纪70年代首次提出协同学理论，该理论指出：协同是由复杂的系统内部各个子系统之间通过协同行为产生超过各要素的单独作用，最终形成系统的整体作用（马威，2014）。目前，协同学理论已经是当代社会科学领域中最活跃的前沿科学之一，其方法论为人类研究和处理一系列复杂的问题开辟了新的途径。它也是制造业绿色转型过程中绿色创新系统协同程度分析的重要理论基础。本书研究基于协同学理论分析绿色创新驱动制造业绿色转型的过程，主要从协同创新和分布式创新两方面展开。

（一）协同创新驱动制造业绿色转型

协同创新被称为创新的第四源泉，即创新主体通过互动式学习产生创新效应。协同创新是一个复杂的过程，通过优势互补及资源共享实现资源要素的效用最大化，从而获得创新行为的最大效益。在协同创新驱动作用下，每个创新要素及创新的子系统逐渐从无序向有序的方向发展，从有序向更加有序的方向演进（周志太，2013）。制造业绿色转型是各类动因共同作用下的结果，绿色创新是其

中的一个重要驱动力。绿色创新驱动制造业绿色转型是基于产业间资源共享的良性协同作用以及自组织正负反馈机制下的动态过程。在协同创新驱动和自组织反馈机制作用下，企业源源不断地生成一系列严格标准化的绿色技术、绿色组织、绿色管理和绿色制度等绿色创新活动来驱动制造业绿色转型的实现。

1. 协同效应

面对外界的激烈竞争，企业依靠自身的创新资源和创新能力获得的战略成果有可能与其最初的目标大相径庭，也即存在所谓的战略缺口情况。由于企业单纯依靠自身的绿色创新资源和创新能力去实现制造业绿色转型具有一定的局限性，因此企业、科研院所、政府之间实现资源共享、优势互补的协同创新驱动作用就显得更加重要。在制造业转型初期，企业间通过绿色技术和知识的共享，与后期绿色技术的应用和改进相互作用，在协同创新驱动下合理配置生产要素资源，打破产业间绿色创新在不同组织间的壁垒，并有效集成产、学、研的绿色创新研发资源，产生“1 +1 >2”的整体效应和协同效应。我国制造业绿色创新及其绿色转型需要依赖不同系统运行机制的共同作用，需要充分发挥绿色制度、绿色技术、绿色组织和绿色管理的协同作用，否则可能导致绿色转型的失败。

2. 自组织原理

系统自组织理论认为，协同能够在不存在外部指令作用的前提下，使得系统内部的各个子系统之间可以按照一定的形态自发形成具有一定功能的组织形式，也就是自组织行为（刘刚，2015）。制造业绿色转型呈现螺旋上升式自组织演化模式，在演化过程中，制造业企业根据外部环境的变化会自发地调整组织的行为。随着经济发展水平的提高，社会化大生产不断向纵深化和精细化发展，不断演化出产业间的产出分工和产业内的部门分工，这种分工协作在制造业产业的自我演化状态下为绿色创新的发展打下了良好基础。再加上市场需求的反馈机制、政府政策导向等外部因素，通过自组织原理驱动制造业绿色创新的内外部良性循环，从而使制造业绿色转型路径向着从无序到有序、从有序到更加有序的方向发展。正如协同学中的“序参量”理论所指出的，制造业通过“竞争—合作—协调”的自组织协同运行机制，形成正负反馈协同效应，推动制造业绿色转型（王莉静，2010）。

（二）分布式创新驱动制造业绿色转型

分布式创新是指企业之间以先进的知识信息管理为基础，通过资源共享等合作手段为实现技术模仿、协同创新等进行的一系列创新活动，其寻求在全球范围内配置创新资源，具有不同地域之间的协同性和资源共享的特征。它既是基于共享机制的合作分布式组织，又是企业外部创新活动竞争效应的体现（闫俊周，2012）。从分布式创新理论来看，共享机制和竞争机制会推动制造业绿色转型。一方面，在共享机制作用下，企业的绿色创新产出不只是某个企业的单个成果，它可以通过合作、技术模仿与学习等方式进行共享，推动上下游企业共同绿色转型；另一方面，在竞争机制作用下，绿色创新会推动制造业结构优化升级，进而推动制造业绿色转型。

1. 共享机制

制造业绿色转型不仅仅受组织结构、空间时间、配置过程、沟通工具、技术流和知识流等多种因素的影响，同时也是企业之间合作与各方博弈的过程，受合作各方利益分配、信任与合作等多方面的影响和制约，具有动态性和发展性特征。因此，企业为了推进绿色创新行为和实现制造业绿色转型，必须能够识别、创造与持续地共享和管理知识。此外，制造业绿色转型不仅仅存在于本行业内部，还会带动上下游不同产业的共同转型。上下游企业基于现代通信和信息技术，建立资源共享平台，克服空间和时间障碍，实现创新资源与知识整合的过程，并通过合作实现多方共赢，提高资源利用效率和创新效率，进而实现全行业的绿色转型扩散效应。

2. 竞争机制

分布式创新是开放和封闭的平衡，具有动态竞争的特征。因此，绿色创新驱动制造业绿色转型还表现为企业之间的动态竞争过程，主要是指新兴企业的进入与不合格企业的退出，新产品的需求与旧产品的淘汰以及新技术的引进、落后技术的挤出（高小芹，2009）。具体来说，由于外部技术或市场环境具有不确定性、不可预测性等特点，制造业生产经营的外部环境会随之发生变化，有利于企业绿色创新行为的知识、信息等资源的不断更新。在此过程中，企业根据自身条件和对未来的期望做出自由进入或退出市场的决定，由此推进制造业产业部门的结构逐渐优化，生存下来的企业大多具有核心绿色创新能力，它们通过绿色技术、绿色环境和绿色制度、绿色管理的扩散机制形成制造业行业内的竞争优势，这也是绿色创新系统嵌入传统制造业行业既定技术水平和创新路径的核心过程。

二、绿色创新驱动制造业绿色转型的生态学分析

生态学（ecology）一词源于希腊语，原意是研究生物栖息环境的科学。斯坦利于 1935 年提出生态系统（ecosystem）的概念，将其视作“地球表面上自然界的基本单位”。生态系统是指生物群落在一定的空间和环境中共同生存的物质循

环和能量流动的连续过程所形成的统一整体（杨持，2000）。近年来，生态学及生态系统的概念及其方法论已经延伸到众多学术领域，而创新生态系统就是借用生态学的理念来研究创新系统，是生态观、创新观和系统观的有机结合。

创新生态系统的概念是对“创新系统”内涵的发展与创新，使用“创新生态系统”概念，更加突出了创新系统的动态演化特征。各创新个体如企业、科研院校、政府、消费者与自然环境要素形成共生竞合、动态演化的开放复杂系统。此外，影响企业绿色创新的因素还包括企业家精神、政策环境、市场因素，等等。绿色创新驱动制造业绿色转型是以创新主体与环境的适应选择关系为基础，以清洁生产和能源节约形成协同共生关系为目标，最后在演化发展下实现绿色化、生态化制造，为制造业绿色转型提供全过程的路径支撑。这一驱动过程包括选择关系—共生关系—演化关系的转化。

（一）创新生态系统的选择关系

生物学中的“选择”类似于企业之间的“市场竞争”。创新生态系统的选择关系是指制造业发展过程中，政府为了兼顾经济发展与环境保护，有目的地实施以环境管制为主的外部监督机制，在绿色创新与非绿色创新的选择关系中实现优胜劣汰，从而推动制造业绿色转型发展。所以说，“基于环境的自我调控”是创新生态系统的本质特征，即围绕绿色创新主体与外部环境的一种选择关系（董铠军，2018）。制造业绿色转型处于创新生态系统的形成与演化过程中，其所处的外部市场环境也在不断变化之中。政府一方面制定各项处罚环境污染行为的处罚政策，另一方面出台各类鼓励绿色创新的激励政策，对制造业的绿色知识创造和技术研发活动形成倒逼机制，推动制造业企业通过绿色创新改造生产过程，促进制造业绿色转型。在这一过程中，有的生产企业由于粗放型管理、创新能力差，达不到减排标准，导致其生产成本提高，经营活动受到影响，再加上其他企业的竞争，会出现经营困难，甚至会因经营不善而破产。此时，不适应外部环境变化的企业会被淘汰，而能够较好适应环境变化的企业则能获得机会继续生存与发展，也即实现了生产发展与资源环境协调并进的绿色转型。

（二）创新生态系统的共生关系

生物学中的“群落”隐喻着创新生态系统中“多种创新单元形成的共生关系”。制造业绿色创新的实现需要各个主体的共生协作关系，如企业、政府、科研院所与金融机构等个体共同协作促进人才、资金等创新资源的流动，并在制造业行业之间形成分工与合作，进而实现制造业绿色创新。创新生态系统代表着一种有机整体，主体之间的关系也不再是简单的“竞合关系”，而是以“价值共创”为导向的推动系统整体进化的共生关系，即除竞争以外的一种关系（吴晓烨，2018）。这种共生关系意味着企业围绕绿色创新活动，基于技术扩散效应、规模经济效应集聚在同一地理范围内，并通过长期的互动，形成稳定的创新合作链，共同促进绿色创新能力的提升。通过共生关系，制造业行业中不同企业主体的生存与发展，促进了企业创新的多样性，提高了制造业绿色创新的活力和制造业绿色转型升级过程中适应外部环境变化的能力。

（三）创新生态系统中的演化关系

在全球化背景下，一个国家或地区的创新生态系统不再是孤立的、封闭的“生态系统”，而是一种广泛联系的开放竞争关系（李万等，2014）。在这一关系中，竞争与协同是制造业企业绿色创新系统内各要素和子机制的主要行为方式。由于资源的稀缺性与企业个体的差异性，企业为争夺有限的人才、资金、市场和资源必然带来竞争，这将激发企业绿色创新的动力和活力，生产出更加绿色和更具技术含量的产品，刺激消费者需求，进而又通过市场需求的反作用刺激企业绿色创新行为，由此形成一个绿色创新驱动制造业绿色转型的系统演化过程。在此过程中，一开始处于劣势的企业为了追赶绿色创新水平更高的企业不断进行绿色创新，正如生物学中的“繁殖”“衍生”，通过学习和模仿高绿色创新水平的企业，使自己在竞争和学习中不断成长；而一开始绿色创新水平较高的企业，通过竞争使其维持比较优势，并且对其他企业具有牵引作用，从而带动整个制造业行业的绿色创新及绿色转型。此外，随着消费者绿色消费观念的提升以及对绿色产品需求的增长，基于对市场的反馈，企业根据新的创新需求产生新的创新动力，实施新的技术开发、产品创造，使制造业绿色创新系统的整体绩效得到不断提高，进而推动新一轮制造业绿色转型过程。在创新生态系统演化机制的作用下，形成一系列推动和反馈绿色创新的行为，促进制造业向更高级化和绿色化方向发展，从而形成更加完善、更加先进的制造业绿色发展模式。

总的来看，绿色创新是实现我国制造业绿色转型的重要手段和关键路径。制造业企业通过绿色创新行为，一方面有助于企业之间产生协同效应，通过资源共享平台、交互式学习方式来降低生产成本、提高资源利用效率，并减少环境污染给制造业发展带来的压力，突破资源环境对制造业发展的约束，推动制造业绿色转型；另一方面通过创新生态系统的选择关系、共生关系和演化关系，提高制造业企业的绿色创新能力和水平，推动制造业绿色转型升级，从而全面提升我国制造业在全球价值链中的地位。

第四章

我国制造业发展现状及问题分析

随着科学技术水平的不断提高，人类社会逐步迈向更高的发展水平。根据产业结构相关理论，在迈向更高阶发展阶段时，第三产业的比重会逐渐增加，服务业最终会成为国民经济的主要组成部分。但国际金融危机和欧洲主权债务危机的爆发，说明过分依赖虚拟经济，忽视以制造业为主体的实体经济的做法是不能长久的。现阶段，制造业更是中国经济社会稳定发展的支柱。在对我国制造业绿色转型进行研究之前，有必要对其发展现状和存在的问题进行系统梳理和深入分析。

第一节　我国制造业发展现状分析

新中国成立70年来，中国经济快速发展，是人类经济发展史上的奇迹（林毅夫、蔡昉、李周，2014）。中国在“一穷二白”的情况下经过多年的奋斗和努力，建立了种类齐全的制造业体系，从一个贫穷落后的农业国家发展成为现代化制造业大国。中国已由工业基础薄弱、工业技术落后、门类不全转变成为工业基础扎实、工业技术明显进步、门类基本齐全的“世界工厂”。目前中国已经是全世界最大的制造业国家和商品出口国，制造业制成品出口额占世界制成品出口总额的比重接近20%，是美国的两倍多；其中，电子数据处理和办公设备、通信设备、服装、纺织品出口额占世界出口额的比重接近或超过40%，中国对世界经济增长贡献率超过30%（李晓华、李雯轩，2018）。截至2013年，在世界500种主要工业品中，中国有220种产品的产量位居全球第一位。[①] 下面我们将从四

① 苗圩：中国220多种工业品产量居全球第一位［EB/OL］. 中国新闻网，2013年3月25日，http：//www. chinanews. com/gn/2013/03－25/4672141. shtml.

个方面对我国制造业的发展现状进行深入分析。

一、产业体系日趋完善，产业规模迅速扩大

1949 年，我国几乎没有任何现代工业体系和工业技术，只有一些破败的工厂。到 20 世纪 50 年代时，我国工业进入了起步阶段，利用从社会主义国家阵营中获得的 24 亿美元的工业化外来资本在能源、冶金、机械、化学和国防工业领域，陆续开展了“156 项”（实际完成 150 项）重点工程。自此开始，我国以农业集体化的高积累支持工业发展。1949 ~ 1978 年，我国实施农业集体化，通过“剪刀差”从农业提取并积累了 7000 亿 ~ 8000 亿元人民币，用以支持工业发展。1978 年前，我国全部国有工业固定资产是 9000 亿元人民币。正是由于农业的强力支持，使得 1950 ~ 1977 年我国工业发展速度达到 11.2%。虽然重工业、轻工业和农业结构严重失调，但经过 20 多年的艰苦奋斗，到 70 年代初，我国已初步完成了国家工业化的原始资本积累。① 改革开放后，依托人口红利和改革红利，中国实行“外向型”经济发展战略，大力引进外资，加快出口加工贸易，凭借廉价劳动力优势，积极承接国际产业转移，积极融入全球分工体系，从主要承接劳动密集型产业到大力发展资本与技术密集型产业；产业转型升级不断加快，产业技术内涵和水平不断提升，在推动贸易和经济快速发展的同时，也建立起全球规模最大、门类最齐全的工业体系；工业素质也在不断提高，成为全球产业链和供应链的关键节点。在 2010 年前后，中国已经建立起独立、完整的工业体系，是全世界唯一拥有联合国产业分类中全部 39 个工业大类的国家，被誉为“世界工厂”和全球“制造中心”。

根据世界银行统计数据，1978 年我国制造业增加值为 600 亿美元（现价），1995 年增加到 2450 亿美元，到 2013 年增加到 29225 亿美元，2017 年增加到 35909 亿美元（世界银行，2019）。1978 ~ 1995 年，我国制造业增加值的年平均增长率为 8.63%，而 1995 ~ 2017 年制造业增加值的年增长率迅速提高到 12.98%，即便从 1978 ~ 2017 年来看，制造业增加值的年平均增长率也达到 11.06%。可见，改革开放以来，我国制造业发展迅速，在工业和国民经济中均占有重要地位。1978 ~ 2017 年，我国制造业增加值占工业增加值的比重一直处于 70% ~ 80%，并且制造业增加值在国民经济中的比重也一直处于

① 1949 - 2019：中国工业 70 年 [EB/OL]. 中国报道，2019 年 4 月 10 日。网址：http://www.chinareports.org.cn/rdgc/2019/0410/8673.html.

30%～40%。

随着我国制造业的不断发展，其世界地位也在不断攀升。2000 年，我国制造业增加值超过德国成为世界第三，2006 年超过日本成为世界第二，2009 年超过美国成为世界第一制造业大国。2017 年，我国制造业增加值占世界的比重已经达到 22.50%（根据世界银行统计数据计算）（世界银行，2019）。此外，我国工业生产能力不断增强，主要制成品产量迅速增长，位居世界前列。如表 4－1 所示，2017 年，我国的粗钢产量达到 83138.1 万吨，比 1949 年增长了 5195.1 倍，位列世界第一位，排位比 1978 年上升了 4 位；水泥产量达到 233084.1 万吨，比 1949 年增长了 3530.6 倍，位列世界第一位，排位比 1978 年上升了 3 位；化肥产量达到 5891.7 万吨，比 1949 年增长了 9818.5 倍，位列世界第一位，排位比 1978 年上升了 2 位；棉布的产量增长相对较慢，增长了 40.7 倍。上述 4 种主要工业产品的产量在 2010 年均已经位列世界第一，而且大部分产品的产量连续多年稳居世界第一，增长非常迅速；其中，化肥的产量增长最为迅速，较 1949 年增长了 9818.5 倍，还有粗钢和水泥的产量都增长了千倍以上，展现出中国强大的制造业生产能力，是名副其实的“世界工厂”。

表 4－1　1949～2017 年中国主要工业产品产量及世界位次

年份	指标	粗钢（万吨）	水泥（万吨）	化肥（万吨）	棉布（亿米）
1949	产量	16	66	0.6	18.9
1952	产量	135	286	3.9	38.3
1978	产量	3178.0	6524.0	869.3	110.3
	世界位次	5	4	3	1
1980	产量	3712.0	7986.0	1232.1	134.7
	世界位次	5	4	3	1
1990	产量	5153.0	20971.0	1879.7	188.8
	世界位次	4	1	3	1
2000	产量	12850.0	59700.0	3186.0	277.0
	世界位次	1	1	1	2
2005	产量	35324.0	106884.8	5177.9	484.4
	世界位次	1	1	1	2
2010	产量	63723.0	188191.2	6337.9	800.0
	世界位次	1	1	1	1

续表

年份	指标	粗钢（万吨）	水泥（万吨）	化肥（万吨）	棉布（亿米）
2015	产量	80382.5	235918.8	7432.0	892.6
	世界位次	1	1	1	1
2016	产量	80760.9	241031.0	6629.6	906.8
	世界位次	1	1	1	1
2017	产量	83138.1	233084.1	5891.7	787.7
	世界位次	1	1	1	1
变化幅度	产量（%）	519513.1	353057.7	981850.0	4067.7
	世界位次	4	3	2	0

注：由于缺乏1978年之前的世界排名数据，因此1949年、1952年的数据中未体现世界位次，世界位次的变化幅度也只是计算1978~2017年的变化。

资料来源：中华人民共和国国家统计局．新中国55年统计资料汇编［M］．北京：中国统计出版社，2005年；中华人民共和国国家统计局．2018中国统计年鉴［M］．北京：中国统计出版社，2018年；中华人民共和国国家统计局．2018年国际统计年鉴［M］．北京：中国统计出版社，2019年．

此外，汽车、计算机、彩电、金属切削机床等电子和机械产品在新中国成立初期没有能力生产，但目前的生产能力却十分惊人，增长非常迅速。如表4-2所示，2017年，我国的汽车产量达到2901.8万辆，比1978年增长了193.8；空调达到17861.5万台，比1978年增长了8930.8倍，增长最为迅速。目前我国在家电、服装、纺织品、日用工业品、计算机等领域已成为全球重要的制造业工厂或生产基地。

表4-2　　1949~2017年中国的汽车、计算机和彩电的产量

年份	汽车（万辆）	计算机（万台）	彩电（万台）	金属切削机床（万台）	发电机组（万千瓦）	电冰箱（万台）	空调（万台）	洗衣机（万台）	集成电路（亿块）
1949	—	—	—	—	—	—	—	—	—
1952	—	—	—	—	—	—	—	—	—
1978	14.9	—	0.4	18.3	483.8	2.8	0.02	0.04	0.3
1980	22.2	—	3.2	13.4	419.3	4.9	1.3	24.5	0.2
1990	51.4	8.2	1033.0	13.5	1225.4	463.1	24.1	662.7	1.1
2000	207.0	672.0	3936.0	17.7	1249.0	1279.0	1826.7	1443.0	58.8

续表

年份	汽车（万辆）	计算机（万台）	彩电（万台）	金属切削机床（万台）	发电机组（万千瓦）	电冰箱（万台）	空调（万台）	洗衣机（万台）	集成电路（亿块）
2005	570.5	8084.9	8283.2	51.1	9200.0	2987.1	6764.6	3035.5	270.0
2010	1826.5	24584.5	11830.0	69.7	12880.2	7295.7	10887.5	6247.7	652.5
2015	2450.4	31418.7	14475.7	75.5	12431.4	7992.8	14200.4	7274.5	1087.2
2016	2811.9	29008.5	15769.6	67.3	13119.8	8481.6	14342.4	7620.9	1318.0
2017	2901.8	30678.4	15932.6	60.9	11822.9	8548.4	17861.5	7500.9	1564.6
变化幅度（%）	19375.2	374026.5	3983055.0	232.2	2343.8	305199.6	89307550.0	18752100.0	514395.2

注：计算机产量的变化幅度为1990～2017年的变化幅度，其余均为1978～2017年的变化幅度。

资料来源：中华人民共和国国家统计局．新中国55年统计资料汇编［M］．北京：中国统计出版社，2005；中华人民共和国国家统计局．2018中国统计年鉴［M］．北京：中国统计出版社，2018.

二、研发投入持续增加，创新能力不断提高

随着经济实力的不断增强，我国不断加大创新投入，而企业也认识到要想在激烈的市场竞争中获利必须要增加研发投入。因此，政府和企业对创新的投入持续增加，而这也带来创新产出的持续增加，使我国的创新能力不断增强，我国在世界创新体系中的地位日益提高。

如表4－3所示，1995年，我国R&D支出占国内生产总值（GDP）比重仅为0.57%，低于巴西、俄罗斯，2016年已经达到2.11%，超过英国、俄罗斯和巴西。虽然与美国、日本、法国等发达国家比还有一定的差距，但差距明显缩小。

表4－3　1995～2016年中国及世界其他主要国家R&D支出占GDP比重　单位：%

年份	中国	美国	日本	英国	法国	俄罗斯	巴西
1995	0.57	2.4	2.66	1.68	2.23	0.62	0.87
1996	0.56	2.44	2.77	1.61	2.21	0.64	0.77
1997	0.64	2.47	2.83	1.56	2.14	0.64	—
1998	0.65	2.5	2.96	1.58	2.08	0.66	—
1999	0.75	2.54	2.98	1.66	2.1	0.68	—

续表

年份	中国	美国	日本	英国	法国	俄罗斯	巴西
2000	0.89	2.62	3	1.64	2.08	0.64	1
2001	0.94	2.64	3.07	1.63	2.13	0.62	1.03
2002	1.06	2.55	3.12	1.64	2.17	0.56	0.98
2003	1.12	2.55	3.14	1.6	2.11	0.54	0.95
2004	1.21	2.49	3.13	1.55	2.09	0.55	0.89
2005	1.31	2.51	3.31	1.57	2.04	0.56	0.96
2006	1.37	2.55	3.41	1.59	2.05	0.55	0.99
2007	1.37	2.63	3.46	1.63	2.02	0.56	1.08
2008	1.44	2.77	3.47	1.64	2.06	0.6	1.13
2009	1.66	2.82	3.36	1.7	2.21	0.66	1.12
2010	1.71	2.74	3.25	1.68	2.18	0.72	1.16
2011	1.78	2.77	3.38	1.68	2.19	0.75	1.14
2012	1.91	2.71	3.34	1.61	2.23	0.88	1.13
2013	1.99	2.74	3.48	1.66	2.24	0.87	1.2
2014	2.02	2.76	3.59	1.68	2.24	0.94	1.22
2015	2.06	2.74	3.28	1.67	2.27	1	1.28
2016	2.11	2.74	3.14	1.69	2.25	0.97	—

资料来源：中华人民共和国国家统计局. 2018 中国科技统计年鉴［M］. 北京：中国统计出版社，2018.

从表4－4来看，2011～2017年，中国规模以上制造业企业的R&D人员全时当量由1823783.3人年增长到2019185万人年，年均增长了1.71%；R&D经费支出由56923791.5万元增长到90744038.1万元，年均增长了8.08%；R&D项目数由220926项增长到337774项，年均增长了7.33%。制造业R&D人员和经费的持续增加使得制造业企业的科技创新能力明显提升，专利申请数从2011年的374112件上升至2017年的620072件，年均增长了8.79%，增速高于人员投入和经费投入，这进一步说明我国制造业企业的科技创新效率在不断提升。可以说，随着科技投入的不断加大，我国制造业企业的科技创新能力持续提升。

表4-4　　2011~2017年中国规模以上制造业企业科技创新情况

年份	R&D人员全时当量（人年）	R&D经费支出（万元）	R&D项目数（项）	专利申请数
2011	1823783.3	56923791.5	220926	374112
2012	1652152	54144332.2	215180	368736
2013	1831337.4	62913419.7	245737	415535
2014	1951827.7	69632244.3	259466	465203
2015	1946600	75327176.4	234980	465696
2016	1990325	81920018.1	274408	532538
2017	2019185	90744038.1	337774	620072
年均增长率（%）	1.71	8.08	7.33	8.79

资料来源：中华人民共和国国家统计局．2018中国统计年鉴［M］．北京：中国统计出版社，2018.

三、行业结构持续优化，区域布局更加合理

新中国成立70年来，我国已经建立起基本完备的制造业体系，制造业的行业结构不断优化，区域布局更加合理。

首先，我国制造业部门之间的经济技术联系和数量比例相对比较合理，能够充分有效地利用我国现有土地、矿产和劳动力资源，发挥我国制造业的比较优势，促进制造业协调快速发展。如表4-5所示，2017年，31个制造业部门中，企业单位数比较多的是农副食品加工业、化学原料和化学制品制造业、非金属矿物制品业、金属制品业、通用设备制造业、电气机械和器材制造业，均超过2万家，总数达到全部制造业企业单位数的42.99%，这些行业的用工人数也比较多，均超过300万人。企业单位数比较少的是烟草制品业，石油加工、炼焦和核燃料加工业，化学纤维制造业，其他制造业，废弃资源综合利用业，金属制品、机械和设备修理业等行业，用工人数也比较少。流动资产总计、利润总额和工业销售产值最高的行业有3个，分别是计算机、通信和其他电子设备制造业，化学原料和化学制品制造业，汽车制造业，流动资产占比分别为12.55%、7.01%和9.54%，利润额占比为8.65%、8.80%和10.38%，工业销售产值占比分别为9.45%、8.33%和7.72%，说明我国制造业技术水平不断提高，技术密集型和资金密集型行业已经成为制造业生产的重要部门。

表 4－5　　2017 年分行业规模以上制造业企业主要指标

行业	企业单位数（个）	流动资产总计（亿元）	利润总额（亿元）	平均用工人数（万人）	工业销售产值（亿元）
总计	350430	475331	66368.9	8057.9	1041824
农副食品加工业	24661	16836.1	3101.2	371.3	68857.8
食品制造业	8862	7649.6	1840.7	197.7	23544.4
酒、饮料和精制茶制造业	6714	9380.5	2006.9	148.2	19034.3
烟草制品业	122	7484.5	971.5	18.8	8855.8
纺织业	18726	11782.8	1914	391.2	40287.4
纺织服装、服饰业	14600	7390.6	1213.4	387.2	23664.8
皮革、毛皮、羽毛及其制品和制鞋业	8293	4115.8	910.3	251	15190
木材加工和木、竹、藤、棕、草制品业	8859	2799.8	758.9	125.1	15119.7
家具制造业	6149	3199.5	568.6	124.6	8826.8
造纸和纸制品业	6628	6900.8	1016.4	119.2	14832.7
印刷和记录媒介复制业	5621	3078.3	542.2	95.5	8178.5
文教、工美、体育和娱乐用品制造业	9085	5382.3	905.8	216.4	16897.4
石油加工、炼焦和核燃料加工业	1790	13155.9	2205.3	82.3	34077.5
化学原料和化学制品制造业	23366	33333.1	5840.6	434.2	86789.6
医药制造业	7532	16765.1	3324.8	220.8	28417.7
化学纤维制造业	1799	3348.7	436.6	45.5	7879.8
橡胶和塑料制品业	18452	12697.3	1798.1	322.3	32764.6
非金属矿物制品业	34489	24869.5	4383.1	536.1	63057.5
黑色金属冶炼和压延加工业	7712	26236.1	3442.9	293.3	60343.8
有色金属冶炼和压延加工业	6929	19695.6	2011.5	217.5	48879
金属制品业	20562	15313	1983.7	351.7	39335
通用设备制造业	23655	26294.4	3121.9	428.2	48337.1
专用设备制造业	17760	24356.2	2481.6	332.5	37672.9
汽车制造业	14908	45327	6890.9	487.8	80440.4
铁路、船舶、航空航天和其他运输设备制造业	4824	14555	948.8	168.3	20293.2

续表

行业	企业单位数（个）	流动资产总计（亿元）	利润总额（亿元）	平均用工人数（万人）	工业销售产值（亿元）
电气机械和器材制造业	23934	43404.9	4657.5	603.7	74163.8
计算机、通信和其他电子设备制造业	16095	59671.8	5741.7	911.7	98457.2
仪器仪表制造业	4507	6534.8	887.4	104.5	9441.4
其他制造业	1849	1492.3	174.8	38.7	2832.2
废弃资源综合利用业	1584	1365.2	227.2	17.4	4133.1
金属制品、机械和设备修理业	363	914.5	60.6	15.2	1218.8

注：工业销售产值为2016年数据。
资料来源：中华人民共和国国家统计局. 2018中国统计年鉴［M］. 北京：中国统计出版社，2018.

其次，从高技术产业发展来看，我国高技术产业发展迅速。如表4－6所示，我国高技术产业企业数由1995年的18834个上升到2016年的30798个，增长了63.5%，年均增长2.4%，占全部工业企业比重由3.2%上升到8.1%；高技术产业出口交货值增长也很快，1995～2016年增长了45.6倍，年均增长20.1%，占全部工业企业比重由23.2%（2000年）上升到44.5%；高技术产业利润额增长更为迅猛，1995～2016年增长了56.9倍，年均增长21.3%，占全部工业企业比重由10.9%上升到14.3%。可见，我国高技术产业不仅规模快速扩大，而且经济效益提升更为迅速。

表4－6　1995～2016年中国高技术产业发展状况

项目	指标	1995年	2000年	2005年	2011年	2016年
高技术产业企业数	绝对数（个）	18834	9758	17527	21682	30798
	占工业企业比重（%）	3.2	6.0	6.4	6.7	8.1
高技术产业出口交货值	绝对数（亿元）	1125.23	3388.38	17635.97	40600.33	52444.61
	占工业企业比重（%）	—	23.2	36.9	40.8	44.5
高技术产业利润额	绝对数（亿元）	178.04	673.46	1423.229	5244.936	10301.8
	占工业企业比重（%）	10.9	15.3	9.6	8.5	14.3

资料来源：中华人民共和国国家统计局. 2018中国统计年鉴［M］. 北京：中国统计出版社，2018.

最后，从空间布局来看，中国工业的区域分布格局不断优化，区域平衡发展取得显著成效。新中国成立初期，东部和西部地区是我国工业发展的主要区域，工业企业大部分集中于此，工业企业单位数占比分别达到59.5%和30.2%。随着社会主义建设的推进，东部和西部地区的工业企业数量迅速下降，其他地区工业企业迅速发展，到1978年，东部和西部地区的工业企业单位数占比已经分别下降到38.5%和25.7%，而中部和东北地区的工业企业单位数占比则分别上升到24.2%和11.5%（见表4－7）。改革开放初期，东部地区作为改革开放的前沿，凭借优先对外开放的政策机遇和明显的区位优势，吸引了大量外资，并且吸引了中西部地区的廉价劳动力资源，使得工业率先获得迅猛发展；而中部、西部、东北地区的发展速度则相对较慢，使得东部地区的工业增加值，工业企业的单位数、资产、销售产值、出口交货值和利润总额等指标均远远超过其他地区，差距悬殊，区域工业发展极不平衡。随着西部大开发、东北振兴和中部崛起等区域发展战略的持续推进，以及区域优势的变化和产业的转移，中部、西部、东北地区的工业发展不断加速，奋起直追，区域之间的差距逐渐缩小，区域发展更加平衡。当然，东部地区的工业经济仍然占全国的“半壁江山”，各项指标均占全国的一半以上。

表4－7　1952～2016年中国四大区域工业企业发展状况

项目	地区	指标	1952年	1978年	2000年	2005年	2016年	1978～2000年增幅（%）	2000～2016年增幅（%）
工业增加值	东部	绝对数（亿元）[a]	—	7559.0	22246.5	51078.1	153305.3	194.30	589.1
		比重（%）[a]	—	53.8	57.7	59.6	53.8	7.19	－6.8
	中部	绝对数（亿元）[a]	—	2471.1	6515.7	14980.5	62361.4	163.68	857.1
		比重（%）[a]	—	17.6	16.9	17.5	21.9	－3.97	29.5
	西部	绝对数（亿元）[a]	—	2211.4	5479.5	12187.5	52974.7	147.78	866.8
		比重（%）[a]	—	15.7	14.2	14.2	18.6	－9.76	30.8
	东北	绝对数（亿元）[a]	—	1809.1	4337.0	7462.0	16535.5	139.74	281.3
		比重（%）[a]	—	12.9	11.2	8.7	5.8	－12.69	－48.4

续表

项目	地区	指标	1952 年	1978 年	2000 年	2005 年	2016 年	1978 ~ 2000 年增幅（%）	2000 ~ 2016 年增幅（%）
工业企业单位数	东部	绝对数（个）	240649	111797	96702	185397	219540	-13.5	127.0
		比重（%）	59.5	38.5	59.4	68.2	58.0	54.0	-2.3
	中部	绝对数（个）	21546	70331	31524	39823	88678	-55.2	181.3
		比重（%）	5.3	24.2	19.4	14.6	23.4	-20.2	21.0
	西部	绝对数（个）	122213	74670	23248	29444	52407	-68.9	125.4
		比重（%）	30.2	25.7	14.3	10.8	13.8	-44.6	-3.0
	东北	绝对数（个）	20007	33239	11411	17171	17974	-65.7	57.5
		比重（%）	4.9	11.5	7.0	6.3	4.7	-38.9	-32.2
工业企业资产总计	东部	绝对数（亿元）	—	—	68921.4	147495.5	582071.1	—	744.5
		比重（%）	—	—	54.6	60.3	53.6	—	-1.8
	中部	绝对数（亿元）	—	—	20753.2	37623.6	212912.4	—	925.9
		比重（%）	—	—	16.4	15.4	19.6	—	19.2
	西部	绝对数（亿元）	—	—	21500.3	38081.8	220854.2	—	927.2
		比重（%）	—	—	17.0	15.6	20.3	—	19.4
	东北	绝对数（亿元）	—	—	15036.3	21583.5	70028.3	—	365.7
		比重（%）	—	—	11.9	8.8	6.4	—	-45.9

续表

项目	地区	指标	1952 年	1978 年	2000 年	2005 年	2016 年	1978～2000 年增幅（%）	2000～2016 年增幅（%）
工业企业销售产值	东部	绝对数（亿元）	—	—	54083.8	168125.4	668691.3	—	1136.4
		比重（%）	—	—	64.6	68.1	58.0	—	－10.2
	中部	绝对数（亿元）	—	—	11790.2	33099.1	254035.3	—	2054.6
		比重（%）	—	—	14.1	13.4	22.1	—	56.5
	西部	绝对数（亿元）	—	—	9586.2	26746.4	173671.6	—	1711.7
		比重（%）	—	—	11.5	10.8	15.1	—	31.6
	东北	绝对数（亿元）	—	—	8218.1	18975.4	55551.8	—	576.0
		比重（%）	—	—	9.8	7.7	4.8	—	－50.9
工业企业出口交货值	东部	绝对数（亿元）	—	—	12644.8	42716.3	95102.3	—	652.1
		比重（%）	—	—	86.8	89.5	80.7	—	－7.0
	中部	绝对数（亿元）	—	—	629.8	2039.2	12467.3	—	1879.6
		比重（%）	—	—	4.3	4.3	10.6	—	144.8
	西部	绝对数（亿元）	—	—	470.2	1177.2	7642.3	—	1525.5
		比重（%）	—	—	3.2	2.5	6.5	—	101.0
	东北	绝对数（亿元）	—	—	830.3	1808.5	2630.9	—	216.9
		比重（%）	—	—	5.7	3.8	2.2	—	－60.8

续表

项目	地区	指标	1952 年	1978 年	2000 年	2005 年	2016 年	1978~2000 年增幅（%）	2000~2016 年增幅（%）
工业企业利润总额	东部	绝对数（亿元）	328.4	1242.1	2819.5	9384.5	44622.0	758.6	1482.6
		比重（%）	61.1	82.3	71.9	62.4	52.7	17.7	-26.8
	中部	绝对数（亿元）	70.0	114.0	353.4	1796.4	14963.6	404.6	4134.2
		比重（%）	13.0	7.6	9.0	11.9	17.7	-30.8	95.9
	西部	绝对数（亿元）	70.0	114.0	353.4	1796.4	14963.6	404.6	4134.2
		比重（%）	13.0	7.6	9.0	11.9	17.7	-30.8	95.9
	东北	绝对数（亿元）	69.0	39.5	393.8	2057.6	10196.4	471.0	2489.2
		比重（%）	12.8	2.6	10.0	13.7	12.0	-21.7	19.8

注：a 由于缺少 1978 年的工业增加值数据，因此表格中 1978 年的数据为 1993 年工业增加值的值。

资料来源：中华人民共和国国家统计局. 新中国 55 年统计资料汇编［M］. 北京：中国统计出版社，2005；中华人民共和国国家统计局. 2018 中国统计年鉴［M］. 北京：中国统计出版社，2018.

如表 4-7 所示，从工业增加值来看，1978~2000 年，东部地区增长了 194.3%，高于其他三个地区，但 2000~2016 年，增速为 589.1%，远低于中部和西部地区，仍高于东北地区；从工业企业单位数来看，1978~2000 年，东部地区的增速远高于其他三个地区，但 2000~2016 年，增速仅为 127.0%，远低于中部地区；工业企业利润总额的情况也类似，1978~2000 年，东部地区的增速远高于其他三个地区，但 2000~2016 年，增速远低于中部和西部地区。此外，2000~2016 年，东部地区的工业企业资产总计、工业企业销售产值、工业企业出口交货值的增速都远低于中部和西部地区。综上所述，新中国成立后尤其是改革开放后，四大区域的工业发展速度都比较快。分时间段来看，1952~1978 年，中部和东北地区发展速度超过东部和西部地区；1978~2000 年，中部、西部和东北地区的发展速度均远低于东部地区；2000 年后，中西部奋起直追，以更高的发展速度逐渐缩小与东部地区的差距。需要注意的是，四大区域中，东北地区的发展速度相对比较慢，与其他地区的差距逐渐拉大，工业企业出口交货值、工业企业利润总额均被中西部地区反超。

四、国际竞争力不断增强，出口贸易发展迅猛

新中国成立70年来，尤其是改革开放以来，我国国有企业改革不断深化、民营企业成长的制度环境持续改善，经济活力不断释放，出现了许许多多世界级的制造业企业，如华为、联想等已经成为具有国际影响力的著名企业。中国的制造业企业在生产规模、技术研发水平、管理能力以及市场拓展等方面迅速发展，积极参与全球竞争，国际竞争力不断增强，出口贸易发展迅猛。

在美国知名商业杂志《财富》发布的2018年世界500强排行榜中，中国有120家企业上榜，其中有80家左右的制造业企业；中国上榜公司数量连续第15年增长，稳居第二，已经非常接近美国（126家），远超排在第三位的日本（52家）[①]。近年来，由于企业管理水平和资产运营效率的提高、投资收益的增加，以及职工工资的一部分转化成了企业利润等原因，我国工业企业盈利能力得到了较大幅度的提升，部分制造业企业国际竞争优势凸显。根据德勤有限公司（德勤全球）和美国竞争力委员会发布的《2016全球制造业竞争力指数》显示，和2010年和2013年一样，2016年中国保持了全球制造业竞争力指数排名第一的位置。[②] 金碚等（2013）运用RCA指数对2001~2011年中国4个部门总计35类工业制成品的竞争力进行了评价，研究发现：中国的低技术制成品的国际竞争力很强，而且中国具有明显的供应链效率优势，该优势会随着产业规模的扩大而不断增强，这在相当程度上抵消了劳动力成本上涨对产品国际竞争力造成的负面影响；同时，中国的高技术制成品具有一定的国际竞争力，并呈不断提高的态势。

此外，中国企业大力实施"走出去"战略，在全球绝大部分国家和地区都有投资，积极参与国际分工与竞争，国际市场的拓展能力显著增强。根据中华人民共和国国家统计局统计数据库显示，2007年，中国工业对外直接投资净额仅为63.4亿美元，到2016年已经达到345.1亿美元，增长了4.4倍，年均增长20.7%。而且企业的国际竞争力大幅提升，使得我国制造业出口贸易规模不断扩大。如表4-8所示，根据世界银行统计数据（2019），2000年，我国工业制成

---

① 2018《财富》全球500强出炉 中国120家企业上榜［EB/OL］. 21世纪经济报道，2018年7月20日，http://tech.sina.com.cn/it/2018-07-20/doc-ihfnsvzc1435733.shtml.

② 德勤.《2016全球制造业竞争力指数》［EB/OL］. 搜狐网，2016年4月30日，http://www.sohu.com/a/72544521_334205.

品出口额仅为 2198.4 亿美元，占世界制成品出口额的 4.6%；2014 年达到 22016.1 亿美元，占世界制成品出口额的 17.5%；2016 年达到 19654.6 亿美元（由于缺乏世界制成品出口总额的数据，因此无法算出占比）。当前，我国制成品出口额居世界第一，已经成为制造业第一大出口国。

表 4-8　　2000～2014 年中国与世界工业发展状况比较

项目	指标	2000 年	2005 年	2010 年	2012 年	2014 年
工业制成品出口额（现价亿美元）	中国	2198.4	7000.8	14760.1	19245.1	22016.1
	世界	47440.2	72612.8	101800.7	118329.7	125666.9
	中国占世界比重（%）	4.6	9.6	14.5	16.3	17.5
高科技产品出口（现价亿美元）	中国	417.4	2159.3	4060.9	5056.5	5586
	世界	11580.1	15856.6	17801.9	19988	21460.9
	中国占世界比重（%）	3.6	13.6	22.8	25.3	26.0
高科技产品出口占制成品出口比重（%）	中国	19.0	30.8	27.5	26.3	25.4
	世界	24.4	21.8	17.5	16.9	17.1

注：数据源于世界银行统计数据库（2019），由于大部分指标只有 2000～2014 年的数据，因此为了方便对比，表中只列出这段时间的数据。

值得注意的是，我国制成品出口结构也发生了较大变化，传统出口产品如钢铁、化学品、纺织和服装制成品出口规模不断增加，占比不断提高，而有些制成品如电子数据处理和办公设备、通信设备、集成电路和电子元件等出口从无到有，且市场占有率大幅度提升，2013 年其国际市场占有率分别达到 41.2%、37.8%、21.8%、34.8%和 38.6%（王玉玲，2017）。2000～2014 年，我国高科技产品的出口增长非常迅速，增长了 12.38 倍，占世界的比重从 3.6%提高到 26.0%；我国高科技产品出口占制成品出口的比重也上升明显，由 19.0%上升到 25.4%，而世界高科技产品出口占制成品出口的比重则由 24.4%下降到 17.1%。这些均表明我国制造业结构不断调整和优化，出口制成品的技术含量和竞争力不断提高，使得中国制造业在全球的地位不断提升，在世界制造业中具有举足轻重的作用。

第二节　我国制造业发展存在的问题分析

虽然我国制造业发展取得了显著成就，但仍存在重工业比重过高、产能过剩严重、资源消耗和污染排放较高、能源利用效率和排放效率较低等问题。

一、重工业比重过高

中国制造业结构不合理主要是因为我国总体上处于工业化后期，对传统的钢铁、化工、水泥等高能耗、高污染、高排放的行业的旺盛需求还将持续 10～15 年（彭斯震、孙新章，2014），产业结构重型化特征还将持续比较长的一段时间。

根据 2017 年中国社会科学院发布的《工业化蓝皮书：中国工业化进程报告（1995～2015）》显示，2015 年，中国进入了工业化后期后半段，产业结构重型化趋势十分显著。1999～2015 年，重工业总产值占工业总产值的比重由 50.8% 上升至 64.8%（黄群慧、李芳芳等，2017）。重工业在我国经济结构中占有较大比重，容纳了大量的社会就业。尽管这些行业的国际竞争力正在丧失，但对处于工业化后期的中国来说，还存在对这些传统重工业的旺盛需求，这导致一些地区不断淘汰传统产业，另一些地区又重新引进传统产业。如"十二五"时期全国有 26 个省份把钢铁作为重点产业，25 个省份把石油化工列为重点产业，20 个省份把有色金属列为重要产业（彭斯震、孙新章，2014）。与改革开放初期的工业重型化不同，本次工业重型化主要是受市场供需机制的驱动，与国际工业结构的变化趋势相吻合，也基本符合市场条件下工业结构变化的内在规律（付保宗，2015）。

重工业大多是高耗能、高污染、高排放的产业，因此持续的重工业化将导致工业能源消耗和环境污染总量居高不下。2015 年，石油加工、炼焦和核燃料加工业，化学原料和化学制品制造业，医药制造业，化学纤维制造业，橡胶和塑料制品业，非金属矿物制品业，黑色金属冶炼和压延加工业，有色金属冶炼和压延加工业八个行业的能源消耗量占制造业能源消耗总量的 78.2%，废气排放量占制造业总量的 84.8%，一般工业废物产生量占制造业总量的 91.2%（中国环境统计年鉴，2016）。

二、产能过剩严重

一直以来，我国低端的劳动密集型制造业占比较大，而由于这些行业进入障碍低，存在较为严重的重复建设和产能过剩现象。2018 年，全国工业产能利用率为 76.5%，比上年下降 0.5 个百分点①；其中，能源及资源密集型产业发展迅

① 国家统计局. 2018 年四季度全国工业产能利用率为 76.0%[EB/OL]. 中华人民共和国中央人民政府，2019 年 1 月 21 日，http：//www.gov.cn/xinwen/2019－01/21/content_5359646.htm.

速，在制造业中占比越来越高，钢铁、电解铝、平板玻璃、水泥、造船等传统产业已经出现严重的产能过剩现象，平均产能利用率不足80%，低于世界平均水平（马晓河，2014）。值得注意的是，我国的产能过剩只有少部分行业是相对过剩，大部分行业都处于绝对过剩状态，无论是消费品制造业，还是能源原材料加工制造业和装备制造业都普遍存在产能过剩（马晓河，2014）。除钢铁、汽车、家电等传统产业外，部分新兴产业如风电设备、太阳能光伏发电用多晶硅等也存在产能过剩。2015年，我国光伏组件产量超过43吉瓦，同比增长20.8%，51家组件企业平均产能利用率为86.7%（毛涛，2017）。这主要是受传统行业的垄断和新兴产业的技术障碍等因素的影响，新兴绿色产业的国内市场需求疲软，从而出现产能相对过剩，不得不依赖出口。

三、资源消耗和污染排放仍然较高

我国工业起步比较晚，生产技术和工艺相对落后，尽管资源利用效率不断提高，但资源消耗量仍然很大，而且在生产过程中仍会对环境造成较大的影响，废水、废气和固体废弃物排放量仍然很高，而且废气和固体废弃物的排放量仍在持续增长。

如表4－9所示，2004～2016年，我国工业用水量由1228.9亿立方米上升到1308亿立方米，年均增长0.52%；制造业终端能源消费量由112451万吨标准煤上升到247792.8万吨标准煤，占工业能源消费总量的比重由83.6%上升到88.8%。巨大的资源和能源消耗，导致制造业给环境造成了巨大的压力，污染排放量非常高。2004～2015年，我国工业废水排放量由1589745万吨下降到1499218万吨，虽然有所下降，但总量仍然很高；工业废气排放量由188931亿立方米上升到468819亿立方米，年均增长8.61%；一般固体废物排放量由12731万吨上升到27673.8万吨，年均增长7.31%。

表4－9　　2004～2016年制造业资源消耗和污染排放情况

年份	工业用水量（亿立方米）	制造业终端能源消费量（万吨标准煤）	工业能源消费总量（万吨标准煤）	制造业能源消费量占工业能源消费量比重（%）	工业废水排放量（万吨）	工业废气排放量（亿立方米）	一般固体废物排放量（万吨）
2004	1228.9	112451	134442.4	83.64	1589745	188931	12731
2005	1285.2	126882.8	149638.9	84.79	1674289	210995	13300

续表

年份	工业用水量（亿立方米）	制造业终端能源消费量（万吨标准煤）	工业能源消费总量（万吨标准煤）	制造业能源消费量占工业能源消费量比重（%）	工业废水排放量（万吨）	工业废气排放量（亿立方米）	一般固体废物排放量（万吨）
2006	1343.8	140472.5	164415.9	85.44	1666639	217626	16086
2007	1403	153505	178844.8	85.83	1810569	254326.8	12811.9
2008	1397.1	169064.9	196832.5	85.89	1791223	273705	13976
2009	1390.9	177163.3	205322.5	86.29	1747240	285339	13074
2010	1447.3	182515.4	211626.1	86.24	1766871	328154	14672.9
2011	1461.8	200155.6	231963.2	86.29	1731735	464136	21335.3
2012	1423.9	203854.5	235763.4	86.47	1703033	421002	21253.8
2013	1406.4	244645.7	278513.5	87.84	4006729	435474	22260.5
2014	1356.1	250917.6	283419.6	88.53	1545835	469366	21764.5
2015	1334.8	248931	280205.7	88.84	1499218	468819	27673.8
2016	1308	247792.8	279057.8	88.8	—	—	—
年平均增长率（%）	0.52	6.81	6.27	0.50	-0.53	8.61	7.31

注：制造业终端能源消费量由发电煤耗计算法计算得到，数据源于各年《中国统计年鉴》《中国能源统计年鉴》《中国环境统计年鉴》。

四、能源利用效率和排放效率较低

我国制造业还没完全摆脱高能耗、高投入、高排放的粗放式发展模式，这与我国制造业科技创新水平不高、能源利用效率和排放效率较低有着必然联系。如表4-10所示，2015年，我国的能源强度为6.690兆焦/美元（2011年PPP价格），远高于美国、日本和德国，分别是后者的1.24倍、1.79倍和1.86倍，甚至比世界平均水平都高很多。这说明我国的能源利用效率非常低，甚至低于世界平均水平。2014年，我国的二氧化碳强度为1.235千克/美元（2010年价格），远高于美国、日本和德国，分别是后者的3.82倍、6.02倍和6.27倍，甚至是世界平均水平的2.52倍；我国的二氧化碳排放强度为3.373千克/千克能源使用量（石油当量），远高于美国、日本和德国，分别是后者的1.42倍、1.23倍和1.43倍，也是世界平均水平的1.31倍。这说明我国的二氧化碳排放效率非常低。较低的能源利用效率和排放效率意味着同样的经济产出需要消耗更多的能源和排放出更多的二氧化碳，这对我国的资源和环境造成很大的压力，也对应对气候变化造成很大的挑战。

表 4-10　各国能源强度和排放强度情况

指标	中国	美国	日本	德国	世界平均
能源强度（兆焦/2011 年 PPP 美元）	6.690	5.408	3.742	3.603	5.131
二氧化碳强度（千克/2010 年价格美元）	1.235	0.323	0.205	0.197	0.490
二氧化碳排放强度（千克/千克石油当量能源使用量）	3.373	2.371	2.748	2.352	2.573

注：能源强度的数据为 2015 年数据；数据源于世界银行统计数据，二氧化碳强度和二氧化碳排放强度的数据为 2014 年数据。

第五章

我国制造业发展效率和绿色创新效率的实证评价

如前所述，新中国成立以来尤其是改革开放以来，我国制造业快速发展，取得了举世瞩目的成就，我国已经成为世界第一制造业大国，但制造业规模大，并不意味着制造业发展的效率就高，因此，我国制造业的发展效率是我们关心的一个重要问题。此外，长期以来，我国制造业发展主要依靠资源要素驱动，采用的是高投入、高消耗、高排放的发展模式，对自然资源环境产生了很大的负面影响。在全球制造业格局面临重大调整、我国经济发展环境发生重大变化的背景下，制造业的绿色转型已经刻不容缓。《中国制造 2025》也明确提出了创新驱动、绿色发展的基本方针，绿色发展、创新发展成为“中国制造”的重要发展方向。而绿色创新尤其是绿色技术创新是推动我国制造业绿色转型的重要动力，对制造业的绿色转型发挥关键的作用。因此，我国制造业的绿色创新效率也是我们关注的一个重要问题。有鉴于此，本章将对我国制造业的发展效率和绿色创新效率进行动态实证评价，全面评估和把握我国制造业的效率水平及其变化趋势，既为后续研究做铺垫，也为我国制造业发展提供参考借鉴。

第一节　我国制造业发展效率评价分析

发展效率是衡量企业、产业或者地区发展水平的一个很好的办法。衡量发展效率有助于决策者把握发展水平和质量，并可以从中发现不足进而提出对策来提高效率。因此，效率的评价越来越受到研究者关注（Kou et al.，2016），成为一个非常热门的问题，已经产生了大量的实证研究成果。效率通常被定义为投入产出效率（Tidd and Bessant，2009）。本书研究将制造业发展效率定义为制造业的投入产出效率，即制造业在给定一定量投入的情况下所能达到的最大产出水平，以此来反映我国制造业发展的效率水平，从某种程度上也反映了我国制造业发展的质量。

在效率研究中，数据包络分析（Data Envelopment Analysis，DEA）方法和随机前沿分析（Stochastic Frontier Analysis，SFA）方法是使用最为广泛的两种方法（Chen et al.，2018）。SFA 方法首先建立带参数的函数，然后估计未知参数。然而，当假设的函数不合理的时候，估计的参数也将是不合理的（Tian et al.，2000）。此外，所假设的函数形式不同将导致不同的估计结果（Wang et al.，2017），函数的形式有时会限制参数的真实关系（Lin，2011）。而 DEA 方法不需要假设函数，它只需要建立一套包含投入和产出之间所有可能组合的最小生产可能集。因此，DEA 方法一经提出后就被广泛应用于评价投入产出效率，成为最常见的效率研究方法。周等（Zhou et al.，2008）综述了 100 多篇使用 DEA 方法进行环境和能源研究的文章。许多 DEA 研究成果评估了制造业的绩效或效率，如慕克吉（Mukherjee，2008a）使用 DEA 模型计算了印度各邦制造业的能源效率，而刘等（Liu et al.，2010）则测量了中国台湾主要火力发电厂的发电效率。其他类似的研究包括杜扎金和杜扎金（Düzakın and Düzakın，2007）、慕克吉（2008b）、萨兰加（Saranga，2009）、曾等（Tseng et al.，2009）。但传统的 DEA－CCR 模型或 DEA－BCC 模型都只能分析截面数据，对于面板数据无能为力（谢有才、张红辉，2007；蓝以信等，2011；姜宝等，2015；吴旭晓，2012）。但是，对于决策者来说，检验和把握效率的动态趋势非常重要。正如金刚和洛弗尔（Kumbhakar and Lovell，2000）所指出的那样：横截面数据提供了生产者及其效率的概要，面板数据则可以提供更可靠的效率评价结果，因为它们使我们能够跟踪一系列时间段内每个生产者的表现。因此，查恩斯和库珀（Charnes and Cooper，1985）提出了 DEA 视窗分析模型（DEA Window Analysis）来弥补这一缺陷。DEA 视窗分析模型可以处理面板数据，可以对每个决策单元（DMU）的效率进行评估和排序，评价得到的效率结果反映了效率随时间变化的动态趋势。

目前已经有许多学者应用 DEA 视窗分析模型来对效率进行评估。例如，苏约西和青木（Sueyoshi and Aoki，2001）将 DEA 视窗分析模型与 Malmquist 指数结合起来，评估了 1983～1997 年日本邮政服务的效率；阿斯米尔德等（Asmild et al.，2004）也将 DEA 视窗分析模型与 Malmquist 指数结合起来，测算了 1981～2000 年加拿大银行业的生产效率和变化趋势；苏约西等（2013）基于 DEA 视窗分析模型测量了 1995～2007 年美国燃煤电厂的效率；哈尔科斯和泽雷姆斯

（Halkos and Tzeremes，2008）应用 DEA 视窗分析模型评估了 1996～2000 年 16 个经济合作发展组织（OECD）国家的贸易效率；王等（Wang et al.，2013）利用 DEA 视窗分析模型检验了 2000～2008 年中国 29 个省份的能源和环境效率。除此之外，也有一些研究采用 DEA 视窗分析模型进行了效率的测算（Charnes and Cooper，1985；Tulkens and Vanden Eeckaut，1995；Hartman and Storbeck，1996；Carbone，2000；Ross and Droge，2002；Webb，2003；Cullinane et al.，2004；Cooper et al.，2007）。但总体来看，DEA 视窗分析模型在制造业效率和技术创新效率方面的研究还很少。此外，大多数使用 DEA 视窗分析模型的研究都通过主观判断来选择窗宽，一般将窗宽指定为 3，对窗宽的选择过于随意（Cullinane et al.，2004；Halkos and Tzeremes，2009；Řepková，2014；Vlontzos and Pardalos，2017；王晓红、陈浩，2011；赵晓阳、刘金兰，2013；袁华萍，2016；刘肖、赵莹，2016；乔元波、王砚羽，2017）。但窗宽的变化显然会对效率值产生影响（陈浩等，2013），因此，陈浩等（2013）提出了确定理想窗宽的方法，其基本思想是通过将不同窗宽下的效率值与所有窗宽下效率值的平均值进行偏差分析，选出偏差最小的窗宽为理想窗宽（具体的内容将在下文进行介绍）。

有鉴于此，本书将采用基于理想窗宽的 DEA 视窗分析模型对 2005～2016 年我国 28 个省份的制造业发展效率进行定量测算，准确把握各省份的制造业发展效率状况及动态变化过程。

一、基于理想窗宽的 DEA 视窗分析模型简介

DEA 是由查恩斯等（1978）提出的用于评价生产效率的非参数方法，它的优势是能够处理多种投入和多种产出（Asmild et al.，2004）。传统 DEA 方法只能用来分析横截面数据，比较同一时间点上决策单元之间的效率，忽略了时间因素，无法对决策单元的历史变化趋势进行分析。而查恩斯和库珀（1985）提出的 DEA 视窗分析模型采用面板数据，将不同时期的同一决策单元视为不同的决策单元，可以对决策单元不同时段的相对效率进行分析，有效弥补了这一缺陷（姜宝等，2015；吴旭晓，2012；赵晓阳、刘金兰，2013；陈浩等，2013）。在 DEA 视窗分析模型的每个窗宽中，每个 DMU 都被认为是完全不同的，确保 DMU 在特定时期的效率可以与其在其他时期的行为和与其他 DMU 的行为进行比较（Yang and Chang，2009；Asmild et al.，2004）。这增加了样本的数量，从而解决了小样本问题和伴随着的稳健性问题（Yang and Chang，2009；Řepková，2014）。哈特曼和斯托贝克（Hartman and Storbeck，1996）以及韦伯（Webb，2003）认为

DEA 视窗分析模型可以给出一段时间内的效率趋势，同时检验效率评估的稳定性和其他属性。如前所述，当前大部分的研究都是主观判定窗宽为 3，这显然是不合理的。因此，本书研究将采用陈浩等（2013）提出的投入方向的 DEA－CCR 视窗分析模型来对制造业发展效率进行测度。该模型的简要介绍如下：

假设需要对 N 个决策单元（DMU）（n＝1，…，N）在 T 时段内（t＝1，…，T）的效率进行分析，先设定好视窗宽度为 j，将 T 时段分为一系列重叠的视窗，按照第一个视窗包含 1，2，…，j 期的 N 个决策单元的投入产出要素的面板数据，第二个视窗包含 2，3，…，j＋1 期的 N 个决策单元的投入产出要素的面板数据。依次类推，最后一个视窗包含 T－j＋1，…，T 期的 N 个决策单元的投入产出要素的面板数据。设第 k(1≤k≤T－j＋1) 个视窗包含 k，k＋1，…，k＋j－1 期的 N 个决策单元的投入产出要素的面板数据，则投入和产出矩阵为：

$$X_{kj}=(x_k^1,\ x_k^2,\ \cdots,\ x_k^N,\ x_{k+1}^1,\ x_{k+1}^2,\ \cdots,\ x_{k+1}^N,\ \cdots,\ x_{k+j}^1,\ x_{k+j}^2,\ \cdots,\ x_{k+j}^N) \tag{5.1}$$

$$Y_{kj}=(y_k^1,\ y_k^2,\ \cdots,\ y_k^N,\ y_{k+1}^1,\ y_{k+1}^2,\ \cdots,\ y_{k+1}^N,\ \cdots,\ y_{k+j}^1,\ y_{k+j}^2,\ \cdots,\ y_{k+j}^N) \tag{5.2}$$

在视窗 k 中的决策单元（DMU_t^k）的效率值可以用如下公式计算：

$$\begin{gathered}\min\theta\\ \text{s.t.}\\ \theta\cdot x_t'-X_{kj}\lambda^k\geqslant 0\\ Y_{kj}\lambda^k-y_t'\geqslant 0\\ \sum_{n=1}^{N}\lambda_n^k=1\\ \lambda_n^k\geqslant 0\\ 1\leqslant t\leqslant T,\ 1\leqslant n\leqslant N\end{gathered} \tag{5.3}$$

根据式（5.3），我们可以计算得到窗宽 1 至 T 的每个时期的效率值，并求平均值，记为 M_{ij}（表示第 i 个时期，窗宽为 j 的效率平均值）；进一步地，$Mean^i$ 表示第 i 个时期的所有 M_{ij} 的平均值；基于式（5.4）可以计算 M_{ij} 与 $Mean^i$ 的偏差比例：

$$v_{ij}=\frac{M_{ij}-Mean^i}{Mean^i}\times 100\% \tag{5.4}$$

其中，v_{ij} 表示第 i 个时期窗宽为 j 的效率平均值 M_{ij} 与第 i 个时期的效率平均值 $Mean^i$ 的偏差比例。

进一步地，将 v_{ij} 按照行为时期、列为窗宽构建矩阵 V［如式（5.6）所示］，取每行绝对值最小的 v_{ij} 记为 v_{ij0}。根据式（5.8）和式（5.9），可以得到矩阵 U。j 列中所有 u_{ij} 的和记为 c_j，如式（5.10）所示，进而得到矩阵 C，如式（5.11）所示。$c_j(1 \leqslant j \leqslant T)$ 的最大绝对值记为 c_{j0}，如式（5.12）所示。当 c_j 等于 c_{j0} 时，则 j 是理想窗宽。此时，可能会出现以下三种情况：（1）如果只有一个 c_j 等于 c_{j0} 时，则 j 为理想窗宽；（2）如果有多个 c_j 同时等于 c_{j0} 时，则最小的 j 为理想窗宽；（3）如果所有的 c_j 均相等时，即所有的 c_j 均等于 c_{j0} 时，则本方法无法确定理想窗宽，研究者不得不根据经验主观判断选择一个窗宽，或者应用别的方法确定理想窗宽。

$$v_{ij} = \frac{M_{ij} - Mean^i}{Mean^i} \times 100\% \tag{5.5}$$

$$V = \begin{bmatrix} v_{11}, & v_{12}, & \cdots, & v_{1T} \\ v_{21}, & v_{22}, & \cdots, & v_{2T} \\ & \cdots\cdots & & \\ v_{T1}, & v_{T2}, & \cdots, & v_{TT} \end{bmatrix}_{T \times T} \tag{5.6}$$

$$v_{ij0} = \min_{1 \leqslant j \leqslant T}(|v_{ij}|) \tag{5.7}$$

$$u_{ij} = \begin{cases} 1, & \text{当} |v_{ij}| = v_{ij0} \\ 0, & \text{当} |v_{ij}| \neq v_{ij0} \end{cases} \tag{5.8}$$

$$U = \begin{bmatrix} u_{11}, & u_{12}, & \cdots, & u_{1T} \\ u_{21}, & u_{22}, & \cdots, & u_{2T} \\ & \cdots\cdots & & \\ u_{T1}, & u_{T2}, & \cdots, & u_{TT} \end{bmatrix}_{T \times T} \tag{5.9}$$

$$c_j = \sum_{i=1}^{T} u_{ij}, \ (1 \leqslant j \leqslant T) \tag{5.10}$$

$$C = (c_1, c_2, \cdots, c_T)_{1 \times T} \tag{5.11}$$

$$c_{j0} = \max_{1 \leqslant j \leqslant T}(c_j) \tag{5.12}$$

二、投入产出体系构建和数据处理

（一）投入产出体系构建

在建立 DEA 模型之前，我们需要确定投入和产出指标。借鉴现有研究成果，本书研究构建了制造业发展效率投入产出体系，如表 5－1 所示。投入方面，主要从能源消耗、劳动力和资金的投入情况来衡量，因此选取能源消耗量、制造业从业平均人数和资本存量三个指标；产出方面，考虑到数据的可获得性，用制造业销售产值来衡量。

表 5－1　　制造业发展效率投入产出体系

指标类型	指标内容	指标单位	指标标识
投入指标	能源消耗量	万吨标准煤	X_1
	制造业从业平均人数	万人	X_2
	资本存量	亿元	X_3
产出指标	制造业销售产值	亿元	Y_1

需要说明的是，地区资本存量参考单豪杰（2008）的计算方法进行测算，以 2005 年为基期，按照各省份各年的固定资产投资价格指数对各年的固定资产投资额进行平减，计算得出各省份各年的固定资产投资平均增长率 g，根据公式 $K_{i0}=\frac{E_{i0}}{g+\delta}$ 计算得出基期的资本存量（折旧率 $\delta=10.96\%$），最后根据公式 $K_{it}=E_{it}+(1-\delta)\times K_{i(t-1)}$ 计算得出各省份各年的资本存量，其中 K_{i0}、K_{it}、$K_{i(t-1)}$ 分别表示第 i 省份基期、第 t 期、第 t－1 期的资本存量，E_{i0}、E_{it} 分别表示第 i 省份基期和第 t 期经过固定资产投资价格指数折算的固定资产投资额。以 2005 年为基期，对制造业销售产值按照工业生产者出厂价格指数进行平减。

（二）数据来源及处理

考虑到数据的可获得性，研究样本为除西藏、青海、新疆、港澳台外的 28 个省份，时间为 2005～2016 年，所有变量数据源于 2006～2017 年的《中国统计年鉴》、各省份统计年鉴、《中国工业经济统计年鉴》《中国环境统计年鉴》《新中国 60 年统计资料汇编》《工业企业科技活动统计年鉴》和中经网等。对于个别指标个别年份的数据缺失，首先计算已有数据的年均增长率，再根据前后年份的数据补齐。

三、制造业发展效率的定量测算

本书研究选择投入方向的基于理想窗宽的 DEA－CCR 视窗分析模型，运用

DEA－SOLVER Pro5 软件对 2005～2016 年我国 28 个省份的制造业发展效率进行测算，得到窗宽为 1～11 的制造业发展效率，并对其进行偏差分析，结果如表 5－2 所示。

按照理想窗宽的确定方法，由表 5－2 可知，根据偏差比例分析，窗宽为 6 时的制造业发展效率绝对值在 2005 年、2006 年、2008～2011 年、2016 年均达到最小偏差比例，窗宽为 4 时的效率绝对值在 2013 年和 2014 年达到最小偏差比例，窗宽为 5 时的效率绝对值在 2012 年和 2016 年达到最小偏差比例，窗宽为 7 时的制造业发展效率绝对值只在 2007 年达到最小偏差比例。因此，窗宽为 6 时，发展效率绝对值达到最小偏差比例的次数最多，为 7 次，说明 6 是理想窗宽。根据以往研究，若窗宽为 3，制造业发展效率绝对值没有一年达到最小偏差比例，不是最优的理想窗宽的选择。

在此基础上，将窗宽确定为 6，再次对 28 个省份的制造业发展效率进行测算，得到 2005～2016 年 28 个省份制造业发展效率均值，结果如表 5－3、表 5－4 和图 5－1 所示。

从省份来看，制造业发展效率均值大于等于 0.8 的省份有 6 个，分别为北京、天津、江苏、山东、广东、海南。其中，天津、江苏和海南的标准差比较小，表明这 3 个省份的制造业经济发展效率处于一个比较稳定的高效率水平状态，而北京、山东、广东的标准差比较大，说明这 3 个省份的制造业经济发展效率波动比较大。此外，2005～2016 年，北京、江苏、山东和广东基本上处于一个稳步上升的态势，天津呈先上升后下降又上升的波动态势，海南基本上都维持在 1 的效率水平，只在个别年份有轻微下降。

制造业发展效率均值小于等于 0.6 的省份有 3 个，分别为山西、黑龙江和贵州。其中，山西的制造业发展效率一直低于 0.6，而且标准差比较小，表明山西一直维持在很低的效率水平；黑龙江历年的制造业发展效率也基本上低于 0.6，只在 2008～2010 年高于 0.6，而且标准差很小，说明黑龙江也一直维持在一个很低的效率水平；贵州的制造业发展效率也很低，只在 2014～2016 年高于 0.6，其余各年均低于 0.6，但其标准差较大，表明贵州的制造业发展效率波动较大。此外，2005～2016 年，山西和黑龙江的制造业发展效率均呈先上升后下降的倒“U”型曲线状态，而贵州的制造业发展效率虽然不高，但是却呈逐年稳步上升的趋势。

制造业经济发展效率均值介于 0.6 和 0.8 之间的省份有 19 个。其中，内蒙古、辽宁、吉林和宁夏的标准差比较大，表明这 4 个省份的制造业发展效率波动较大。此外，2005～2016 年，吉林的制造业发展效率基本上呈逐年上升的趋势，

表 5-2　2005~2016 年不同窗宽下制造业发展效率与均值的偏差比

单位：%

年份	1	2	3	4	5	6	7	8	9	10	11	12	最小偏差比例的绝对值
2005	35.51	19.72	9.15	6.91	2.90	-2.40	-4.71	-6.71	-11.95	-14.38	-16.01	-18.02	2.40
2006	24.74	18.86	11.81	8.63	3.87	-0.09	-2.50	-6.74	-11.32	-13.77	-16.05	-17.44	0.09
2007	17.48	16.21	14.24	9.98	5.71	2.18	-1.82	-6.27	-10.77	-14.05	-15.61	-17.28	1.82
2008	18.81	15.74	12.72	10.54	6.48	1.89	-2.31	-6.54	-11.20	-13.55	-15.31	-17.28	1.89
2009	19.24	14.32	11.57	9.38	6.61	1.56	-2.72	-7.10	-10.09	-12.39	-14.18	-16.21	1.56
2010	15.97	13.36	10.88	7.69	4.75	2.24	-2.64	-5.40	-8.46	-10.85	-12.74	-14.82	2.24
2011	15.09	11.83	8.14	4.97	2.31	-0.18	-0.25	-3.32	-6.36	-8.72	-10.68	-12.85	0.18
2012	11.13	7.29	4.47	2.14	-0.10	-0.13	-0.16	-0.19	-3.04	-5.18	-7.08	-9.14	0.10
2013	9.17	5.00	2.35	0.01	-0.45	-0.50	-0.56	-0.59	-0.60	-2.67	-4.60	-6.57	0.01
2014	6.60	4.21	0.94	0.09	-0.63	-0.66	-0.69	-0.72	-0.75	-0.76	-2.84	-4.79	0.09
2015	4.79	2.43	2.39	0.59	-0.93	-0.97	-0.99	-1.00	-1.04	-1.07	-1.07	-3.12	0.59
2016	2.92	2.85	2.82	2.82	-1.38	-1.38	-1.41	-1.41	-1.42	-1.47	-1.47	-1.47	1.38

表 5-3　2005～2016 年理想窗宽为 6 时各省份制造业发展效率均值

省份	2005 年	2006 年	2007 年	2008 年	2009 年	2010 年	2011 年	2012 年	2013 年	2014 年	2015 年	2016 年	均值	标准差
北京	0.618	0.654	0.685	0.667	0.745	0.835	0.806	0.815	0.899	0.951	0.964	1.000	0.803	0.126
天津	0.793	0.905	0.988	0.974	0.949	0.932	0.906	0.919	0.977	0.971	0.999	1.000	0.943	0.056
河北	0.590	0.609	0.670	0.696	0.661	0.723	0.728	0.689	0.682	0.648	0.652	0.680	0.669	0.039
山西	0.340	0.379	0.468	0.498	0.431	0.494	0.528	0.495	0.475	0.434	0.368	0.368	0.440	0.060
内蒙古	0.597	0.601	0.648	0.712	0.794	0.764	0.753	1.000	0.645	0.562	0.569	0.600	0.687	0.121
辽宁	0.414	0.500	0.572	0.635	0.689	0.781	0.771	0.819	0.824	0.770	0.642	0.494	0.659	0.134
吉林	0.574	0.575	0.630	0.609	0.654	0.762	0.804	0.843	0.915	0.937	0.956	0.991	0.771	0.151
黑龙江	0.546	0.584	0.598	0.624	0.619	0.607	0.590	0.555	0.573	0.569	0.559	0.567	0.583	0.024
上海	0.753	0.786	0.815	0.778	0.759	0.829	0.821	0.779	0.779	0.806	0.812	0.856	0.798	0.029
江苏	0.670	0.741	0.824	0.848	0.883	0.915	0.902	0.923	0.963	0.971	0.994	1.000	0.886	0.097
浙江	0.623	0.676	0.736	0.729	0.727	0.788	0.757	0.765	0.776	0.797	0.787	0.792	0.746	0.050
安徽	0.649	0.671	0.694	0.665	0.638	0.677	0.734	0.710	0.728	0.758	0.797	0.850	0.714	0.060
福建	0.556	0.596	0.648	0.656	0.682	0.746	0.757	0.744	0.770	0.797	0.824	0.852	0.719	0.088
江西	0.685	0.690	0.732	0.691	0.640	0.683	0.731	0.760	0.796	0.839	0.857	0.893	0.750	0.077
山东	0.606	0.673	0.762	0.797	0.874	0.884	0.898	0.956	0.992	1.000	1.000	1.000	0.870	0.129
河南	0.631	0.677	0.753	0.777	0.680	0.665	0.687	0.652	0.681	0.699	0.733	0.761	0.700	0.044
湖北	0.566	0.610	0.675	0.727	0.718	0.772	0.803	0.784	0.776	0.750	0.771	0.796	0.729	0.072
湖南	0.582	0.631	0.720	0.781	0.747	0.791	0.807	0.773	0.753	0.728	0.734	0.750	0.733	0.063
广东	0.647	0.717	0.795	0.816	0.845	0.949	0.934	0.910	0.982	1.000	1.000	1.000	0.883	0.114

续表

省份	2005 年	2006 年	2007 年	2008 年	2009 年	2010 年	2011 年	2012 年	2013 年	2014 年	2015 年	2016 年	均值	标准差
广西	0.667	0.694	0.717	0.682	0.634	0.630	0.654	0.659	0.675	0.688	0.721	0.751	0.681	0.034
海南	1.000	0.999	1.000	1.000	1.000	1.000	1.000	1.000	0.962	1.000	0.999	1.000	0.997	0.010
重庆	0.704	0.727	0.742	0.700	0.691	0.693	0.684	0.662	0.722	0.760	0.796	0.816	0.725	0.045
四川	0.470	0.529	0.624	0.655	0.703	0.708	0.734	0.665	0.723	0.748	0.778	0.819	0.680	0.096
贵州	0.316	0.352	0.397	0.423	0.452	0.482	0.494	0.497	0.592	0.621	0.701	0.719	0.504	0.125
云南	0.559	0.654	0.749	0.736	0.710	0.725	0.692	0.680	0.671	0.644	0.618	0.622	0.672	0.053
陕西	0.567	0.647	0.700	0.672	0.667	0.672	0.638	0.642	0.655	0.628	0.671	0.698	0.655	0.034
甘肃	0.504	0.563	0.662	0.668	0.675	0.726	0.735	0.723	0.758	0.724	0.657	0.600	0.666	0.074
宁夏	1.000	1.000	0.991	0.935	0.851	0.831	0.739	0.673	0.612	0.566	0.566	0.583	0.779	0.169
均值	0.615	0.659	0.714	0.720	0.719	0.752	0.753	0.753	0.763	0.763	0.769	0.781	0730	—
标准差	0.150	0.143	0.133	0.123	0.123	0.121	0.113	0.134	0.134	0.150	0.160	0.171	—	—

表 5－4　2005～2016 年各区域制造业发展效率均值

地区	2005 年	2006 年	2007 年	2008 年	2009 年	2010 年	2011 年	2012 年	2013 年	2014 年	2015 年	2016 年	均值	标准差
东部	0.686	0.736	0.792	0.796	0.813	0.860	0.851	0.850	0.878	0.894	0.903	0.918	0.831	0.074
中部	0.576	0.610	0.674	0.690	0.642	0.680	0.715	0.696	0.702	0.701	0.710	0.736	0.678	0.063
西部	0.598	0.641	0.692	0.687	0.686	0.692	0.680	0.689	0.673	0.660	0.675	0.690	0.672	0.083
东北	0.511	0.553	0.600	0.623	0.654	0.717	0.722	0.739	0.771	0.759	0.719	0.684	0.671	0.103
全国	0.615	0.659	0.714	0.720	0.719	0.752	0.753	0.753	0.763	0.763	0.769	0.781	0.730	—

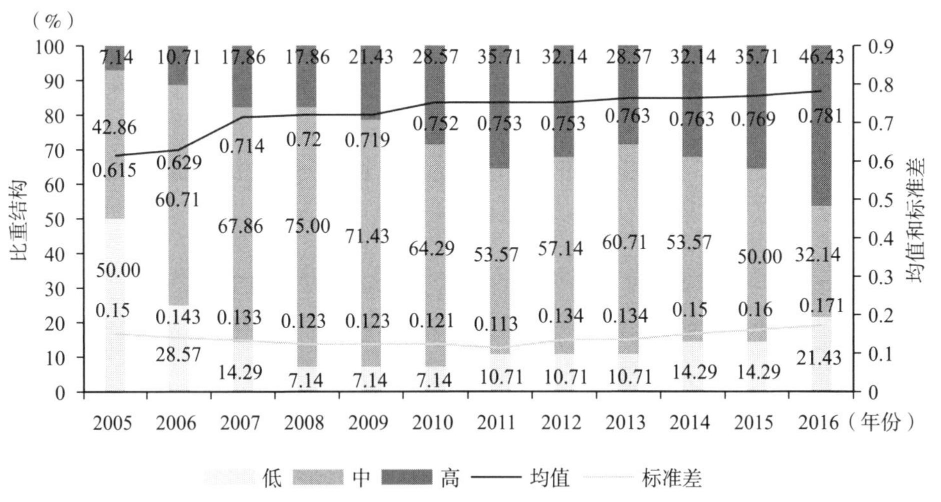

图 5-1 2005~2016 年我国制造业发展效率的结构和趋势分析

内蒙古和辽宁均呈先上升后下降的倒“U”型曲线状态，宁夏则呈逐年下降的趋势。

从全国来看，2005~2016 年，我国制造业发展效率呈逐年上升趋势，共上升了 0.166，最终达到 0.781，整体效率水平不高。而且各个省份之间的制造业发展效率存在较大的差异，区域发展不平衡，每年的标准差均超过 0.1。此外，从图 5-1 中可以看出，我国制造业发展效率呈逐年上升趋势；从高、中、低比重结构来看，我国制造业发展效率高的省份所占比重逐年增加，从 2005 年的 7.14% 上升到 2016 年的 46.43%；制造业发展效率处于中等水平的省份所占比重呈先增加再减少的态势，最高时达到 75.00%，最终下降到 32.14%，而制造业发展效率低的省份的比重呈先下降后上升的态势，最低时达到 7.14%，但最终上升到 21.43%，这表明原来效率水平处于中等水平的省份中，有部分省份的效率上升到更高水平，进入高效率行列，而另一部分省份的效率下降，进入低效率行列。

从区域来看，东部地区的制造业发展效率均值最高，为 0.831，远高于其他三个区域。究其原因，可能是由于东部地区的经济发展程度较高，在资源、技术和人才上均存在较大的竞争优势，能够吸引大量的资源、技术和人才，而且竞争激烈，使得东部省份制造业发展效率更高。此外，东部地区的标准差的平均值比较小，表明东部地区的制造业发展效率整体比较稳定，长期处于比较高的水平；2005~2016 年的 12 年间，共有 8 年的效率均值高于 0.8，并且基本上呈逐年稳步上升的态势。其他三个区域的制造业发展效率水平差异不大，均略高于0.67，均低于全国平均水平，但三个区域的效率水平基本上呈逐年上升的态势。

第二节　我国制造业绿色创新效率评价分析

如前所述，效率的实证评价是当前研究的热点问题，而技术创新效率的研究是其中一块非常重要的内容，产生了大量的研究成果。当前研究者们聚焦于四个层面的技术创新效率：国家、区域、产业和企业层面（Lin et al.，2018）。而关于绿色创新效率或者绿色技术创新效率的研究成果还非常少，这主要是由于绿色创新或者绿色技术创新是一个比较新的课题，关注者相对较少。此外，由于绿色创新的内涵十分广泛，考虑到数据的可获得性，要对总体的绿色创新效率进行评价暂时还无法做到，因此，本章也主要评价绿色创新的核心——绿色技术创新的效率。绿色技术创新作为绿色创新的核心部分（华振，2012），是遵循生态原理和生态经济规律，节约资源和能源，从而避免、消除或减轻生态环境污染或破坏的技术创新行为（Shao and Fei，2008；Zhou，2014），对于推动制造业绿色转型具有至关重要的作用。当前对于绿色技术创新的相关研究主要集中于三个领域。

一是绿色技术创新影响因素研究。如李婉红等（2013）构建了绿色技术创新影响因素的面板数据模型，对我国16个污染密集行业进行实证研究；梅尔泽（Meltzer，2014）研究发现对碳排放征税可以促进绿色技术创新；孙等（Sun et al.，2017）运用熵权TOPSIS模型从积极因素和障碍因素两方面分析了绿色技术创新的影响因素。

二是绿色技术创新能力评价。如周（Zhou，2014）建立了造纸企业的绿色技术创新能力评价指标体系，并将基于SVM的评价模型与BP评价模型进行比较；王和徐（Wang and Xu，2011）构建了绿色技术创新指标体系，运用基于改进的BP中性算法评价模型对汽车制造业进行实证分析；谢（Xie，2012）构建了企业绿色技术创新的多层次评价指标体系，分析了内部和外部环境因素的影响；刘章生等（2017）采用全域SBM方向性距离函数和全域Malmquist－Luenberger指数对我国制造业行业的绿色创新能力进行了测算。

三是绿色技术创新效率研究。大多数研究是运用不同分析方法测算工业企业的绿色技术创新效率，如张江雪、朱磊（2012）运用四阶段DEA模型对2009年我国各省份工业企业技术创新效率进行实证分析；钱丽等（2015）通过引入工业

"三废"和 CO_2 等指标，利用规模报酬不变和可变的 DEA 模型测度了 2003～2010 年我国各省份企业的绿色技术创新效率，并分析其区域差异；黄奇等（2015）在综合考虑资源消耗和环境污染的基础上测算了我国工业企业的绿色技术创新效率；王海龙等（2016）运用 DEA 模型测度了 2007～2010 年中国区域绿色增长绩效和绿色技术创新效率；罗良文、梁圣蓉（2016）基于两阶段创新价值链构建了中国区域工业企业绿色技术创新效率评价体系，进而对各区域工业企业整体的绿色技术创新效率进行研究；孙宏芃（2016）在纳入区域污染排放强度的基础上，运用 SFA 方法测算中国各区域的绿色技术创新效率，进而从制度环境、要素市场扭曲、资源投入比重、政府行文等方面对绿色技术创新效率进行影响因素分析；孙丝雨、安增龙（2016）引入了环境因素，运用综合径向和非径向 DEA 的网络 EBM 模型测算了 2007～2014 年中国 30 个省份国有工业企业的绿色技术创新整体效率和分阶段效率。

总的来说，在创新过程中，创新效率一直是大家关注的重点，涌现了非常多的研究成果，但目前有关绿色技术创新效率的研究还比较少。现有少数研究绿色技术创新效率的成果主要有以下不足：首先，大多数成果集中在对区域或者企业进行效率研究，还没有对制造业行业绿色技术创新效率的研究；其次，大多数研究采用 SFA 方法、分阶段的 DEA 或 DEA 的其他衍生模型进行效率分析，这些模型的数据来源大多为截面数据，缺乏对时间因素的考虑，无法对效率的历史动态变化进行深入分析；最后，少数采用 DEA 视窗分析模型的研究对窗宽选择过于主观、随意，得出的效率值容易遭受质疑。

有鉴于此，本章将采用基于理想窗宽的 DEA 视窗分析模型对 2006～2016 年我国 28 个制造业行业的绿色技术创新效率进行测算，并与传统 DEA 模型进行比较和收敛分析，准确把握制造业各行业的绿色技术创新效率状况及动态变化过程。

一、投入产出体系构建和数据处理

（一）投入产出体系构建

本书研究采用的是 DEA 模型，因此需要确定投入和产出要素。借鉴现有研究成果，本书研究构建了制造业行业绿色技术创新效率的投入产出体系，如表 5－5 所示。

表 5-5　　制造业绿色技术创新效率投入产出体系

指标类型	指标内容	指标单位	指标标识
绿色技术创新投入	R&D 人员折合全时当量	人年	X_1
	R&D 经费内部支出（存量）	万元	X_2
	技术改造经费（存量）	万元	X_3
	能源消费总量	万吨标准煤	X_4
绿色技术创新产出	废水排放量	万吨	Y_1
	废气排放量	亿标立方米	Y_2
	发明专利数	件	Y_3
	新产品销售收入	万元	Y_4

绿色技术创新投入方面，主要从劳动力、资本、资源的投入角度考虑。在劳动力投入方面，从事 R&D 活动的相关人员是绿色技术创新的最直接来源，因此本书研究选取 R&D 人员折合全时当量为劳动力投入要素（管建成、陈凯华，2009；钱丽等，2015；王惠等，2015；曹霞、于娟，2015；Guan and Chen，2010；Hong et al.，2016）。在资本投入方面，与绿色技术创新紧密联系的资本投入包含有关 R&D 活动的资本投入和将 R&D 活动产生的技术运用到实际的技术改造投入两个方面。而有关 R&D 活动的资本投入包含 R&D 内部经费支出和 R&D 外部经费支出，由于 R&D 内部经费支出更能体现所在行业的绿色技术创新（钱丽等，2015；殷群、程月，2016；Cruz－Cázares et al.，2013；Hong et al.，2016），故选取 R&D 内部经费支出。而将 R&D 活动产生的技术运用到实际的技术改造投入，用技术改造经费表示（管建成、陈凯华，2009；殷群、程月，2016）。由于 R&D 投入和技术改造投入产生的影响通常具有一定的积累和时滞效应，故 R&D 内部经费支出和技术改造经费均采用存量指标（钱丽等，2015；曹霞、于娟，2015）。鉴于 2004 年技术改造经费的统计口径发生改变，故以 2004 年为基期，运用永续盘存法来进行测算（吴延兵，2006；Yu and Liu，2013），存量计算公式如下：$K_{it} = E_{it} + (1-\delta) \times K_{i(t-1)}$，式中 E_{it} 表示第 i 个行业第 t 期的 R&D 经费内部支出或技术改造经费，K_{it}、$K_{i(t-1)}$ 分别表示第 i 个行业第 t 期和第 t-1 期的 R&D 经费内部支出存量或技术改造经费存量，δ 表示折旧率，本章研究假设 δ 为 15%（Pakes，1984；曹霞、于娟，2015；吴延兵，2006），并运用 R&D 价格指数（朱平芳、徐伟民，2003）将 E_{it} 转化为 2004 年不变价，对基期的存量估算参考吴延兵（2006）的方法，运用公式 $K_0 = \frac{E_0}{g+\delta}$，其中 δ 同前取 15%，

g 取 2004 ~2016 年各行业 R&D 内部经费实际支出的算术平均增长率。在资源投入方面，由于任何行业从事绿色技术创新活动均需要消耗能源，因此本章研究选取发电煤耗计算能源消耗总量，并折算成标煤（王惠等，2015）。

绿色技术创新产出方面，产出分为期望产出和非期望产出，对于绿色技术创新的期望产出的衡量主要从 R&D 活动成果和经济效益的角度考虑。在 R&D 活动成果方面，最能直接体现 R&D 活动成果的指标就是专利申请数，而专利分为发明、实用新型和外观设计三种，其中发明专利主要体现新颖性、创造性和实用性，因此，选取发明专利申请数作为 R&D 活动的产出指标（管建成、陈凯华，2009；冯志军，2013；Revilla et al.，2003；Cruz - Cázares et al.，2013）。在经济效益方面，新产品销售收入是绿色技术创新在市场上认可程度和所带来经济效益的有效体现，因此，选取新产品销售收入作为经济效益的产出指标（管建成、陈凯华，2009；冯志军，2013；曹霞、于娟，2015；殷群、程月，2016；Guan and Chen，2010），并用生产者出厂价格指数进行平减。而对于绿色技术创新的非期望产出，本章研究采用环境污染排放指标来表示。衡量环境污染排放的指标通常是废水、废气、固体废弃物的排放量，但随着近年我国制造业行业固体废弃物处理率的提高，固体废弃物的排放大量减少，而且大多数行业固体废弃物数据缺失，此外，近年来我国水污染和大气污染问题严重，废水和废气排放量逐年上升，因此，本章研究选取废水和废气排放量作为非期望产出，并参考拉马纳森（Ramanathan，2005）、陆等（Lu et al.，2006）的做法，将环境污染排放视作投入要素。

（二）数据来源及处理

本节所用数据源于 2005 ~2017 年的《中国统计年鉴》《工业企业科技活动统计年鉴》《中国环境统计年鉴》《中国工业经济统计年鉴》《中国能源统计年鉴》《中国科技统计年鉴》。由于投入和产出之间存在时滞，本书研究取 2 年的时滞期（管建成、陈凯华，2009；曹霞、于娟，2015），因此投入、产出指标的数据时间分别为 2004 ~2014 年、2006 ~2016 年。此外，由于 2016 年工业废水、废气排放量的数据在统计年鉴中未找到，故采用近 4 年的年均增长率进行推算。

2012 年，我国制造业行业的划分出现变动，导致前后数据不一致。综合考虑 2004 ~2016 年制造业行业划分情况，将橡胶制品业和塑料制品业合并为橡胶和塑料制品业，将汽车制造业和铁路、船舶、航空航天和其他运输设备制造业合并为交通运输设备制造业，而废弃资源综合利用业和金属制品、机械和设备修理业因数据缺乏连贯性，故将其剔除。为了表示方便，本节研究将 28 个制造业行业按表 5－6 所示分别标为 I1～I28。

表 5－6　　　　中国制造业行业的名称及代码

行业名称	行业代码	行业名称	行业代码
农副食品加工业	I1	医药制造业	I15
食品制造业	I2	化学纤维制造业	I16
酒、饮料和精制茶制造业	I3	橡胶和塑料制品业	I17
烟草制品业	I4	非金属矿物制品业	I18
纺织业	I5	黑色金属冶炼和压延加工业	I19
纺织服装、服饰业	I6	有色金属冶炼和压延加工业	I20
皮革、毛皮、羽毛及其制品和制鞋业	I7	金属制品业	I21
木材加工和木、竹、藤、棕、草制品业	I8	通用设备制造业	I22
家具制造业	I9	专用设备制造业	I23
造纸和纸制品业	I10	交通运输设备制造业	I24
印刷和记录媒介复制业	I11	电气机械和器材制造业	I25
文教、工美、体育和娱乐用品制造业	I12	计算机、通信和其他电子设备制造业	I26
石油加工、炼焦和核燃料加工业	I13	仪器仪表制造业	I27
化学原料和化学制品制造业	I14	其他制造业	I28

二、制造业绿色创新效率的定量测算

（一）基于理想窗宽的 DEA 视窗分析模型的效率测算

本节研究选择投入方向的 DEA－CCR 视窗模型，运用 DEA－SOLVER Pro5 软件对我国 28 个制造业行业的绿色技术创新效率进行测算，得到窗宽为 1～9 的绿色技术创新效率值，并对其进行偏差分析，结果如表 5－7 所示。

按照前文所介绍的确定理想窗宽的方法，由表 5－7 可知，根据偏差比例分析，窗宽为 5 时的效率绝对值在 2007～2012 年均达到最小偏差比例，窗宽为 4 时的效率绝对值在 2013～2016 年均达到最小偏差比例，窗宽为 6 时的效率绝对值在 2006 年达到最小偏差比例。因此，窗宽为 5 时，效率绝对值达到最小偏差比例的次数最多，为 6 次，说明 5 是理想窗宽。接着，将窗宽确定为 5，再次对

表 5－7　2006～2016 年不同窗宽下绿色技术创新效率值与均值的偏差比

单位：%

年份	1	2	3	4	5	6	7	8	9	10	11	最小偏差比例的绝对值（V_{ij0}）
2006	21.02	17.36	17.36	10.57	10.41	-6.23	-11.63	-14.50	-14.50	-14.67	-15.19	6.23
2007	25.61	21.49	17.35	13.95	3.92	-7.80	-13.12	-15.07	-15.17	-15.42	-15.74	3.92
2008	46.06	28.34	22.27	9.84	-1.33	-12.23	-16.88	-18.61	-18.91	-19.11	-19.45	1.33
2009	30.02	28.94	18.42	8.96	-1.02	-9.96	-14.06	-15.16	-15.22	-15.35	-15.57	1.02
2010	40.42	20.65	10.58	3.52	-0.73	-8.34	-12.23	-13.23	-13.31	-13.47	-13.86	0.73
2011	13.85	6.57	2.89	1.07	-0.04	-0.98	-3.83	-4.64	-4.72	-4.88	-5.30	0.04
2012	5.37	1.93	0.92	0.40	-0.22	-0.58	-0.59	-1.33	-1.54	-1.84	-2.52	0.22
2013	9.32	4.07	2.01	0.27	-1.68	-1.94	-1.94	-1.94	-2.18	-2.52	-3.48	0.27
2014	21.04	11.63	4.18	-1.78	-4.49	-4.73	-4.73	-4.73	-4.73	-5.28	-6.38	1.78
2015	18.98	12.97	6.22	-1.04	-4.85	-5.00	-5.00	-5.00	-5.00	-5.00	-7.27	1.04
2016	9.25	9.19	8.33	3.45	-4.03	-4.36	-4.36	-4.36	-4.36	-4.36	-4.36	3.45

28 个行业的绿色技术创新效率进行测算，得到 2006 ~2016 年各行业的绿色技术创新效率均值，结果如表 5 -8 和图 5 -2 所示。图 5 -2 通过三维图形非常直观地展示了基于理想窗宽的 DEA 视窗分析模型计算的绿色技术创新效率的行业间差距和动态变化情况。

从行业来看，绿色技术创新效率较高（效率均值大于等于 0.8）的行业共有 8 个，效率值排序依次为：计算机、通信和其他电子设备制造业（I26），电气机械和器材制造业（I25），交通运输设备制造业（I24），家具制造业（I9），烟草制品业（I4），仪器仪表制造业（I27），文教、工美、体育和娱乐用品制造业（I12），皮革、毛皮、羽毛及其制品和制鞋业（I7）。其中，计算机、通信和其他电子设备制造业（I26）的效率均值最高，达到 0.979，而电气机械和器材制造业（I25）、交通运输设备制造业（I24）的效率均值也都超过 0.9。此外，计算机、通信和其他电子设备制造业（I26），电气机械和器材制造业（I25）、交通运输设备制造业（I24）的标准差均小于 0.070，说明这 3 个行业各年的效率波动很小，表明 2006 ~2016 年这 3 个行业处于稳定的高效率状态。而其他 5 个行业的标准差均高于 0.100，效率波动较大。结合图 5 -2 可以发现，2006 ~2016 年，烟草制造业（I4）、仪器仪表制造业（I27）的绿色技术创新效率呈现逐渐上升趋势，皮革、毛皮、羽毛及其制品和制鞋业（I7）整体呈现下降趋势，家具制造业（I9）、文教、工美、体育和娱乐用品制造业（I12）均呈现先下降再上升的“U”型态势。

绿色技术创新效率较低（效率均值小于等于 0.6）的行业共有 14 个，效率值排序依次为：食品制造业（I2），印刷和记录媒介复制业（I11），金属制品业（I21），化学纤维制造业（I16），有色金属冶炼和压延加工业（I20），造纸和纸制品业（I10），石油加工、炼焦和核燃料加工业（I13），橡胶和塑料制品业（I17），纺织业（I5），非金属矿物制品业（I18），其他制造业（I28），化学原料和化学制品制造业（I14），黑色金属冶炼和压延加工业（I19），酒、饮料和精制茶制造业（I3）。其中，橡胶和塑料制品业（I17）、纺织业（I5）、化学原料和化学制品制造业（I14）、黑色金属冶炼和压延加工业（I19）的标准差很小，均小于 0.1，说明 2006 ~2016 年这 4 个行业的绿色技术创新效率一直比较低，波动较小。而其他 10 个行业的标准差相对较大，说明它们表现出较大的效率波动。结合图 5 -2 可以看出，2006 ~2016 年，纺织业（I5）大体呈上升的趋势；食品制造业（I2），造纸和纸制品业（I10），酒、饮料和精制茶制造业（I3），黑色金属冶炼和压延加工业（I19）整体上均呈下降趋势；有色金属冶炼和压延加工业（I20）、化学纤维制造业（I16）、橡胶和塑料制品业（I17）均呈先下降后上升的

表 5-8 2006~2016 年理想窗宽为 5 时不同视窗下各行业的绿色技术创新效率均值

行业	2006 年	2007 年	2008 年	2009 年	2010 年	2011 年	2012 年	2013 年	2014 年	2015 年	2016 年	均值	标准差
I1	0. 754	0. 689	0. 748	0. 623	0. 550	0. 744	0. 824	0. 522	0. 517	0. 504	0. 537	0. 637	0. 112
I2	0. 769	0. 737	0. 655	0. 645	0. 612	0. 668	0. 662	0. 453	0. 489	0. 410	0. 448	0. 595	0. 118
I3	0. 411	0. 374	0. 332	0. 273	0. 262	0. 282	0. 375	0. 303	0. 258	0. 265	0. 274	0. 310	0. 052
I4	0. 626	0. 750	0. 644	0. 806	0. 739	1. 000	0. 965	1. 000	0. 982	0. 999	1. 000	0. 865	0. 146
I5	0. 429	0. 341	0. 336	0. 420	0. 498	0. 538	0. 489	0. 467	0. 495	0. 551	0. 588	0. 468	0. 077
I6	0. 591	0. 655	0. 378	0. 607	0. 605	0. 647	1. 000	1. 000	0. 912	0. 921	1. 000	0. 756	0. 206
I7	1. 000	0. 990	0. 880	0. 866	0. 781	0. 885	0. 853	0. 753	0. 586	0. 600	0. 685	0. 807	0. 134
I8	0. 823	0. 423	0. 520	0. 532	0. 505	1. 000	1. 000	0. 614	0. 462	0. 432	0. 449	0. 615	0. 211
I9	1. 000	0. 984	0. 634	0. 690	0. 675	0. 880	0. 980	0. 971	0. 875	0. 965	1. 000	0. 878	0. 136
I10	0. 769	0. 600	0. 541	0. 520	0. 489	0. 516	0. 548	0. 474	0. 468	0. 478	0. 551	0. 541	0. 082
I11	0. 836	0. 666	0. 524	0. 512	0. 493	0. 593	0. 646	0. 669	0. 522	0. 491	0. 560	0. 592	0. 100
I12	1. 000	0. 776	0. 599	0. 706	0. 548	0. 737	1. 000	1. 000	1. 000	0. 960	1. 000	0. 848	0. 170
I13	0. 842	0. 856	0. 650	0. 382	0. 357	0. 399	0. 464	0. 551	0. 509	0. 464	0. 442	0. 538	0. 166
I14	0. 393	0. 361	0. 344	0. 336	0. 299	0. 523	0. 594	0. 446	0. 440	0. 385	0. 416	0. 413	0. 082
I15	0. 757	0. 537	0. 584	0. 519	0. 511	0. 714	0. 826	0. 656	0. 676	0. 470	0. 462	0. 610	0. 117
I16	0. 830	0. 643	0. 484	0. 474	0. 391	0. 587	0. 572	0. 519	0. 551	0. 582	0. 604	0. 567	0. 107
I17	0. 630	0. 563	0. 493	0. 454	0. 411	0. 590	0. 460	0. 461	0. 435	0. 451	0. 520	0. 497	0. 067
I18	0. 461	0. 400	0. 377	0. 864	0. 465	0. 484	0. 509	0. 437	0. 426	0. 331	0. 328	0. 462	0. 139
I19	0. 497	0. 429	0. 487	0. 330	0. 346	0. 276	0. 262	0. 231	0. 221	0. 194	0. 206	0. 316	0. 106

续表

行业	2006 年	2007 年	2008 年	2009 年	2010 年	2011 年	2012 年	2013 年	2014 年	2015 年	2016 年	均值	标准差
I20	1.000	0.670	0.501	0.360	0.398	0.469	0.503	0.528	0.547	0.543	0.626	0.559	0.163
I21	0.939	0.718	0.646	0.469	0.440	0.579	0.743	0.579	0.423	0.423	0.449	0.583	0.159
I22	0.757	0.678	0.538	0.531	0.514	0.674	0.765	0.778	0.677	0.635	0.733	0.662	0.092
I23	0.768	0.724	0.687	0.566	0.582	0.817	0.906	0.909	0.783	0.752	0.845	0.758	0.109
I24	1.000	0.966	0.838	1.000	1.000	1.000	0.851	0.847	0.913	0.926	1.000	0.940	0.065
I25	0.970	0.913	0.863	0.887	1.000	1.000	1.000	0.986	1.000	0.958	1.000	0.962	0.048
I26	1.000	1.000	0.970	0.910	0.894	1.000	1.000	0.999	1.000	0.991	1.000	0.979	0.037
I27	0.772	0.738	0.635	0.670	0.676	1.000	0.986	1.000	1.000	0.929	1.000	0.855	0.148
I28	0.396	0.607	0.336	0.383	0.398	0.556	0.329	0.291	0.340	0.487	0.517	0.422	0.099
均值	0.751	0.671	0.579	0.583	0.551	0.684	0.718	0.659	0.625	0.611	0.651	—	—
标准差	0.204	0.193	0.171	0.195	0.189	0.218	0.233	0.244	0.240	0.242	0.253	—	—

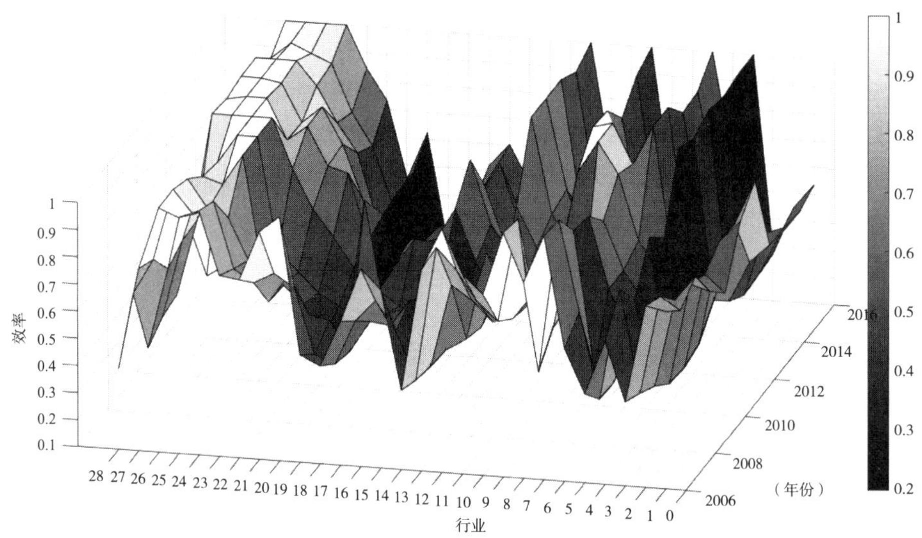

图 5－2　2006～2016 年基于理想窗宽的 DEA 视窗分析模型的制造业绿色技术创新效率

趋势；印刷和记录媒介复制业（I11）、炼焦和核燃料加工业（I13）、金属制品业（I21）、化学原料和化学制品制造业（I14）、非金属矿物制品业（I18）呈先下降后上升又下降的趋势；其他制造业（I28）呈先上升后下降又上升的趋势。

绿色技术创新效率处于中等水平（效率均值介于 0.60～0.80）的行业共有 6 个，效率值排序依次为：专用设备制造业（I23），纺织服装、服饰业（I6），通用设备制造业（I22），农副食品加工业（I1），木材加工和木、竹、藤、棕、草制品业（I8），医药制造业（I15）。其中，通用设备制造业（I22）的标准差较小，仅为 0.092，而其他 5 个行业的标准差较大，说明 2006～2016 年这 5 个行业的效率值波动较大。其中纺织服装、服饰业（I6），通用设备制造业（I22）整体呈上升趋势；农副食品加工业（I1）、医药制造业（I15）呈先下降后上升后下降的趋势；木材加工和木、竹、藤、棕、草制品业（I8）呈先上升后下降的趋势。

从时间维度来看，2006～2016 年，绿色技术创新效率的平均值呈先下降后上升又下降的趋势，这可以从图 5－3 中清楚直观地看出来。其中，2010 年的效率均值最低，为 0.551，仅有 2006 和 2012 年的效率均值略微超过 0.70。整体来看，我国制造业绿色技术创新效率不高。

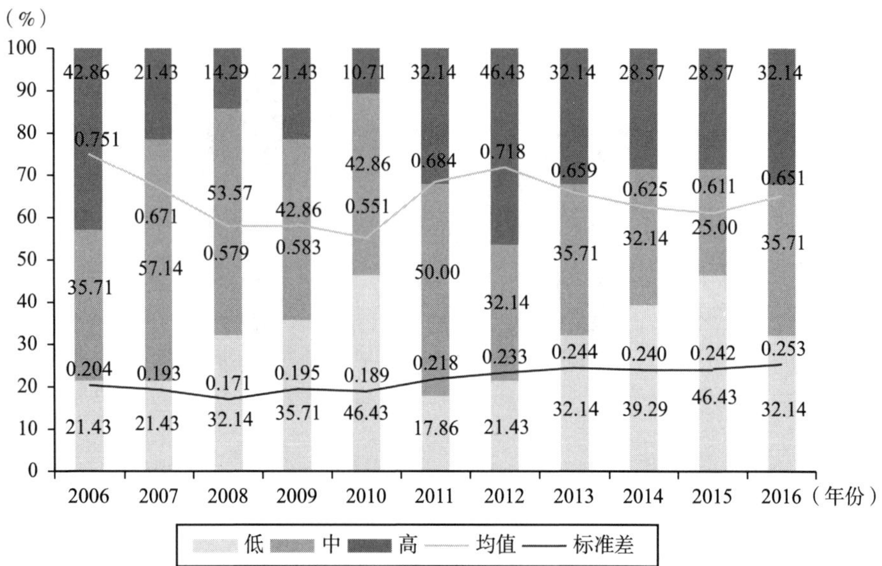

图5-3 2006~2016年基于理想窗宽的DEA视窗分析模型的制造业绿色技术创新效率的结构和趋势分析

此外，由图5-3可知，除了2006年和2012年以外，其他年份的中等效率行业占比始终较高，2007年和2008年甚至达到57.14%和53.57%。同时，2006~2016年的11年间，高效率行业占比高于低效率行业占比的年份只有2006年、2011年和2012年，而这3年也是制造业绿色技术创新效率平均水平最高的3年。因此，从某种程度上说，当高效率行业占比大于低效率行业占比时，制造业整体效率水平比较高。反之，当高效率行业占比小于低效率行业占比时，制造业整体效率水平比较低。

综合来看，2006~2016年，我国制造业绿色技术创新效率的整体水平不高，而且行业之间存在较大差异。计算机、通信和其他电子设备制造业（I26），电气机械和器材制造业（I25），交通运输设备制造业（I24）基本保持着很高的效率水平，而酒、饮料和精制茶制造业（I3），黑色技术冶炼和压延加工业（I19）的效率水平一直比较低。

（二）基于传统DEA模型的效率测算

基于传统DEA模型（即窗宽为1时的DEA-CCR模型），运用DEA-SOLVER PRO5软件对我国28个制造业行业的绿色技术创新效率进行测算，结果如表5-9和图5-4所示。图5-4通过三维图形比较直观地展示了基于传统DEA模

表 5-9　　2006～2016 年基于传统 DEA 模型的各行业绿色技术创新效率均值

行业	2006 年	2007 年	2008 年	2009 年	2010 年	2011 年	2012 年	2013 年	2014 年	2015 年	2016 年	均值	标准差
I1	0.767	0.780	0.929	0.878	0.801	0.944	0.857	0.702	0.926	0.804	0.776	0.833	0.075
I2	0.819	0.856	1.000	1.000	0.979	0.810	0.668	0.632	0.773	0.632	0.604	0.797	0.144
I3	0.506	0.523	0.582	0.369	0.359	0.340	0.406	0.363	0.413	0.375	0.355	0.417	0.078
I4	1.000	1.000	1.000	1.000	1.000	1.000	1.000	1.000	1.000	1.000	1.000	1.000	0.000
I5	0.523	0.405	0.491	0.578	0.684	0.615	0.514	0.516	0.787	0.824	0.777	0.610	0.133
I6	0.699	0.782	0.603	0.765	0.800	0.791	1.000	1.000	1.000	1.000	1.000	0.858	0.139
I7	1.000	1.000	1.000	1.000	1.000	1.000	0.923	0.758	0.966	0.960	0.848	0.950	0.076
I8	0.942	0.593	0.874	0.822	0.797	1.000	1.000	0.833	0.782	0.737	0.608	0.817	0.131
I9	1.000	1.000	0.905	0.859	1.000	1.000	1.000	1.000	1.000	1.000	1.000	0.979	0.046
I10	0.828	0.750	0.868	0.700	0.641	0.616	0.595	0.564	0.734	0.696	0.731	0.702	0.090
I11	0.906	0.897	0.937	0.760	0.891	0.772	0.772	0.734	0.668	0.657	0.652	0.786	0.101
I12	1.000	1.000	0.887	1.000	0.979	1.000	1.000	1.000	1.000	1.000	1.000	0.988	0.032
I13	0.923	0.978	1.000	0.487	0.526	0.436	0.515	0.590	0.596	0.511	0.462	0.638	0.207
I14	0.452	0.467	0.522	0.500	0.456	0.653	0.611	0.618	0.707	0.578	0.556	0.556	0.081
I15	0.778	0.698	1.000	0.799	0.897	0.791	0.857	0.751	0.857	0.583	0.541	0.778	0.127
I16	1.000	0.882	0.882	0.614	0.568	0.682	0.631	0.610	0.829	0.826	0.794	0.756	0.135
I17	0.750	0.687	0.768	0.634	0.651	0.732	0.494	0.515	0.588	0.552	0.563	0.630	0.091
I18	0.465	0.534	0.628	1.000	0.839	0.602	0.514	0.517	0.669	0.479	0.477	0.611	0.162
I19	0.825	0.685	1.000	0.456	0.562	0.332	0.354	0.262	0.299	0.241	0.223	0.476	0.249

续表

行业	2006年	2007年	2008年	2009年	2010年	2011年	2012年	2013年	2014年	2015年	2016年	均值	标准差
I20	1.000	0.901	0.867	0.518	0.584	0.548	0.570	0.607	0.792	0.733	0.789	0.719	0.156
I21	0.983	0.899	1.000	0.715	0.742	0.781	0.745	0.742	0.685	0.618	0.591	0.773	0.129
I22	0.778	0.838	0.789	0.661	0.650	0.738	0.944	0.912	0.715	0.781	0.737	0.777	0.089
I23	0.783	0.895	0.963	0.780	0.796	0.857	0.931	1.000	0.842	1.000	0.937	0.889	0.079
I24	1.000	1.000	1.000	1.000	1.000	1.000	1.000	0.983	1.000	1.000	1.000	0.998	0.005
I25	1.000	1.000	1.000	1.000	1.000	1.000	1.000	1.000	1.000	1.000	1.000	1.000	0.000
I26	1.000	1.000	1.000	1.000	1.000	1.000	1.000	1.000	1.000	1.000	1.000	1.000	0.000
I27	0.880	0.868	0.953	0.949	0.926	1.000	1.000	1.000	1.000	1.000	1.000	0.961	0.048
I28	0.432	0.786	0.569	0.614	0.713	0.777	0.341	0.298	0.559	0.792	0.742	0.602	0.172
均值	0.823	0.811	0.858	0.766	0.780	0.779	0.759	0.732	0.792	0.764	0.742	—	—
标准差	0.187	0.175	0.166	0.196	0.186	0.203	0.228	0.229	0.187	0.215	0.218	—	—

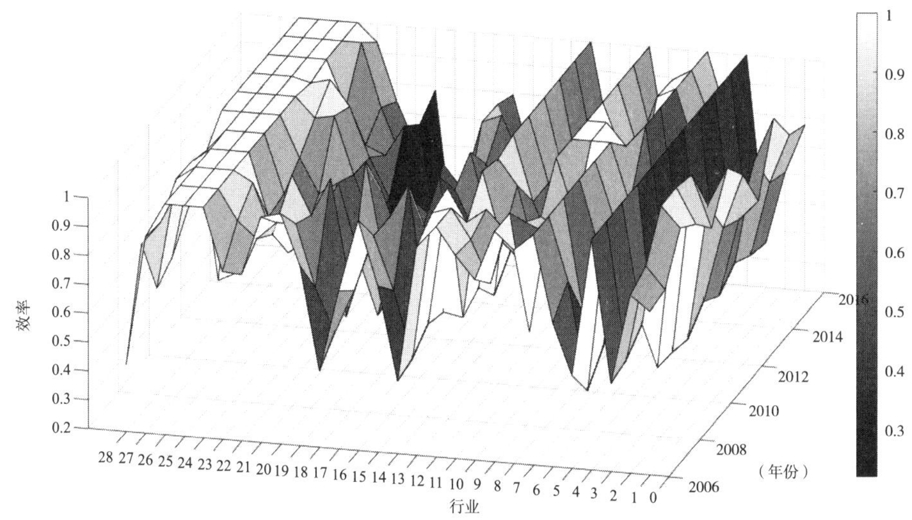

图 5－4 2006～2016 年基于传统 DEA 模型的制造业绿色技术创新效率

型计算的绿色技术创新效率的行业间差距和动态变化情况。

由表 5－9 可知，从行业来看，绿色技术创新效率较高（效率均值大于等于 0.8）的行业共有 12 个，其中，烟草制造业（I4），电气机械和器材制造业（I25），计算机、通信和其他电子设备制造业（I26）的效率均值为 1.000，且标准差均为 0，说明这 3 个行业一直维持在 DEA 有效状态。绿色技术创新效率较低（效率均值小于等于 0.60）的行业共有 3 个。绿色技术创新效率处于中等水平（效率均值介于 0.60～0.80）的行业共有 13 个。

从时间维度来看，2006～2016 年，绿色技术创新效率的平均值整体呈缓慢下降的趋势，从 2006 年的 0.823 下降到 2016 年的 0.742，说明制造业绿色技术创新效率的整体水平虽然较高，但呈下降趋势，这从图 5－5 可以直观地看出来。

此外，如图 5－5 所示，所有年份的高效率行业占比均远高于低效率行业占比。除了 2009 年、2011 年、2013 年、2014 年和 2016 年外，高效率行业占比始终最高，甚至个别年份高于中低效率行业占比之和。这与图 5－3 所示的结果有很大不同。

综合来看，2006～2016 年，大部分行业的绿色技术创新效率比较高，高效率行业的比重高于低效率行业的比重，使制造业整体的效率水平也比较高，但呈下降趋势。

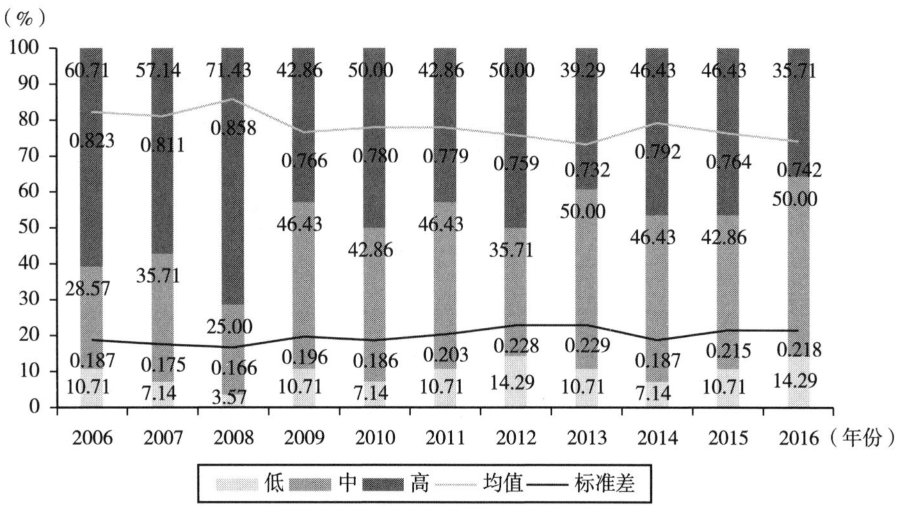

图 5-5　2006~2016 年基于传统 DEA 模型的制造业绿色技术创新效率的结构和趋势分析

(三) 两种模型下绿色技术创新效率的比较分析

由表 5-7 可知，2006~2016 年，通过传统 DEA 模型（即窗宽为 1 的传统 DEA 模型）计算的各年绿色技术创新效率的偏差最大，而通过基于理想窗宽的 DEA 视窗分析模型（理想窗宽为 5）计算的绿色技术创新效率的偏差最小。而且在传统 DEA 模型下，烟草制造业（I4），电气机械和器材制造业（I25）及计算机、通信和其他电子设备制造业（I26）的效率值一直为 1，不太符合实际情况。这些都说明了传统 DEA 模型的不足，建立基于理想窗宽的 DEA 视窗分析模型是非常有必要的，其分析结果更符合实际情况（陈浩，2013）。

为进一步分析基于两个模型计算的绿色技术创新效率的差距，下面采用基于理想窗宽的 DEA 视窗分析模型计算得到的绿色技术创新效率为基准对传统 DEA 模型进行偏差分析，得到的结果如图 5-6 所示。

由图 5-6 可知，基于传统 DEA 模型测算的效率值均高于基于理想窗宽的 DEA 视窗分析模型测算的效率值。黑色金属冶炼和压延加工业（I19）的偏差最大，达到 50.61%，其次为其他制造业（I28）；计算机、通信和其他电子设备制造业（I26），交通运输设备制造业（I24），电气机械和器材制造业（I25）的偏差比较小。28 个行业中，偏差高于 20% 的行业达到 16 个，占比达到 57.14%，说明在效率的测度上，传统 DEA 模型与基于理想窗宽的 DEA 视窗分析模型之间存在很大偏差。

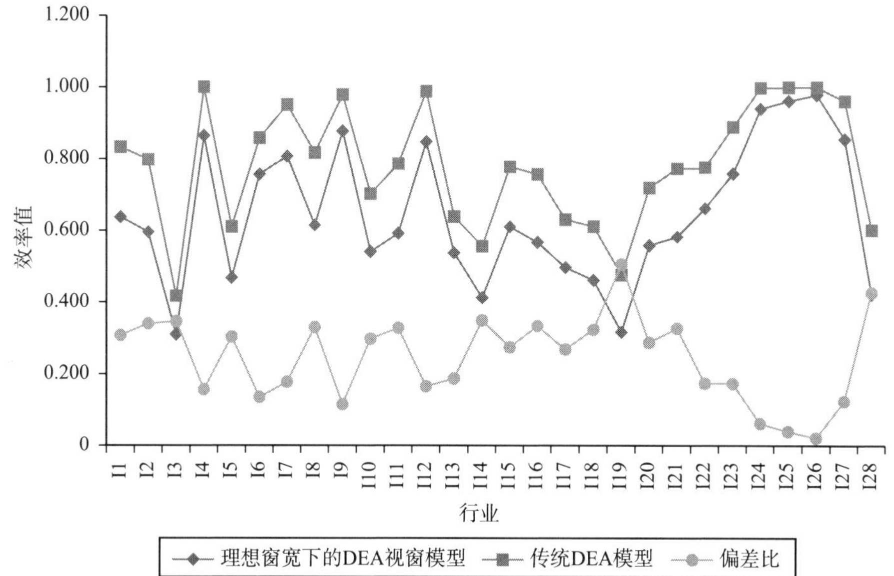

图 5-6　基于传统 DEA 模型与理想窗宽下的 DEA 视窗分析模型的效率偏差比较

结合前面两部分的对比分析可知，与基于理想窗宽的 DEA 视窗分析模型的测算结果相比，基于传统 DEA 模型的测算结果显著不同，主要体现在以下三个方面：一是高效率行业的数量大大增加，而低效率行业的数量大大减少；基于传统 DEA 模型测算的效率值均高于基于理想窗宽的 DEA 视窗分析模型测算的效率值。二是制造业的整体效率水平更高，但呈下降趋势。三是有三个行业的效率水平一直维持在 DEA 有效状态，没有任何变化。

三、绿色创新效率的收敛分析

为了研究行业间效率差距的变化趋势，下面对基于理想窗宽的 DEA 视窗分析模型计算的效率值进行收敛分析。

收敛分析主要分为 α 收敛、β 收敛，其中 β 收敛又分为 β 绝对收敛和 β 条件收敛（Sala－I－Martin，1995）。β 收敛意味着初始效率低的行业比初始效率高的行业有更快的增长速度。本节研究选择 β 绝对收敛进行收敛分析，β 绝对收敛的模型如下：

$$\frac{\ln \dfrac{g_{i,t+T}}{g_{i,t}}}{T} = \alpha + \beta \times \ln(g_{i,t}) + \varepsilon_{i,t} \tag{5.13}$$

其中，$g_{i,t+T}$、$g_{i,t}$分别表示第 i 行业在第 t + T 期和第 t 期的绿色技术创新效率值，α 为常数，ε 为随机误差项，β 为收敛参数。若 β <0，则表明制造业行业的绿色技术创新效率是收敛的，即初始绿色技术创新效率低的行业比初始绿色技术创新效率高的行业增长要快，而且最终会追赶上效率高的行业。

为了更加精确地探讨各个行业在不同时期的绿色技术创新效率变化及其绿色技术创新效率差异的动态变化趋势，本节研究参考杨正林、方齐云（2008），张子龙等（2015）和王常凯（2015）的做法，将 T 设为 1。进行 F 统计量检验和 Hausman 检验，发现选择固定效应模型更为合理。根据模型估计得到如表 5－10 所示的结果。由表 5－10 可知，系数 β 小于 0，且在 1% 的显著性水平上显著，说明 2006～2016 年制造业行业的绿色技术创新效率是收敛的，初始效率低的行业将追赶上初始效率高的行业，即存在追赶效应。

表 5－10　　　　绝对 β 收敛检验结果

参数	估计值	标准误	t 检验值	P 值
α	－0.275	0.027	－10.06	0.0000
β	－0.508	0.050	－10.12	0.0000
R^2	0.290			
F 统计量	102.33			

我国制造业绿色转型作用机理的理论研究

第一节　制造业绿色转型作用机理的理论分析

随着资源环境问题的日益严重，制造业作为污染产生的主要来源之一，引起了学者们的关注。李平等（2010）从技术、结构等角度构建指标体系对我国制造业可持续发展进行评价；岳意定、谢伟峰（2014）从工业发展、技术创新、产业结构、对外开放等方面构建指标对湖南省 6 个市区的工业转型升级水平进行测度；仇方道等（2015）从技术创新、区域政策等方面研究江苏省工业转型时空分异的作用机理；王玉燕等（2016）从技术创新、结构优化、绿色驱动等方面对我国工业转型升级效果进行评价。另外还有研究从环境规制、技术创新、产业结构、对外贸易、FDI 等方面研究制造业转型升级或者产业绿色转型（Porter，1991；陆菁，2007；张成等，2011；张志元、李兆友，2015b；李传殿，2011；钱方明、陈娟，2009；付保宗，2016；彭星、李斌，2015）。制造业绿色转型是一项复杂的系统工程，影响因素比较多，无法全部涉及。因此，本章研究主要从环境规制、技术创新、产业结构优化和对外开放四个方面研究我国制造业绿色转型的内在作用机理。

一、环境规制是制造业绿色转型的外在推力

由于化石能源等不可再生资源的消耗所产生的污染物，对经济发展、社会进

步以及环境保护均产生了一定的负外部性，因此，政府通过排污许可、行政处罚和收取排污费用等环境规制的方法和形式对企业污染物的排放进行调节，以实现经济、社会与环境的可持续发展。环境规制主要从以下两个途径促进制造业绿色转型。

（一）通过促进技术创新来推动绿色转型

根据波特假说，恰当的环境规制政策能够促进技术创新。赵红（2008），李强、聂锐（2009）等均指出环境规制对技术创新有正向的促进作用。我们认为，政府出于对环境保护的考虑，会出台更多的环境保护政策，限制生产企业污染物的排放，改变生产企业的成本结构。由于环境规制的要求，增加了生产企业的生产成本，恶化了它们的利润。而生产企业迫于成本的考虑开始逐渐引进绿色生产技术。随着绿色生产技术需求的扩大，会进一步刺激从事技术创新活动的机构或者人员进行技术创新活动。另外，随着绿色生产技术的日益成熟，其使用成本不断降低，这将使更多的生产企业能够以及愿意去运用绿色技术进行生产活动，进而促进制造业绿色转型。

（二）通过推动产业结构优化来促进绿色转型

随着经济社会的快速发展，环境污染问题日益凸显，严重影响人民的日常生活，甚至威胁着人民的生命安全。根据马斯洛需求层次理论，随着物质生活水平的改善，消费者的需求会从生理需求逐渐上升。消费者出于对自身情况的考虑会逐渐提升对环境的要求，开始摒弃消费对环境产生污染破坏的产品或者服务，进而转向消费对环境友好的绿色产品或者服务。随着消费结构的变化，生产企业会为了适应这种变化，逐渐开发环保新产品、提升绿色生产技术水平、调整绿色生产规模，进而促进制造业绿色转型。而在环境规制的限制下，一些污染性行业的生产成本将会上涨，这些行业里的一部分生产企业迫于生产成本上涨和利润缩水的压力，会逐渐退出这些行业，转向一些污染性低或者环境规制要求低的行业，从而产业结构发生了调整。由于竞争对手的减少，原来仍然留在这些污染性行业的生产企业的利润可能会变好，而这将使得这些企业有能力进行绿色技术的改造与革新，减少污染物排放，进而促进本行业的绿色转型。

二、技术创新是制造业绿色转型的核心动力

创新一直被视为工业可持续发展的重要引擎。洛斯和维斯帕根（2000）、科

恩和列文塔尔（2002）以及沃尔夫冈（2004）分别研究了美国、日本、德国等国制造业的合作研发溢出、专利和创新绩效，指出创新在制造业发展中起着重要作用；基斯等（2011）认为创新可能带来的产业革命会帮助发达国家把经济发展重点放在实体经济方面，运用技术创新促进制造业升级；马珩、李东（2012）认为创新能力是影响制造业结构的关键因素；孙泗泉、叶琪（2015）指出创新会从动力维、要素维、竞争维三个维度为制造业转型注入强劲动力。因此，创新是制造业转型升级的重要驱动因素。而我们认为技术创新尤其是绿色技术创新是制造业绿色转型的核心动力。技术创新主要通过提高生产技术水平、影响需求结构和改善生产要素供给等途径来驱动制造业绿色转型。

（一）技术创新提高生产技术水平

在传统生产技术的条件下，生产企业生产产品的同时也产生了大量的污染。而在环境规制的作用下，生产企业又不得不对污染物的排放做出限制，以减少污染物的排放。在这种情况下，生产企业的生产效率必然会下降。由于技术创新尤其是绿色技术创新会在小部分生产企业内部优先得到运用，这些生产企业不仅提高了生产效率也降低了生产成本、降低了对环境的影响，进而使其生产的产品更具市场竞争力。市场上的生产要素会逐渐流向生产效率高的企业，这使得其他生产效率低下的生产企业迫于压力也开始逐步采用先进技术，以获得市场竞争力，逐渐促使整个行业的生产技术水平得到提高。

（二）技术创新影响需求结构

我国经济高速增长了40年，物质财富迅速积累，但同时也给环境造成了极大的污染和破坏，各种由于污染物引起的疾病层出不穷，对人们健康造成了极大影响。此外，由于物质生活水平的不断提高，人们对生活环境的要求也越来越高。因此，当能够生产环境友好型产品的技术创新出现时，由于消费者对环境友好型产品的隐性需求，激发了上游生产企业进行技术创新。而为了适应上游生产企业，下游生产企业也会作出相应的反应，最终生产出的产品在经过市场检验后，及时反馈产品中的一些未满足消费者要求的地方，然后再由下游生产企业逐级反映到上游生产企业，并对该产品的生产作出调整，最后将产品推向市场。随着新技术的成熟与广泛应用，企业生产环境友好型产品的成本和行业的准入标准会不断下降，使得更多的生产企业能够进入这个市场，从而扩大了产品的市场供给。因此，从某种程度上说，技术创新使环境友好型产品的生产成为可能，而消费者对生活环境的高标准和高要求激发了市场对环境友好型产品的需求，消费者的需求结构方式改变，进而促进整个行业的绿色转型。

（三）技术创新改善生产要素的配置

由于企业生产的产品是生产要素的另一种形式的表现，而因地方和时间的不同，生产要素又可分为稀缺的生产要素和丰富的生产要素。技术创新能够改善原有的生产技术，进而改变生产要素的投入比例或者改用其他生产要素，用相对丰富的生产要素来替代相对匮乏的生产要素，实现资源的优化配置，进一步推动生产效率的提高和产品供给的增加。例如，用风能、太阳能、潮汐能等清洁能源来替代原来的化石能源，一方面可以提高能源利用效率，另一方面还可以减少环境污染。此外，由于新技术的运用，劳动者原来所掌握的生产技能已经不能再适应生产的需要。因此，劳动者需要重新学习新技术所要求的生产技能来适应生产需要，推动劳动者素质的提高，进而提高劳动生产率，在生产等量产品的同时，减少污染物的排放，促进制造业绿色转型。

三、产业结构优化是制造业绿色转型的内部引力

产业结构优化是指通过制造业各行业的结构优化和整个产业的结构升级来推动制造业绿色转型，而制造业各行业的结构优化和整个产业的结构升级又主要是通过技术提升和价值链提升来实现的。因此，产业结构优化主要从以下两个途径促进制造业绿色转型。

（一）技术提升推动产业升级

当前，我国主要是将生产技术含量较低的劳动密集型产品出口国外，而这些产品在国际市场上虽然以低成本优势获得了一定的竞争力，但由于其利润较低，使得生产企业缺乏扩大再生产的动力。而那些生产技术含量相对较高的产品的企业能够在国际市场上赚取大量利润，在利润的驱使下，少数有能力的企业会开始涉足高端技术产品。当这些企业通过一定方式获取了相应的先进技术和设备，并在国际和国内市场上赚得大量利润时，会进一步刺激国内同行企业。这些同行企业会进行学习和模仿，随着技术的扩散和溢出效应，整个行业的平均技术水平会不断提高。而其下游企业为了适应上游企业的技术升级，也会不断提升技术水平，进而促进该行业的整体提升，这样层层递进，最终使得原来的低端技术产业逐渐向中端技术产业转变，而原来的中端技术产业逐渐向高端技术产业转变，进而推动我国制造业整体的优化提升。技术创新和技术提升对产业结构优化的影响

作用也在许多研究中得到了验证，如丁一兵等（2014）、龚铁等（2015）、易信和刘凤良（2015）、陶长琪和周璇（2016）。

（二）价值链提升推动产业升级

我国制造业企业大量从事价值链末端产品的生产，而这类产品由于其技术含量较低、附加值低，因此利润也比较低。由于我国劳动力成本和原材料价格的不断上涨，进一步缩减了这些企业的利润。在此背景下，这些企业不得不转变思路，逐渐向价值链高端迈进，生产技术含量更高、附加值更高的产品，进而推动整个行业向价值链高端迈进。而那些相对处于价值链更低端的行业也会有进一步提升价值链地位的需求和动力，层层递进，最终推动制造业整体不断从价值链低端向价值链高端转变。

四、对外开放是制造业绿色转型的外部拉力

在开放经济背景下，对外开放与产业结构之间存在相辅相成、相互促进的密切关系。对外开放有助于实现比较优势的转换、要素禀赋结构的优化和产业转型升级（Blomstrom and Persson，1983；Markusen and Venables，1999；Hunya，2002；Vu and Noy，2009；曹均伟，2002；姜茜、李荣林，2002）。尤其对发展中国家而言，对外开放是发展中国家产业转型升级的重要渠道，是一个产业和企业实现跨越式发展、转型升级的重要手段（苏艳，2010）。其中，对外贸易和外资的流入有助于完善市场竞争机制，创造公平竞争的环境，鼓励“干中学”，提高资源配置效率，提高产品出口竞争力，也有利于制造业内部结构的升级和出口结构的改变，对制造业结构的升级具有重要的推动作用（Elhiraika，2008；殷醒民，1999）。因此，我们认为对外开放会促进制造业绿色转型，是制造业绿色转型的外部拉力，它主要从技术、资本和贸易三个方面推动制造业绿色转型。

（一）技术方面

有学者认为以国际贸易和国际投资为表征的对外开放是发展中国家获取先进技术的重要渠道，有助于促进技术的积累和进步。通常，对外开放可以在一定程度上吸引国外先进企业进入国内市场，而国内制造业企业由于在技术上与国外先进企业之间存在较大差距，这就使得国外先进企业在生产产品上相比于国内企业更具有成本优势，国内企业往往会与国外先进企业进行技术合作，或者引进其先进技术，这有助于促进制造业的绿色转型。与此同时，由于国外先进企业进入中

国市场，不了解中国的国情，鉴于成本的考虑，必须引进中国的本土人才来解决其在中国发展中遇到的各种问题，并对这些人才进行培训，提升他们的技术水平、劳动素质和职业技能，而这些人才又会由于各种原因进入我国企业，形成技术的外溢效应，促进了我国企业和行业技术的发展。另外，国外企业运用新技术生产产品，会促进国内企业学习和模仿，进而促进整个行业和产业的绿色转型。但也有许多学者提出了相反的观点，认为对外开放并不必然能引起技术水平的提高和促进技术创新，因此对外开放与技术创新之间的关系还存在较大争议（赖明勇等，2005；何兴强等，2014；李晓钟，2014）。

（二）资本方面

由于中国处于社会主义初级阶段，发展水平还不够高，资金和技术相对来说还比较缺乏，因此，我国很难对所有产业进行大量资本投入，只能将有限的资金投入到那些生产效率高的或者战略性的产业，一些急需提升生产效率的产业可能很难获得足够的资金支持而得不到充分的发展。对外开放则可以吸引大量外国资本，弥补资金短缺的问题，给那些原本需要资金但又无法满足资金需求、急需提升生产效率的产业带来了发展机会。与此同时，这些产业的发展会增加对相关人才的需求，外资也会逐渐参与相关人才的培养，进而培养出更多优秀的相关产业人才，促进整个产业的发展和绿色转型。

（三）贸易方面

国际贸易是影响经济部门构成的第三个渠道（Swiecki，2017）。作为中国经济发展“三驾马车”之一的出口贸易，在促进中国经济腾飞的过程中发挥了巨大作用。由于高端技术的缺乏，长期以来我国出口的制造业产品普遍技术含量不高，生产过程中对资源消耗大、对环境污染比较严重。在资源环境的约束下，以及消费者环保意识的不断提升，国际市场对产品的环保要求越来越高，使得我国制造业企业不得不进行相关技术的升级与改造，生产出技术含量高、更加绿色环保的产品，以适应国际市场的需求，这必将倒逼我国制造业的绿色转型升级。

另外，环境规制、技术创新、产业结构优化和对外开放之间的作用关系主要表现在：

第一，环境规制对技术创新和产业结构优化将产生重要的影响（赵红，2008；李强、聂锐，2009；李斌等，2011；江珂、卢现祥，2011；王文普、陈斌，2013；蒋伏心等，2013；景维民、张璐，2014），具体表现为：首先，严格的环境规制将使制造业企业的生产成本上升，企业基于生产成本的考虑不得不通过技术创新来降低成本获取利润。随着技术的扩散作用和溢出效应，将带动整个行业、产业和区域的技术创新能力的提升。其次，严格的环境规制会对那些在生产过程中产生污染的制造业企业造成巨大冲击，这些企业迫于压力会逐渐向其他污染排放较少的行业转移，或者通过提升技术水平来改变其产业链地位，进而推动产业结构的优化。

第二，技术创新将对产业结构优化产生影响（丁一兵等，2014；龚轶等，2015；易信、刘凤良，2015；陶长琪、周璇，2016），主要表现在：技术创新开始发生在少数企业，但随着技术创新成果的成功运用和扩散，会吸引其他企业进行技术模仿和创新，以提升其市场竞争力，并赚取更大的利润。随着资金实力的增强，这些企业会逐渐向高端技术产业转变，从而摒弃原有利润较低的产业，而技术含量更低且利润更低的企业会承接这部分产业，层层递进，进而推动产业结构的优化。

第三，对外开放将对技术创新和产业结构优化产生重要的影响（宣烨、李光泗，2008；肖文、杨娟，2009；李斌等，2011；景维民、张璐，2014；杨灵、薛凤，2017），主要表现在：首先，对外开放会通过境外企业的投资，更好地引进国外的先进技术、设备和优秀人才。由于技术的溢出效应，引进的先进技术和优秀人才中有部分会被我国企业所吸收，推进我国企业技术水平的提高，并逐渐扩散至整个行业或地区，进而提升整个行业或者地区的技术创新能力。随着整个行业技术水平的提升，该行业相对落后的技术会逐渐被淘汰给其他行业，由此层层递进，实现了产业结构的优化。其次，在资源环境的约束下，以及消费者环保意识的不断提升，我国出口产品的国际竞争力会下降，逐渐被拥有更低的劳动力成本和更强原材料价格优势的其他发展中国家（如越南）所取代，而我国制造业企业不得不进行相关技术的升级与改造，生产出技术含量高、更加绿色环保的产品，以适应国际市场的需求，倒逼我国产业结构的优化升级。但学者们对对外开放对东道国产业结构的影响也存在不完全一致的观点。卡夫（Caves，1974）、布罗斯多姆和佩尔林（Blomström and Persson，1983）、马库森和维纳伯尔斯（Markusen and Venables，1999）、伊瓦尔松和阿尔瓦斯塔姆（Ivarsson and Alvstam，2009）等认为，FDI 和跨国公司等会推动东道国的产业结构升级。杨俊龙和张媛媛（2004）、周燕和王传雨（2008）、张琴（2012）等也认为 FDI 在产业结构调整升级中发挥了催化剂的作用，有利于推动产业结构的改善和优化。但库科（Kokko，1994）、宏亚（Hunya，2002）、李文臣和刘超阳（2010）、唐艳（2011）等则提出相反的观点。

第二节　制造业绿色转型作用机理的理论模型构建

一、PLS－SEM 模型简介

（一）结构方程模型（SEM）简介

结构方程模型（Structural Equation Modeling，SEM）是应用线性方程反映观察变量（也叫显变量）与潜在变量（也叫潜变量）之间以及潜在变量之间关系的一种统计方法（张军，2007）。它的特点是将传统解决多变量之间关系的“因素分析法”和“回归分析法”结合起来，基于统计数据来验证根据理论构建起来的变量之间的直接和间接关系（李怀祖，2008）。它综合考虑了变量之间的交互性、非线性关系、自变量间的相关性、变量的非观测性以及观测误差和相关误差等方面的问题，具备可以同时考虑并处理多个因变量、可同时估计因子结构和因子关系，以及对整个模型的拟合程度进行估计的优点，是各学科尤其是社会学科领域多元分析的重要工具（倪鹏飞等，2011）。它能够有效弥补传统回归分析方法存在的缺点。一般来说，传统的回归分析方法存在着以下四个缺点：

（1）一些因素的反映可能需要好几个指标来共同反映，而传统回归分析方法一般只选用一个指标来进行反映，这样可能导致参数估计结果出现错误，以及统计检验结果的无效；

（2）某些因素之间会存在着相互影响，而传统回归分析方法不擅长对相互影响的分析；

（3）选取的观察变量可能不能够完全替代不可观测变量，由此可能会造成很大的误差；

（4）可能会出现不可观测变量和因变量不相关，但两者的测量误差之间相关的情况。而结构方程模型能够比较好地弥补这些缺点，它能够用多个观察变量来间接反映潜在变量，能够较好地解决单个或少数几个观察变量不能完全替代潜在变量的问题。

结构方程模型包含以下几个基本要素：观察变量、潜在变量、外生变量、内生变量和残差项。其中，观察变量是指在构建潜在变量关系之前所搜集到的指标变量，又可分为反映性指标和形成性指标，反映性指标是指反映潜在变量的观察指标，形成性指标是指形成潜在变量的观察指标；潜在变量是指难以用一个确定的指标来表示的变量，结构方程模型中主要是研究这些潜在变量之间的关系；外生变量是指在所构建的模型当中不受任何其他变量影响的变量；内生变量是指在所构建的模型当中会受到其他变量影响的变量；残差项是指反映内生潜在变量和反映性观察变量所不能解释的影响因素。

结构方程模型由测量模型和结构模型共同组成，其中，测量模型描述潜在变量与观察变量之间的关系，而结构模型描述各个潜在变量之间的关系。测量模型的基本框架如图 6－1 所示。

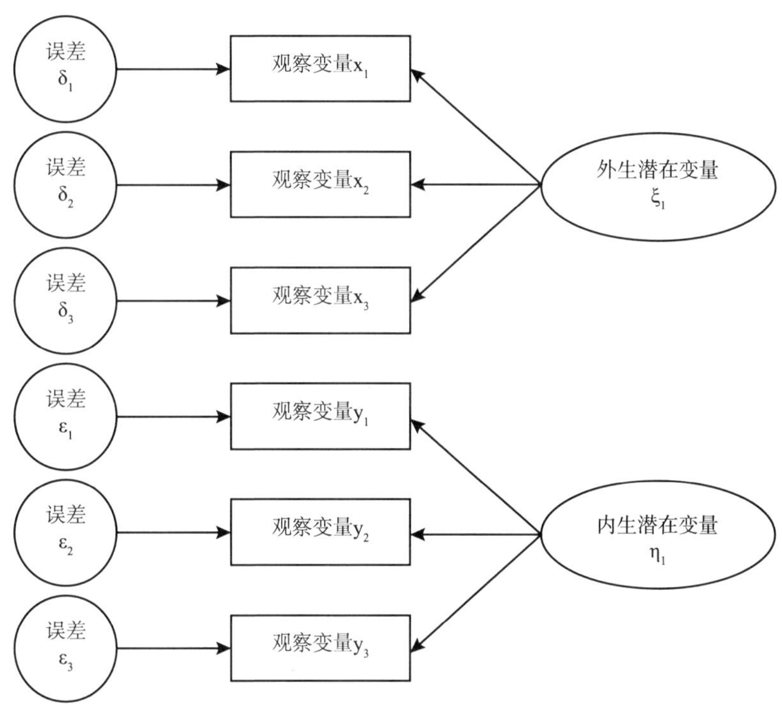

图 6－1　测量模型

与测量模型相应的测量方程如下：

$$x_1 = \lambda_{x1}\xi_1 + \varepsilon_{x1},\quad y_1 = \lambda_{y1}\eta_1 + \varepsilon_{y1}$$

$$x_2 = \lambda_{x2}\xi_1 + \varepsilon_{x2},\quad y_2 = \lambda_{y2}\eta_1 + \varepsilon_{y2}$$

$$x_3 = \lambda_{x3}\xi_1 + \varepsilon_{x3},\quad y_3 = \lambda_{y3}\eta_1 + \varepsilon_{y3}$$

用矩阵方程式表达为：$x = \Lambda_x\xi + \varepsilon_x,\quad y = \Lambda_y\eta + \varepsilon_y$　　(6.1)

其中，x 为外生观察变量；y 为内生观察变量；ξ 为外生潜在变量；η 为内生潜在变量；Λ_x 为外生观察变量与外生潜在变量之间的关系，是外生观察变量在外生潜在变量上的因子负荷矩阵；Λ_y 为内生观察变量与内生潜在变量之间的关系，是内生观察变量在内生潜在变量上的因子负荷矩阵；ε_x 与 ε_y 分别为外生观察变量 x 与内生观察变量 y 的误差项；ε_x 与 ε_y 分别与 ξ 和 η 不相关，也就是说测量误差和潜在变量之间没有因果关系。测量模型在结构方程模型中就是验证性因素分析，用以分析和验证实证数据是否和所假设的观察变量与潜在变量之间的关系一致。

结构模型反映的是潜在变量之间的因果关系，和传统分析中的路径分析相似（路径分析反映的是观察变量之间的因果关系）。结构模型的基本框架如图 6 – 2 所示。

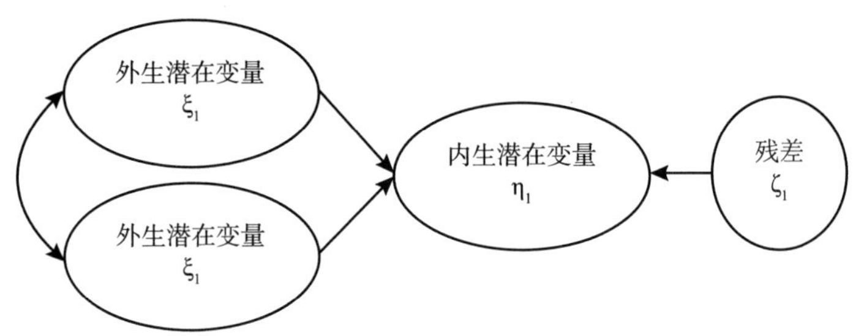

图 6 – 2　结构模型

用矩阵方程式表达为：
$$\eta_1 = \gamma_{11}\xi_1 + \gamma_{12}\xi_2 + \zeta_1 \tag{6.2}$$

其中，η 为内生潜在变量，ξ 为外生潜在变量，γ 为外生潜在变量对内生潜在变量的影响关系，ζ 为结构模型的残差项，用来解释结构模型中内生潜在变量 η 无法通过模型自身解释的部分。

图 6 – 2 中，结构模型中外生潜在变量之间的双箭头表示为相关关系，并不是因果关系，外生潜在变量与内生潜在变量之间为单箭头，即表示为因果关系。

（二）偏最小二乘法结构方程模型（PLS – SEM）简介

结构方程模型有两大主流技术，分别为线性结构关系（LISREL）和偏最小二乘（PLS）路径建模（Tenenhaus et al.，2005；Henseler et al.，2009）。LISREL 方法主要是通过使用极大似然估计（MLE）等方法，建立模型来估计协方差与样本协方差的拟合函数，并进一步通过迭代得到使拟合函数值最优的参数估计；而 PLS 路径建模则是一种因果关系建模的方法，通过将主成分分析和多元回归相结合的迭代估计，一般被称为偏最小二乘法结构方程模型（PLS - SEM模型）。

这两种方法分别适用于不同的样本限定条件和研究需要，因此两种方法之间存在差别，主要表现为以下七点。

（1）原理不同。LISREL 算法是通过寻找理论模型与样本之间协方差差异最小的原理，而 PLS 算法则是通过多次迭代使得所有参数估计的残差达到最小。

（2）目的不同。LISREL 算法是注重参数的估计，PLS 算法则是根据内外部关系进行预测。

（3）对数据要求不同。LISREL 算法是要求观察数据服从正态分布，而且各个观察变量之间要保持相互独立，而 PLS 算法则对观察数据没有严格的分布要求（Henseler and Sarstedt，2013）。

（4）潜在变量取值不同。LISREL 算法不能够明确估计出潜在变量的具体数值，而 PLS 算法则可以通过潜在变量与观察变量之间的因果关系估计出潜在变量的具体数值。

（5）测量模型的形态不同。LISREL 算法只能采用反映型模型，而 PLS 算法既可以采用反映型模型，也可以采用形成型模型。这两种模型的主要差别是：①对潜在变量和观察变量之间因果关系的假定不同。反映型模型中，观察变量是反映潜在变量的某个方面，是潜在变量的直观表现形式，潜在变量直接影响着观察变量；而形成型模型中，观察变量是潜在变量形成的原因，观察变量直接影响并生成潜在变量。②对潜在变量所对应的观察变量之间的相关关系假设不同。反映型模型假设潜在变量与对应的观察变量之间存在内在的相关关系，而形成型模型假设潜在变量与对应的观察变量之间不存在必然的相关关系。③测量模型对观察变量之间相关性的要求不同。反映型模型对观察变量之间的相关性没有要求，而形成型模型对观察变量之间的相关性有一定的要求。

（6）模型识别不同。LISREL 算法为了保证构建的理论模型被识别，就必须要对模型的参数施加约束条件，而 PLS 算法则没有理论模型识别的问题。

（7）样本容量要求不同。LISERL 算法要在大样本容量下方可得到最佳结果，格芬等（Gefen et al.，2000）认为这种方法所需的样本数要在 100 ~ 150 以上；而 PLS 算法则不一定需要大样本，较少的样本容量也可以得到很好的结果，真和杰森（Chin and Newsted，1999）认为 PLS 算法所需样本数在 30 ~ 100 即可。

通过对 LISREL 算法和 PLS 算法之间区别的分析，PLS 算法相比于 LISREL 算法有如下五个优点：①PLS 算法对假设前提的要求没有 LISERL 算法严格；②PLS 算法允许同时有反映型模型和形成型模型的出现；③PLS 算法能够得到明确的潜在变量的具体数值；④PLS 算法对样本容量的要求没有 LISREL 算法的要求高，只需要较少的样本就可以进行估计；⑤PLS 算法主要是对内外部关系的预测，而不像 LISREL 算法注重参数的估计。正是由于上述特点，学者们认为 PLS 算法比 LISREL 算法更受欢迎（Hair，2017），尤其适合对于小样本的研究（彭鹏、张文德，2014）。此外，当各观察变量相关性较高时，PLS 算法得到的结果更加可靠和有效（孙立成等，2012）。对于本章研究来说，我们的样本数量有限，达不到 LISREL 算法的样本数量要求，而且经济数据往往也不是正态分布的，因此选择 LISREL 算法不太合适。此外，当前研究缺乏对制造业绿色转型作用机理的模型设计，本章研究构建的制造业绿色转型作用机理的框架模型还处于理论探讨和摸索阶段，而 LISREL 算法要求要有比较强的理论指导，PLS 算法则不需要。有鉴于此，本章研究选取 PLS 算法来构建和检验制造业绿色转型作用机理的结构方程模型。

基于 PLS 算法的结构方程模型的基本要素有：潜在变量、观察变量、外生变量、内生变量和残差项，以及也分为测量模型和结构模型。结构模型的基本形式如式（6.2）所示。测量模型分为两种形式：反映型模型和形成型模型。反映型模型如公式（6.1）所示，而形成型模型如公式（6.3）所示。

$$\eta = \pi_{\eta} y + \delta_{\eta}$$
$$\xi = \pi_{\xi} x + \delta_{\xi} \tag{6.3}$$

其中，η、ξ 分别为内生变量和外生变量的潜在变量向量，y、x 分别为内生变量和外生变量的观察变量向量，π_{η}、π_{ξ} 分别为系数矩阵，δ_{η}、δ_{ξ} 分别为残差向量。

形成型模型和反映型模型表现出不一样的路径图。形成型模型所展现的是从观察变量到潜在变量的单箭头连接，被称为内向模型（见图 6－3）；而反映型模型所展现的是从潜在变量到观察变量的单箭头连接，被称为外向模型（见图 6－4）。

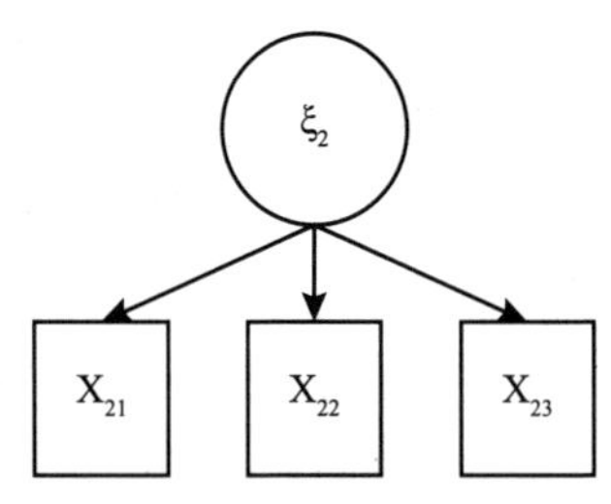

图 6－3　形成型模型图示

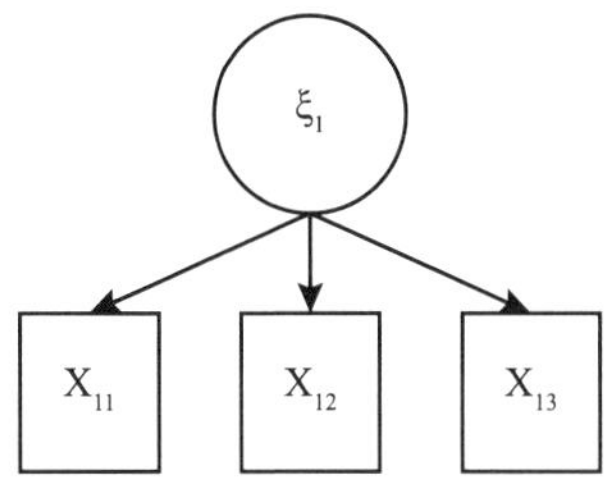

图 6－4 反映型模型图示

PLS 建模的理论基础是“预测条件”，即对 $y=\alpha+Bx+\varepsilon$，有 $\hat{y}\equiv E[y|y]=\hat{\alpha}+\hat{\beta}x$，要求 $E[\varepsilon]=0$，$COV[x,\alpha]=0$。

PLS 估计是将主成分分析和多元回归相结合的迭代估计。在参数估计的过程中，是将模型中的参数分为若干分支，假定其他分支的参数值是给定的，对某一个分支的参数运用多元线性回归进行估计。参数估计的目标是使得残差的方差最小化，整个参数估计的迭代算法有如下七个步骤。

（1）观察变量中心化。

每一个观察变量 x_{ij}、y_{ij} 都对应 n 个观测值，即

$$x_{ij}=(x_{ij},\ x_{ij2},\ x_{ij3},\ \cdots,\ x_{ijn})$$
$$y_{ij}=(y_{ij},\ y_{ij2},y_{ij3},\ \cdots,\ y_{ijn}) \tag{6.4}$$

首先，使得 $E(x_{ij})=E(y_{ij})=0$，其中，$i=1,2,\cdots,k_1$；$j=1,2\cdots,k_2$ 分别表示外生潜在变量和内生潜在变量中观察变量的个数。

（2）外部近似：生成潜在变量的外在估计值。

$$X_i^{t+1}=f_i^{t+1}\sum_{j=1}^{k_1}(\omega_{ij}^{t}\cdot x_{ij})$$
$$Y_i^{t+1}=g_i^{t+1}\sum_{j=1}^{k_2}(\omega_{ij}^{*t}\cdot x_{ij}) \tag{6.5}$$

其中，X_i^{t+1}、Y_i^{t+1} 分别为潜在变量 ξ_i 和 η_i 第 t 次迭代后的外在估计值向量值；ω_{ij}^{t}、ω_{ij}^{*t} 分别为观察变量的权重；f_i^{t+1} 和 g_i^{t+1} 为权重，使 $Var(X_i^{t+1})=Var(Y_i^{t+1})=1$；t 为迭代的标记。

（3）内部近似：生成潜在变量的内在估计值。

在生成潜在变量的内在估计值时需要明确相邻潜在变量的具体概念，相邻潜在变量是指在路径图中和某一个潜在变量有路径关系的潜在变量。我们令 α（下标）代表相邻潜在变量，则潜在变量的内在估计值为：

$$\xi_i^{t+1}=f_i^{*t+1}\sum_{\alpha}(\theta_{i\alpha}^{t+1}\cdot X_{\alpha}^{t+1}+\lambda_{i\alpha}^{t+1}\cdot Y_{\alpha}^{t+1})$$

$$\eta_i^{t+1} = g_i^{*t+1} \sum_{\alpha} (\theta_{i\alpha}^{*t+1} \cdot X_{\alpha}^{t+1} + \lambda_{i\alpha}^{*t+1} \cdot Y_{\alpha}^{t+1}) \tag{6.6}$$

其中，ξ_i^{t+1}、η_i^{t+1} 分别为潜在变量 ξ_i 和 η_i 第 t 次迭代后的内在估计值向量；$\theta_{i\alpha}^{t+1}$、$\theta_{i\alpha}^{*t+1}$、$\lambda_{i\alpha}^{t+1}$和 $\lambda_{i\alpha}^{*t+1}$分别为潜在变量的内部权重；f_i^{*t+1} 和 g_i^{*t+1} 为标量，使 $Var(\xi_i^{t+1}) = Var(\eta_i^{t+1})$；t 为迭代的标记。

（4）权重估计：确定观察变量的权重，这里需要考虑反映型测量模型和形成型测量模型两种类型。

反映型测量模型权重估计：$$x_{2j} = \omega_{2j}^{t+1}\xi_2^{t+1} + \xi_{x,2j}^{t+1}$$
$$y_{ij} = \omega_{ij}^{*t+1}\eta_i^{t+1} + \xi_{y,ij}^{t+1} \tag{6.7}$$

形成型测量模型权重估计：$$\xi_1^{t+1} = \sum_j (\omega_{1j}^{t+1} \cdot x_{1j}) + \delta_{\xi,1}^{t+1}$$

在反映型测量模型中，载荷成为观察变量的权重，而在形成型测量模型中，回归系数成为观察变量的权重，这些权重参与到下一次的迭代中。若 t = 0 时，初始权重可以随意赋值。

（5）迭代结束的判断：当外部近似估计、内部近似估计和权重估计等一轮估计全部结束后，判断迭代是否应该要结束，如果没有达到结束迭代的条件，则要继续将公式（6.7）计算的观察变量权重代入公式（6.5）中，进行下一轮的迭代过程。

结束迭代的条件均可自行设定，不过一般常用的条件有如下：

$$|\omega_{ij}^{t}\omega_{ij}^{t+1}| < 10^{-5} \text{和} |\omega_{ij}^{*t} - \omega_{ij}^{*t+1}| < 10^{-5}$$

或 $$\left|\frac{(\omega_{ij}^{t} - \omega_{ij}^{t+1})}{\omega_{ij}^{t}}\right| < 10^{-5} \text{和} \left|\frac{(\omega_{ij}^{*t} - \omega_{ij}^{*t+1})}{\omega_{ij}^{*t}}\right| < 10^{-5} \tag{6.8}$$

（6）求潜在变量的值：运用根据迭代过程确定的权重，计算出每个潜在变量所对应的向量。

$$\xi_i^{T} = \sum_{j=1}^{k_1} (\omega_{ij}^{T} \cdot x_{ij})$$
$$\eta_i^{T} = \sum_{j=1}^{k_2} (\omega_{ij}^{*T} \cdot y_{ij}) \tag{6.9}$$

其中，上标 T 代表迭代结束后的计算结果。

（7）求载荷和路径系数：根据潜在变量和观察变量的值，分别进行普通最小二乘法回归，计算得出载荷系数和路径系数。

结构方程模型的评价相当复杂，需要对模型中参数、测量方程、结构方程进行检验，而且还需要考虑整个模型的拟合程度。由于现阶段并无比较成熟的检验方法体系，因此采用比较常用的检验方法对结构方程模型进行检验，具体如下：

1. 唯一维度检验

（1）观察变量组的主成分分析。

如果一个潜在变量对应的一组观察变量的相关系数矩阵的第一个特征值大于1，而其余的特征值均小于1，则可以认为这组观察变量是唯一维度的。

（2）Cronbach's α 系数。

要检验 p 个正相关的标准化变量 $x_h(h=1, 2, \cdots, p)$ 是否是唯一维度，目前比较认同的检验唯一维度的指标是 Cronbach's α 系数，该系数是由李·约瑟夫·克朗巴赫（Lee Joseph Cronbach）于1951年提出的，该系数介于0和1之间，一般在科研中均认为该系数要达到0.70则可以接受，而介于0.70~0.98之间均属于高信度，低于0.35就属于低信度，必须予以拒绝（Straub et al.，2004）。Cronbach's α 系数的计算公式为：

$$\alpha \frac{N \times \bar{r}}{1+(N-1)\bar{r}} \tag{6.10}$$

其中，N 为测验题目数，$\bar{r}$ 为测验题目的平均相关系数。

2. 测量模型评价

（1）观察变量信度。

观察变量信度一般选用观察变量的载荷系数来检验每个观察变量能被潜在变量所解释的程度，一般认为观察变量的载荷系数大于0.7，就认为具有良好的信度，最低要求要高于0.6（刘炳胜，2009）。

（2）内部一致性信度。

内部一致性信度一般选用潜在变量的组合信度来检验潜在变量所对应的观察变量组的一致性。当潜在变量的组合信度系数（composite reliability）较高时，反映出潜在变量所对应的观察变量一致性程度高。该系数介于0和1之间，一般认为当潜在变量的组合信度大于0.7时，潜在变量具有良好的内部一致性。

（3）聚合效度。

聚合效度一般选用平均方差提取率（AVE）来衡量由误差造成的潜在变量从观察变量所获得解释的方差，用于评判潜在变量的可靠程度。一般认为，平均方差提取率应该大于0.5，表示有50%或者超过50%的观察变量的方差信息得到了有效利用。平均方差提取率越大，表示更多的观察变量的方差得到了有效利用，效果更好。平均方差提取率的计算公式为：

$$AVE = \frac{\sum \lambda_i^2}{\sum \lambda_i^2 + \sum_i var(\varepsilon_i)} \tag{6.11}$$

其中，λ_i 是观察变量的因子载荷系数，ε_i 是误差。

（4）区别效度。

区别效度一般采用每个潜在变量的平均方差提取率（AVE）的平方根来检验。如果某个潜在变量的平均方差提取率（AVE）的平方根高于该潜在变量与其他潜在变量的相关系数，则认为具有区别效度，反之则没有区别效度。

3. 结构模型评价

结构模型评价主要采用内部模型 R^2 的值来评判结构模型的解释能力。R^2 值的大小没有严格的标准，一般情况下 R^2 的值越大越好，大于 0.67 表示具有强解释能力，0.33 左右表示具有中度解释能力，0.19 左右表示解释能力薄弱。

4. Bootstrap 检验

Bootstrap 检验主要是运用 Bootstrapping 方法对模型中的系数是否显著为 0 进行检验。其具体的方法是先从原始数据中通过重置抽样方法抽取 n 个样本单位，形成新的样本，总共抽取 t 个这样的样本；进而利用每个新样本对 PLS 模型中的每个系数估值，对所有的系数都求出 t 个估计值；最后利用这 t 个估计值构造出该系数的置信区间，进而利用置信区间去评判系数估计的精确度。双尾检验的关键 t 值是 1.65（表示显著性水平为 10%）、1.96（表示显著性水平为 5%）和 2.58（表示显著性水平为 1%）。

二、基于 PLS – SEM 的绿色转型作用机理模型构建

（一）模型选择

制造业绿色转型是一项非常复杂、系统的工程，涉及很多方面。但大多数研究成果主要是从定性角度对制造业绿色转型问题进行讨论，鲜有学者对制造业绿色转型的内在作用机理进行整体的理论和定量研究，对影响制造业绿色转型的各变量间的关系也不够明确，理论知识相对较为缺乏，正处于探索阶段。在此情况下，本章研究主要是基于因果预测的目的来分析各要素对制造业绿色转型的影响作用机理和效应，要求在较为复杂的情况下对模型进行辨识，而不是纯粹为了理论的检验，因此 PLS – SEM 模型更适合于本问题的探索性研究。此外，研究对象只有中国的各个省份或者各个制造业行业，样本数量比较少，如果用基于 LISREL 方法的结构方程模型的话，样本量严重不足，难以得到稳健的结果。同时，由于样本数据都是经济数据，呈偏态分布，也无法满足基于 LISREL 方法的结构方程模型对样本数据正态分布的要求，而 PLS – SEM 模型则可以处理有偏数据。

因此，PLS－SEM 模型比较适合本章研究。

有鉴于此，下文将首先从理论上来阐述各因素对制造业绿色转型的作用过程和机理，然后根据结构方程模型（SEM）的基本原理构建各要素对制造业绿色转型的作用机理模型，接着运用偏最小二乘法（PLS）进行模型拟合与数据检验，实证研究各要素对绿色转型的作用机理、路径和影响效应。进一步地，基于测量方程组对各省份制造业绿色转型成效进行动态评价和比较，探讨区域间的差异特征和变化趋势，为各省份制造业的绿色转型提供理论和实证支撑。

（二）模型假设及模型构建

本章研究是基于 PLS－SEM 模型来研究中国制造业绿色转型，因此首先要从理论上明确中国制造业绿色转型的内在作用机理，才能根据理论分析提出合理的研究假设，从而构建中国制造业绿色转型的作用机理模型。制造业绿色转型是一项复杂的系统工程，影响因素很多，无法在本章研究中全部涉及。因此，根据上节的分析，本章研究主要从环境规制、技术创新、产业结构优化和对外开放四个方面研究我国制造业绿色转型的内在作用机理。

基于本章第一节的分析，环境规制、技术创新、产业结构优化和对外开放是影响我国制造业绿色转型的主要因素，通过直接和间接路径对制造业绿色转型发挥了不同的作用，共同推动制造业绿色转型。因此，这里提出以下 9 个假设，全面阐述各个变量之间的直接和间接关系：

H1：环境规制对我国制造业绿色转型有显著的正向促进作用。

H2：环境规制对技术创新有显著的正向促进作用。

H3：环境规制对产业结构优化有显著的正向促进作用。

H4：技术创新对我国制造业绿色转型有显著的正向促进作用。

H5：产业结构优化对我国制造业绿色转型有显著的正向促进作用。

H6：对外开放对我国制造业绿色转型有显著的正向促进作用。

H7：对外开放对技术创新有显著的正向促进作用。

H8：对外开放对产业结构优化有显著的正向促进作用。

H9：技术创新对产业结构优化有显著的正向促进作用。

根据上述 9 条假设，构建中国制造业绿色转型的作用机理模型，如图 6－5 所示。

本章研究遵循评价指标体系设计的科学性、系统性、客观性、可比性、可操作性等原则，总共用 12 个可供测算的观察变量来测量环境规制、技术创新、产业结构优化和对外开放 4 个要素（即潜在变量），具体如表 6－1 所示。

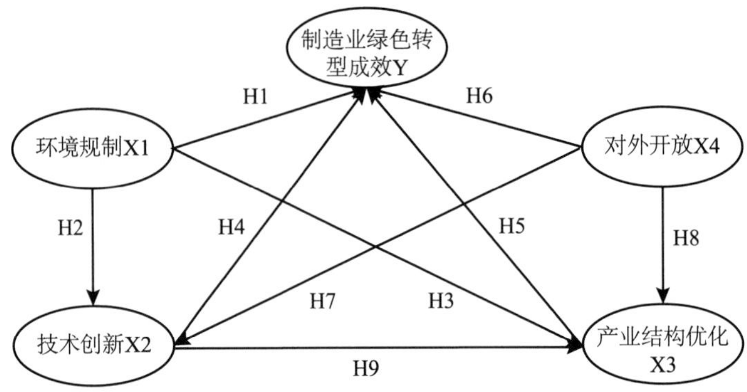

图6-5 中国制造业绿色转型作用机理模型

表6-1 中国制造业绿色转型及其影响因素评价指标体系

潜在变量	观察变量
制造业绿色转型成效 Y	工业化学需氧量排放量与地区能源消耗量的比值（Y_1） 工业二氧化硫排放量与地区能源消耗量的比值（Y_2） 制造业发展效率（Y_3）
环境规制 X1	财政支出与地区生产总值的比值（X_{11}） 治污设施运行费用与地区制造业销售产值的比值（X_{12}） 工业污染治理投资额与地区工业增加值的比值（X_{13}）
技术创新 X2	工业企业发明专利数（X_{21}） 工业企业科技活动经费内部支出（X_{22}） 工业企业研究与试验发展人员折合全时当量（X_{23}）
产业结构优化 X3	高端技术产业的就业人数占整个制造业总就业人数的比例（X_{31}） 高端技术产业销售产值与中端技术产业销售产值的比值（X_{32}） 第三产业增加值与第二产业增加值的比值（X_{33}）
对外开放 X4	港澳台和外资企业固定资产投资额占所有固定资产投资总额的比重（X_{41}） 规模以上港澳台和外资企业的总资产占规模以上企业总资产的比重（X_{42}） 进出口贸易总额与地区生产总值的比值（X_{43}）

此外，要解决的另一个重要问题就是什么是制造业绿色转型？如何评价制造业绿色转型？中国社会科学院工业经济研究所课题组（2011）提出工业绿色转型是工业迈向“能源资源利用集约、污染物排放减少、环境影响降低、劳动生产率提高、可持续发展能力增强”的过程；张翔、赵群（2013）认为制造业绿色转型是在制造业绿色化发展过程中，其产品从设计、制造、包装、运输、使用到报

废处理的整个产品生命周期，对环境的负面影响最小，资源利用率最高，实现了经济效益和社会效益协调优化。本章研究认为制造业绿色转型是指制造业在发展的同时，兼顾资源环境效益，从传统的消耗资源和污染环境的粗放型模式向循环可持续的绿色发展模式转变。这种转变的成效和水平可以从发展效率和发展效益两个方面来测量，这是因为制造业绿色转型的重要体现是既实现了制造业发展效率的提高，也实现了制造业发展效益的提升。因此，本章研究以制造业发展效率、工业化学需氧量排放量与地区能源消耗量的比值、工业二氧化硫排放量与地区能源消耗量的比值 3 个指标来衡量制造业绿色转型成效。其中，制造业发展效率是制造业投入产出的效率，用于全面衡量各地区制造业发展的综合效率，需要通过 DEA 视窗分析模型来进行动态测量，这已经在第四章第一节计算得到。

我国制造业绿色转型作用机理的实证研究

第一节　模型的实证检验

一、数据来源及处理

考虑到数据的可获得性，本章研究的样本为除西藏、青海、新疆、港澳台外的 28 个省份，时间为 2005 ~ 2016 年，所有变量数据源于 2006 ~ 2017 年的《中国统计年鉴》、各省份统计年鉴、《中国工业经济统计年鉴》《中国环境统计年鉴》《新中国 60 年统计资料汇编》《工业企业科技活动统计年鉴》和中国经济网等。对于个别指标在个别年份的数据缺失，首先计算已有数据的年均增长率，再根据前后年份的数据补齐。为了进行结构方程模型分析，对各量化指标的数据进行了标准化处理，以消除单位和数量级不同对模型造成的影响。此外，地区工业企业科技活动经费内部支出和地区技术市场成交额均按各年居民消费价格指数进行平减；地区进出口贸易总额按照各年的人民币对美元的汇率进行折算。

需要说明的是，由于 2012 年我国制造业行业的划分出现变动，导致前后数据不一致。综合考虑 2005 ~ 2016 年制造业行业划分情况，将橡胶制品业和塑料制品业合并为橡胶和塑料制品业，将汽车制造业和铁路、船舶、航空航天和其他运输设备制造业合并为交通运输设备制造业。另外参考李贤珠（2010）和傅元海等（2014）划分制造业的方法，将制造业划分为高端技术产业、中端技术产业和低端技术产业，具体如下：高端技术产业包括通用设备制造业，专用设备制造业，交通运输设备制造业，电气机械和器材制造业，计算机、通信和其他电子设备制造业，仪器仪表制造业，化学原料和化学制品制造业，医药制造业等行业；中端技术产业包括石油加工、炼焦及核燃料加工业，橡胶和塑料制品业，非金属矿物制品业，黑色金属冶炼冶炼和压延加工业，有色金属冶炼冶炼和压延加工业和金属制品业等行业；低端技术产业包括农副食品加工业，食品制造业，酒、饮料和精制茶制造业，烟草制品业，纺织业，纺织服装、服饰业，皮革、毛皮、羽毛及其制品和制鞋业，木材加工和木、竹、藤、棕、草制品业，家具制造业，造纸和纸制品业，印刷和记录媒介复制业，文教、工美、体育和娱乐用品制造业及其他制造业。

二、模型检验

根据上文构建的中国制造业绿色转型作用机理模型以及表 6 - 1 设置的评价指标体系，以潜在变量环境规制（X1）、技术创新（X2）、产业结构优化（X3）、对外开放（X4）为自变量，潜在变量制造业绿色转型成效为因变量。采用不限制样本容量和样本分布的 PLS - SEM 模型对模型进行拟合和检验。根据 PLS - SEM 模型的系列检验标准（Chin，1998），需要对模型进行潜在变量的单一维度检验、信度效度检验、Bootstrap 检验。

首先，运用 SPSS19. 0 分别对每个潜在变量对应的观察变量组进行单一维度检验（马庆国，2002），主成分分析结果如表 7 - 1 所示。由表 7 - 1 可见，各潜在变量对应的观察变量组均只有第一主成分的特征值大于 1，第二主成分的特征值均小于 1，因此通过单一维度检验。

表 7 - 1　　　　潜在变量的单一维度检验结果

潜在变量	第一主成分特征值	第二主成分特征值
制造业绿色转型成效 Y	1. 851	0. 877
环境规制 X1	1. 896	0. 691
技术创新 X2	2. 836	0. 122
产业结构优化 X3	2. 045	0. 713
对外开放 X4	2. 636	0. 265

然后，运用 SmartPLS2.0 软件进行信度效度检验和对重要系数进行 Bootstrap 检验。模型的信度效度检验结果如表 7-2 所示。由表 7-2 可知，模型各潜在变量的 AVE 值均满足大于 0.5 的标准要求（Henseler et al.，2016），组合信度 CR 和 Cronbach's α 的值均大于 0.7，这说明模型达到了较好的信度水平（Straub et al.，2004）。根据福奈尔和拉克尔（Fornell and Larcker，1981）对效度的判别标准，对角线上的数值为各变量 AVE 的平方根，均大于该变量与其他变量间的相关系数，说明具有良好的判别效度。

表 7-2　　　　模型信度效度检验结果

变量	AVE	CR	Cronbach's α	Y	X1	X2	X3	X4
Y	0.594	0.811	0.700	0.7709				
X1	0.626	0.832	0.706	0.438	0.7910			
X2	0.945	0.981	0.971	0.475	0.402	0.9722		
X3	0.681	0.862	0.759	0.428	0.429	0.301	0.8249	
X4	0.878	0.956	0.931	0.437	0.467	0.404	0.540	0.9369

模型的 Bootstrap 检验结果如表 7-3 所示。由表 7-3 可知，模型中测量方程的外部权重系数和结构方程的负载系数在 5% 的显著性水平上均超过了 1.96 的临界值，均通过统计检验，表明模型中这些重要的系数显著不为 0。

表 7-3　　　　模型 Bootstrap 检验结果

潜在变量	观察变量	负载系数 T 值	外部权重 T 值
制造业绿色转型成效 Y	Y_1	14.494	7.925
	Y_2	62.181	23.532
	Y_3	23.944	16.884
环境规制 X1	X_{11}	14.539	8.417
	X_{12}	42.271	25.035
	X_{13}	36.891	15.291
技术创新 X2	X_{21}	136.208	42.038
	X_{22}	168.944	56.274
	X_{23}	333.956	58.890

续表

潜在变量	观察变量	负载系数 T 值	外部权重 T 值
产业结构优化 X3	X_{31}	47.853	17.605
	X_{32}	98.117	19.242
	X_{33}	10.237	9.170
对外开放 X4	X_{41}	159.920	34.572
	X_{42}	82.149	39.970
	X_{43}	98.981	23.179

各潜在变量间的相关系数及模型外部权重及与其潜在变量的相关系数如表 7-2 和表 7-4 显示。由表 7-2 可知，潜在变量制造业绿色转型与环境规制、技术创新、产业结构优化、对外开放四个内生潜在变量均有正向相关关系，相关系数均超过 0.4；四个内生潜在变量之间的相关性也差不多，相关系数在 0.4 左右。总的来说，该模型能较好地描述各变量对制造业绿色转型的影响。

表 7-4　　模型外部权重及与其潜在变量的相关系数

潜在变量	观察变量	外部权重（未归一化）	外部权重（归一化）	相关系数
制造业绿色转型成效 Y	Y_1	0.225	0.179	0.612
	Y_2	0.495	0.394	0.884
	Y_3	0.536	0.427	0.792
环境规制 X1	X_{11}	0.270	0.218	0.679
	X_{12}	0.511	0.413	0.883
	X_{13}	0.458	0.369	0.799
技术创新 X2	X_{21}	0.335	0.326	0.960
	X_{22}	0.361	0.351	0.972
	X_{23}	0.333	0.324	0.984
产业结构优化 X3	X_{31}	0.399	0.337	0.869
	X_{32}	0.504	0.425	0.931
	X_{33}	0.283	0.239	0.648
对外开放 X4	X_{41}	0.309	0.289	0.954
	X_{42}	0.357	0.334	0.936
	X_{43}	0.403	0.377	0.921

由表7-4可知，外部权重均大于0，这与前面的假设相符。绝大部分观察变量与潜在变量的相关系数都超过0.7，表明模型较好地解释了潜在变量与对应观察变量之间的关系。其中，工业二氧化硫排放量与地区能源消耗量的比值（Y_2）与制造业绿色转型（Y）的相关系数达到0.884，说明两者关系密切；治污设施运行费用与地区制造业销售产值的比值（X_{12}）、工业污染治理投资额与地区工业增加值的比值（X_{13}）与环境规制（X1）的相关系数均在0.8左右，表明污染治理投资和费用能够很好地表示环境规制的程度；工业企业发明专利数（X_{21}）、工业企业科技活动经费内部支出（X_{22}）、工业企业研究与试验发展人员折合全时当量（X_{23}）与技术创新（X2）的相关系数均超过0.96，表明它们很好地体现了各地区的技术创新水平；高端技术产业的就业人数占整个制造业总就业人数的比例（X_{31}）、高端技术产业销售产值与中端技术产业销售产值的比值（X_{32}）与产业结构优化（X3）的相关系数均超过0.86，表明高端技术产业在产业结构优化中占有非常重要的地位；港澳台和外资企业固定资产投资额占所有固定资产投资总额的比重（X_{41}）、规模以上港澳台和外资企业的总资产占规模以上企业总资产的比重（X_{42}）、进出口贸易总额与地区生产总值的比值（X_{43}）与对外开放（X4）的相关系数均超过0.92，表明这三个变量很好地体现了各地区的对外开放水平。

三、作用机理分析

运行SmartPLS2.0中的Bootstrapping算法对路径系数进行t值显著性检验，每次抽取350个样本，抽样1000次，得到总体样本数据的因子载荷系数和路径系数直接效应的检验结果，分别如表7-5和表7-6所示，作用路径系数图如图7-1所示，路径系数的综合效应如表7-7所示。

表7-5　　因子载荷系数的检验结果

路径	Original Sample (O)	Sample Mean (M)	Standard Error (STERR)	T Statistics (|O/STERR|)
Y_1 <-- Y	0.612	0.616	0.042	14.494***
Y_2 <-- Y	0.884	0.884	0.014	62.181***
Y_3 <-- Y	0.792	0.789	0.033	23.944***
X_{11} <-- X1	0.679	0.676	0.047	14.539***

续表

路径	Original Sample (O)	Sample Mean (M)	Standard Error (STERR)	T Statistics (｜O/STERR｜)
X_{12} <-- X1	0.883	0.883	0.021	42.271***
X_{13} <-- X1	0.799	0.800	0.022	36.891***
X_{21} <-- X2	0.960	0.960	0.007	136.208***
X_{22} <-- X2	0.972	0.972	0.006	168.944***
X_{23} < - X2	0.984	0.984	0.003	333.956***
X_{31} <-- X3	0.869	0.868	0.018	47.853***
X_{32} <-- X3	0.931	0.931	0.009	98.117***
X_{33} <-- X3	0.648	0.641	0.063	10.237***
X_{41} <-- X4	0.954	0.954	0.006	159.920***
X_{42} <-- X4	0.936	0.935	0.011	82.149***
X_{43} <-- X4	0.921	0.921	0.009	98.981***

注：*** 表示 10% 显著性水平。

表 7-6　　路径系数的检验结果（直接效应）

假设	路径	Original Sample (O)	Sample Mean (M)	Standard Error (STERR)	T Statistics (｜O/STERR｜)
H1	X1 --> Y	0.176	0.180	0.050	3.509***
H2	X1 --> X2	0.273	0.276	0.027	10.144***
H3	X1 --> X3	0.213	0.215	0.036	5.920***
H4	X2 --> Y	0.292	0.291	0.036	8.127***
H5	X3 --> Y	0.194	0.193	0.056	3.436***
H6	X4 --> Y	0.132	0.133	0.053	2.508**
H7	X4 --> X2	0.276	0.277	0.047	5.866***
H8	X4 --> X3	0.422	0.424	0.046	9.144***
H9	X2 --> X3	0.045	0.045	0.038	1.187

注：** 和 *** 分别表示 5% 和 10% 显著性水平。

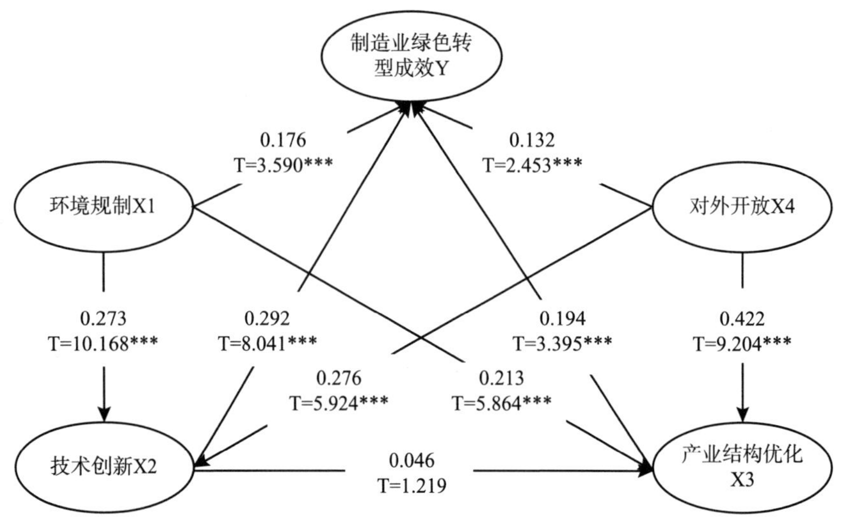

图 7－1　中国制造业绿色转型的作用路径

注：** 和 *** 分别表示 5% 和 10% 显著性水平。

表 7－7　　路径系数的检验结果（综合效应）

路径	Original Sample (O)	Sample Mean (M)	Standard Error (STERR)	T Statistics (|O/STERR|)
X1 --> X2	0.273	0.276	0.027	10.144 ***
X1 --> X3	0.226	0.228	0.035	6.424 ***
X2 --> X3	0.045	0.045	0.038	1.187
X4 --> X3	0.435	0.436	0.044	9.893 ***
X4 --> X2	0.276	0.277	0.047	5.866 ***
X1 --> Y	0.300	0.304	0.050	5.974 ***
X2 --> Y	0.301	0.299	0.036	8.250 ***
X3 --> Y	0.194	0.193	0.056	3.436 ***
X4 --> Y	0.297	0.297	0.045	6.561 ***

注：*** 表示 10% 显著性水平。

由表 7－5 可知，除了个别测量变量以外，大部分的观察变量和潜在变量之间都有很高的相关性，对潜在变量的解释度较高，Original Sample 的值大部分都超过 0.7，很多值在 0.9 以上。同时，标准偏差的值比较小，则 t 值（T Statistics = Original Sample ÷ Standard Error）会比较大，所有的 t 值都在 1% 水平上显著。这说明模型具有良好的内部拟合结构，变量设置科学合理，适合本章研究的理论模型。

模型中所有的内生变量可分为直接效应的变量和间接效应的变量（倪鹏飞等，2011）。由图7-1可以看出各个内生潜在变量对外源变量的作用机制，这种作用机制反映在内生变量对外源变量作用的路径，以及根据各路径系数（见表7-6）计算得到的各内生变量对外源变量的最终影响系数（见表7-7）。

由表7-6可知，9个潜在变量的作用路径中，只有1条路径不显著，即X2 --> X3。由结果可知，技术创新对产业结构优化有正向影响，但是不显著，H9不成立，其余8个假设均成立。究其原因，可能是在中国当前的经济发展过程中，技术创新虽然已经发挥了重要作用，但是仍然还有很大的提升空间，尤其对产业结构优化升级还可以发挥更大的作用，效果还不太显著，这也可以从高技术产业占比过低看出来（2017年，高技术产业利润额占制造业利润总额的比重仅为15.1%；2016年，高技术产业出口交货值占制造业出口交货值的比重为44.5%）。

从直接效应来看，环境规制、技术创新、产业结构优化、对外开放四个内生变量对中国制造业绿色转型都有显著的正向促进作用，其中技术创新的直接作用系数为0.292，是四个内生变量中最大的，而对外开放的直接作用最小，仅为0.132。需要指出的是，表7-6分析的只是各个潜在变量的直接作用，潜在变量之间的综合作用效应还需要看表7-7所示的结果，我们应该用综合作用效应来判断每个要素对制造业绿色转型的总体影响。

由表7-7可知，各个潜在变量之间的作用路径均是显著的，X1、X2、X3、X4对Y均具有显著的正向作用，其中，X2对Y的作用最大，作用系数达到0.301，而X1和X4的作用相对也比较大，作用系数分别为0.300和0.297，而X3的作用是最小的，仅为0.194。与直接效应进行比较可以发现，X4的直接效应是四个内生变量中最小的，但是综合效应很高，说明它对Y的间接效应比较大，超过了直接效应。X1的间接效应也比较大，而X2的间接效应非常小，X3则没有间接效应。

综合来看，在4个内生潜在变量（X1～X4）中，只有产业结构优化（X3）是只有直接效应而没有间接效应的变量，即其对于制造业绿色转型的作用是直接的，其余3个内生潜在变量除了直接作用外还有间接作用。

环境规制（X1）通过4条路径影响制造业绿色转型：

路径1：环境规制→制造业绿色转型成效，其作用系数为0.176；

路径2：环境规制→技术创新→制造业绿色转型成效，其作用系数为：

0.273×0.292=0.080；

路径3：环境规制→技术创新→产业结构优化→制造业绿色转型成效，其作用系数为：0.273×0.046×0.194=0.002；

路径4：环境规制→产业结构优化→制造业绿色转型成效，其作用系数为：0.213×0.194=0.041。

通过上述四条路径，环境规制对制造业绿色转型成效的综合作用系数为0.176+0.080+0.002+0.041=0.299（由于四舍五入的问题，有轻微偏差）。

技术创新（X2）通过2条路径影响制造业绿色转型：

路径1：技术创新→制造业绿色转型成效，其作用系数为0.292；

路径2：技术创新→产业结构优化→制造业绿色转型成效，其作用系数为：0.046×0.194=0.009。

通过上述两条路径，创新投入水平对制造业绿色转型成效的综合作用系数为0.292+0.009=0.301。

对外开放（X4）通过4条路径影响制造业绿色转型：

路径1：对外开放→制造业绿色转型成效，其作用系数为0.132；

路径2：对外开放→技术创新→制造业绿色转型成效，其作用系数为：0.276×0.292=0.081；

路径3：对外开放→技术创新→产业结构优化→制造业绿色转型成效，其作用系数为：0.276×0.046×0.194=0.002；

路径4：对外开放→产业结构优化→制造业绿色转型成效，其作用系数为：0.422×0.194=0.082。

通过上述四条路径，对外开放水平对制造业绿色转型成效的综合作用系数为0.132+0.081+0.002+0.082=0.297。

通过上述计算得到的3个内生变量对制造业绿色转型的综合作用效应与表7-7一致。

综上所述，9个假设中只有1个假设不成立，其余8个假设成立，即技术创新对产业结构优化没有产生显著的直接正向作用。具体来说，各要素对制造业绿色转型的作用机制如下：

环境规制对制造业绿色转型有直接的正向作用，同时它通过技术创新和产业结构优化对制造业绿色转型有间接的正向作用，其综合影响效应为正且比较大；技术创新对制造业绿色转型也有直接的正向作用，虽然它没有通过产业结构优化对制造业绿色转型产生显著的间接正向作用，但并没有影响其综合作用效果，它的综合效应仍然为正且显著，而且是四个内生变量中综合影响作用最大的；产业结构优化对制造业绿色转型只有显著的直接正向作用，其综合影响效应也为正且显著，但影响较小；对外开放对制造业绿色转型有直接的正向作用，虽然它没有通过产业结构优化对制造业绿色转型产生显著的间接正向作用，但并没有影响其综合作用效果，它的综合效应仍然为正且显著。整体来看，环境规制、技术创新、产业结构优化和对外开放四个要素都对制造业绿色转型产生了显著的正向综合作用，其中技术创新的促进作用最大，环境规制和对外开放其次，产业结构优化促进作用最小。未来，我国应该加快这四个方面的发展，尤其要加大对外开放和技术创新力度，进一步强化环境管制，这将加快推进我国制造业的绿色转型。

第二节　制造业绿色转型成效的动态评价

一、测量方程构建

根据以上分析结果，导出各因素对制造业转型升级影响的 PLS－SEM 模型的具体方程组，如式（7.1）～式（7.5）所示。方程（7.5）反映的是 4 个内生潜在变量 X1～X4 对 Y 的作用，表示在现有条件下，环境规制、技术创新、产业结构优化和对外开放推动实现的制造业绿色转型的成效。

$$X1 = 0.218X_{11} + 0.413X_{12} + 0.369X_{13} \tag{7.1}$$

$$X2 = 0.326X_{21} + 0.351X_{22} + 0.324X_{23} \tag{7.2}$$

$$X3 = 0.337X_{31} + 0.425X_{32} + 0.239X_{33} \tag{7.3}$$

$$X4 = 0.2879X_{41} + 0.334X_{42} + 0.377X_{43} \tag{7.4}$$

$$Y = 0.275X1 + 0.276X2 + 0.178X3 + 0.272X4 \tag{7.5}$$

二、成效评价分析

根据上述方法，将已归一化的相关数据代入式（7.1）～式（7.5），计算出 2005～2016 年中国 28 个省份制造业绿色转型的成效值及其年均增长率，如表 7－8 所示。

表 7－8　2005～2016 年中国制造业绿色转型成效

省份	2005 年	2006 年	2007 年	2008 年	2009 年	2010 年	2011 年	2012 年	2013 年	2014 年	2015 年	2016 年	均值	标准差	年均增长率（%）
北京	0.503	0.523	0.530	0.535	0.512	0.530	0.565	0.553	0.575	0.566	0.552	0.540	0.540	0.022	0.649
天津	0.472	0.501	0.487	0.462	0.424	0.442	0.443	0.452	0.451	0.449	0.440	0.439	0.455	0.021	-0.654
河北	0.329	0.328	0.332	0.340	0.330	0.335	0.333	0.333	0.331	0.319	0.322	0.338	0.331	0.006	0.244
山西	0.236	0.201	0.236	0.240	0.227	0.253	0.238	0.252	0.230	0.236	0.228	0.227	0.234	0.013	-0.325
内蒙古	0.312	0.275	0.288	0.275	0.279	0.281	0.268	0.270	0.253	0.243	0.251	0.255	0.271	0.018	-1.824
辽宁	0.362	0.351	0.393	0.405	0.395	0.406	0.407	0.404	0.403	0.394	0.389	0.392	0.392	0.017	0.744
吉林	0.406	0.403	0.400	0.382	0.380	0.388	0.388	0.379	0.373	0.369	0.364	0.349	0.382	0.016	-1.353
黑龙江	0.318	0.315	0.300	0.313	0.313	0.311	0.220	0.318	0.302	0.310	0.295	0.294	0.301	0.026	-0.710
上海	0.583	0.600	0.603	0.591	0.568	0.594	0.613	0.607	0.617	0.624	0.615	0.570	0.599	0.017	-0.200
江苏	0.538	0.564	0.583	0.593	0.560	0.586	0.635	0.646	0.664	0.682	0.684	0.683	0.618	0.051	2.194
浙江	0.442	0.461	0.481	0.488	0.459	0.479	0.513	0.517	0.528	0.533	0.538	0.534	0.498	0.032	1.722
安徽	0.347	0.346	0.345	0.343	0.335	0.348	0.356	0.361	0.357	0.379	0.388	0.381	0.357	0.016	0.865
福建	0.463	0.483	0.477	0.470	0.453	0.460	0.468	0.456	0.449	0.441	0.429	0.437	0.457	0.016	-0.525
江西	0.318	0.332	0.345	0.351	0.350	0.346	0.344	0.340	0.332	0.336	0.332	0.343	0.339	0.009	0.690
山东	0.395	0.409	0.423	0.434	0.427	0.438	0.455	0.472	0.482	0.483	0.495	0.500	0.451	0.034	2.159
河南	0.326	0.323	0.323	0.321	0.326	0.334	0.349	0.357	0.360	0.362	0.370	0.368	0.343	0.019	1.127
湖北	0.355	0.359	0.361	0.369	0.359	0.369	0.367	0.386	0.384	0.392	0.395	0.388	0.374	0.014	0.803
湖南	0.317	0.319	0.325	0.338	0.339	0.343	0.353	0.359	0.360	0.369	0.362	0.367	0.346	0.018	1.329
广东	0.642	0.657	0.680	0.671	0.641	0.660	0.703	0.737	0.739	0.745	0.730	0.752	0.696	0.041	1.450

续表

省份	2005 年	2006 年	2007 年	2008 年	2009 年	2010 年	2011 年	2012 年	2013 年	2014 年	2015 年	2016 年	均值	标准差	年均增长率（%）
广西	0. 318	0. 325	0. 314	0. 322	0. 324	0. 331	0. 334	0. 335	0. 329	0. 329	0. 327	0. 333	0. 327	0. 006	0. 402
海南	0. 405	0. 370	0. 386	0. 395	0. 365	0. 377	0. 358	0. 342	0. 356	0. 326	0. 305	0. 329	0. 360	0. 029	-1. 856
重庆	0. 388	0. 387	0. 383	0. 370	0. 388	0. 391	0. 386	0. 414	0. 431	0. 440	0. 438	0. 426	0. 404	0. 024	0. 852
四川	0. 323	0. 319	0. 339	0. 336	0. 319	0. 325	0. 331	0. 355	0. 357	0. 363	0. 364	0. 360	0. 341	0. 017	0. 995
贵州	0. 261	0. 230	0. 245	0. 233	0. 221	0. 218	0. 199	0. 221	0. 218	0. 234	0. 252	0. 260	0. 233	0. 018	-0. 033
云南	0. 265	0. 253	0. 260	0. 256	0. 242	0. 243	0. 242	0. 234	0. 233	0. 233	0. 241	0. 246	0. 246	0. 010	-0. 691
陕西	0. 316	0. 325	0. 328	0. 322	0. 308	0. 304	0. 308	0. 311	0. 313	0. 322	0. 325	0. 334	0. 318	0. 009	0. 511
甘肃	0. 251	0. 232	0. 233	0. 162	0. 217	0. 229	0. 233	0. 214	0. 221	0. 217	0. 226	0. 213	0. 221	0. 021	-1. 499
宁夏	0. 258	0. 224	0. 252	0. 187	0. 174	0. 204	0. 199	0. 189	0. 156	0. 117	0. 173	0. 143	0. 190	0. 040	-5. 211
均值	0. 373	0. 372	0. 380	0. 375	0. 365	0. 376	0. 379	0. 386	0. 386	0. 386	0. 387	0. 386	—	—	—
标准差	0. 101	0. 115	0. 114	0. 120	0. 110	0. 114	0. 130	0. 130	0. 138	0. 142	0. 135	0. 135	—	—	—

从全国平均水平来看，我国制造业绿色转型成效总体比较低，2005 年仅为 0.373，2016 年比 2005 年略微上升了 0.013，虽然呈上升趋势，但上升缓慢，仍然比较低。而标准差比较大，并呈波动上升趋势，从 2005 年的 0.101 上升至 2016 年的 0.135，说明制造业绿色转型成效的区域间差异较大，并呈不断扩大趋势。

从四大区域来看，东部地区的成效均值最高，达到 0.501，远高于其他三个区域，而且呈上升趋势，年均增长率为 0.646%；西部地区的成效最低，仅为 0.283，并呈下降趋势，年均下降 0.421%；中部地区和东北地区的成效非常接近，分别为 0.332 和 0.358，但中部地区增长非常迅速，年均增长了 0.805%，而东北地区则呈下降趋势，年均下降 0.436%（见表 7-9）。

表 7-9　　2005～2016 年各区域制造业绿色转型成效

年份	东部地区	中部地区	西部地区	东北地区
2005	0.477	0.317	0.299	0.362
2006	0.490	0.313	0.286	0.356
2007	0.498	0.323	0.294	0.364
2008	0.498	0.327	0.274	0.367
2009	0.474	0.323	0.275	0.363
2010	0.490	0.332	0.281	0.368
2011	0.509	0.335	0.278	0.338
2012	0.512	0.343	0.283	0.367
2013	0.519	0.337	0.279	0.359
2014	0.517	0.346	0.278	0.358
2015	0.511	0.346	0.289	0.349
2016	0.512	0.346	0.286	0.345
均值	0.501	0.332	0.283	0.358
标准差	0.027	0.015	0.018	0.020
年均增长率（%）	0.646	0.805	-0.421	-0.436

从各省份成效来看，制造业绿色转型成效均值大于等于 0.5 的省份只有 4 个，即北京、上海、江苏、广东，其中广东省的制造业绿色转型成效最高，达到 0.696，江苏省的成效也超过了 0.6。此外，广东省和江苏省的标准差比较大，分

别为 0.041 和 0.051，也是所有省份中最大的，表明这两个省的成效有较大波动。制造业绿色转型成效均值介于 0.4～0.5 的省份有 5 个，即天津、浙江、福建、山东、重庆，介于 0.3～0.4 的省份有 13 个，介于 0.2～0.3 的省份有 5 个。只有宁夏的成效均值最小，仅为 0.190。可以发现，东部省份的制造业绿色转型成效普遍较高，东部 10 省中，只有河北和海南的成效均值介于 0.3～0.4，其余 8 个省份的成效均值均高于 0.4。与此相对应的，西部省份的制造业绿色转型普遍较低，成效均值低于 0.3 的 6 个省份中，有 5 个是西部省份。

从各省份变化情况来看，2005～2016 年，28 个省份中有 16 个省份的绿色转型成效上升，其中，6 个是东部省份，5 个是中部省份，4 个是西部省份，只有 1 个位于东北地区。江苏的表现最为抢眼，成效提高了 0.145，远高于其他省份，年均增长 2.194%；其次是山东和浙江，成效分别提高了 0.105 和 0.092，年均增长率分别为 2.159% 和 1.722%。12 个省份的成效出现了不同程度的下降，其中，4 个是东部省份，1 个是中部省份，5 个是西部省份，2 个处于东北地区；下降幅度最大、降速最快的是宁夏，下降了 0.115，年均下降了 5.211%；海南的下降速度也很快，年均下降了 1.856%。当然，各个省份绿色转型成效的变化有不同的特征，由于篇幅所限，这里就不一一赘述了。

总的来说，中国制造业绿色转型成效总体比较低，而且上升缓慢；区域间差异较大，而且呈不断扩大趋势，其中，东部省份的成效普遍较高，并且大部分呈上升趋势，使得东部地区整体的成效水平是四大区域中最高的，并整体呈上升趋势；西部省份的成效普遍较低，并且大部分呈下降趋势，使得西部地区整体的成效水平是四大区域中最低的，并整体呈下降趋势。这从某种程度上表明，东部地区的制造业基础比较好，绿色转型也较为成功，取得了显著成效，而西部地区、中部地区和东北地区的制造业发展基础和水平相对较差，绿色转型的步伐也比较缓慢，成效不够明显。未来，东部地区应该进一步加大绿色转型升级力度，而其他区域则要更好地吸收东部地区的经验和教训，以更大更快的步伐推动制造业绿色转型，追赶东部地区。

我国制造业绿色度评价指标体系的构建

本章首先阐述了“制造业绿色度”的内涵，在此基础上从资源利用、技术创新、经济效益、环境影响和社会效益五个方面对制造业绿色度进行了深入的剖析。其次，遵循“O－C－W－I－S－D”原则构建了我国制造业绿色度评价指标体系。最后，根据研究目的及数据特征引入了改进后的“纵横向”拉开档次法作为评价方法，并简要介绍了评价步骤。

第一节　制造业绿色度的内涵及要素构成

目前学术界对“制造业绿色度”还没有给出确切的定义，但是随着绿色发展理念的日益深入人心，企业和社会对产品和产品制造过程以及环境友好程度的关注度越来越高。“绿色度”一词最早出现在刘红旗、陈世兴（1999）的研究中，他们构建了绿色产品的评价模型，并把“绿色度”定义为“产品对资源、能源和环境的这种友好的程度”。参考这个定义，本章研究认为“制造业绿色度”就是在一定的时空范围内，制造业在生产活动过程中，兼顾资源环境效益、经济效益、社会效益的程度。具体来说，就是制造业在发展过程中，将资源环境因素考虑进来，不断提升资源利用效率，减少对环境的破坏，提升技术创新水平，提高资源效益、环境效益、经济效益、社会效益的程度。通过对制造业各行业绿色度的衡量，评价制造业发展对资源环境、经济、社会的影响程度，以此作为政策制定者衡量和监测制造业发展是否朝着绿色化发展的重要指标，进而识别制造业发展战略和发展方式是否符合可持续发展的要求。它的要素构成主要涵盖以下五个方面。

一、资源利用

资源利用主要是指制造业在生产活动中，对资源、能源等的消耗。资源是人类生存与发展的物质基础，制造业的生产活动更离不开物质资源的投入，可以说，资源利用是制造业发展的基础。在传统发展模式下，制造业更多的是依靠能源资源的消耗来推动发展，但过度依靠能源资源投入驱动的粗放型经济增长方式，给资源环境带来了巨大的压力。这种方式是不可持续的，无法满足制造业的长远发展，必须向依靠技术进步和人力资本投入驱动的发展方式转变，以提升制造业生产要素的利用效率，在等量生产要素投入的情况下，生产更多的产品，带来更多的市场价值，实现生产要素的低效率利用向高效率利用的转变，推动制造业由粗放式向集约式的转变。因此，资源利用是影响制造业绿色度的一个首要内容。

二、环境影响

环境影响主要是指制造业的生产活动对环境的影响，可以通过“三废”（废水、废气、固体废弃物）的排放量和处理以及综合利用量来衡量。自然环境对人类的价值是无法通过计算来进行估量的，至少目前还没有公认的衡量标准，但是人类生产活动对环境的影响可以利用一些数据指标侧面反映出来。“绿色”本身的含义就被包含在环保里面，而且环境对人类的生活如此重要，所以在制造业绿色度评价过程中，环境影响肯定是必不可少的。

三、技术创新

技术创新主要是指制造业在生产活动过程中的研发投入水平、技术创新水平。毋庸置疑，技术创新是推动制造业发展的关键因素，是制造业生产效率提升的主要源动力，对制造业各行业从投入到产出的全生命周期的各个环节都产生重要影响。同时，技术创新是制造业绿色化生产的最直接、最有效的途径，对能源资源利用、环境保护有着至关重要的影响。可以说，技术创新不仅影响着制造业的投入（资源利用），也影响着制造业的产出（经济效益、社会效益），是决定制造业绿色度的一个至关重要的内容。

四、经济效益

经济效益主要是指制造业的生产活动所带来的经济上的产出和效益，包括制造业产品的销售收入、利润等。制造业作为实体经济的核心，对于促进经济健康稳定增长具有至关重要的作用，是经济增长和工业化的稳定之锚。环境经济学中的绿色发展是指经济发展过程对环境资源等的损害达到最小，不能为了经济发展就不顾对资源环境的影响，但同时更不能为了绿色就不要发展了。发展是基础，我国的国情决定了当前我国依然是“以经济建设为中心”。因此，经济效益不可忽视，在绿色度评价过程中纳入经济效益是非常重要的一个环节，这也是制造业发展水平的最直观体现，如果没有经济效益，制造业的发展注定是失败的、没有竞争力的。

五、社会效益

社会效益主要是指制造业的生产活动所带来的社会层面的产出和效益，包括对社会发展的贡献、债务安全等。制造业发展的目的要由过去只单纯地计算企业个体的生产成本、销售收入和利润，转向考虑企业生产给社会带来的正面影响和负面影响。单纯计算企业个体生产的私人成本和利润，由于没有将其所带来的负外部性考虑进自己的成本函数中，使得企业成本低于社会成本，刺激企业肆意破坏生态环境。而如果考虑企业给社会带来的负外部性的社会成本，会促进企业进行绿色生产的改进，提升对资源环境的友好程度。

基于上述阐述，制造业绿色度的主要内容涵盖五个要素：资源利用、技术创新、经济效益、环境影响和社会效益，每个要素都是制造业绿色度必不可缺的组成部分。这五个要素共同作用，从不同角度综合衡量了制造业各行业在生产活动过程中，兼顾资源利用、技术创新、经济效益、环境影响和社会效益的程度。

第二节　制造业绿色度评价指标体系的构建

为了全面客观地评价我国制造业绿色度，需要构建多指标的综合评价指标体系，并运用综合评价方法来进行评价。同时，评价对象系统和评价目标的多样性使得构建一套科学合理的综合评价指标体系的工作比较复杂（彭张林等，2017），因此必须遵循一定的构建原则来完成。

一、评价体系的构建原则

不同学者对构建原则的看法不尽相同（张维群，2006；杜栋、旁庆华，2005；郭亚军，2007；彼得·德鲁克，2007；彼得·德鲁克，2009）。本章研究主要参考彭张林等（2017）归纳总结出的“O－C－W－I－S－D”原则，即目的性（objective）、完备性（complete）、可操作性（workable）、独立性（independent）、显著性（significant）、动态性（dynamic）六个原则。

（1）目的性原则。指标是用来具体描述目标的，因此，选取的评价指标要能真实反映对象系统的状态，准确描述对象系统的特征，涵盖评价对象系统所需的基本内容。同时，要对目标的未来发展具有导向作用，能激励目标朝着提高评价目的的方向努力。结合本章研究的研究重点，我们不仅要明晰目前我国制造业行业绿色度现状，更要让不同的行业明白自身的优势以及不足之处，为我国制造业的绿色发展指明方向。

（2）完备性原则。评价指标体系意在能表达说明对象系统的特征和性能，因此选取的评价指标集要能全方位的覆盖对象系统，能从多个维度和层次说明对象系统的属性。但是在实际研究工作中，构建能完整表达出对象系统的全部特征和性能的指标体系是困难的。因此，一般情况下根据研究目的，选取的指标体系只需要能说明其主要特征和信息即可。对于复杂的对象系统，要根据目标的主要特征和类别，从不同的维度和类别进行设计。在评价我国制造业绿色度时，需要从资源、环境、经济、技术和社会等角度，全面综合地设计评价指标体系，力求选取指标能尽可能全面地表达我国制造业绿色度的主要特征。

（3）可操作性原则。可操作性是指指标体系的可观测性和计量性以及成本问题。首先，选取的指标要能找到相关的数据进行表征或者可被赋值，如果不能找到相关数据，那接下来的实证研究工作就无法进行，选取的指标就变得毫无意义。其次，衡量指标的数据要尽可能地以公开和客观的方式去获取，避免造假和失真的风险。最后，评价指标体系的设计要结合指标数据获取的成本和评价结果带来的收益，尽量选取数据容易采集、观测成本不大的指标，对于观测成本太大的指标，要考虑替换甚至删除掉。本章研究选取的指标数据主要是从各类统计年鉴上获取，数据具有权威性和客观性，获取成本也较低，符合可操作性原则。

（4）独立性原则。所谓独立性原则，是指选取的指标在同一层次内不重叠，相互之间独立，不存在因果关系，不互相矛盾，不存在交叉，有很好的独立性。

在不同层次之间，上下级指标要层次清晰，自上而下的设有递进关系和从属关系，指标集内部之间保证互相独立，防止出现互相交叉、互相反馈的情况。在构建我国制造业绿色度评价指标体系过程中，会划分出不同的指标层级，同一层级之间会保持独立，相同指标集之间会分别说明评价主体某一方面的特征，上下层级之间会有很明显的隶属关系和说明递进关系。

（5）显著性原则。在评价指标体系构建过程中，我们所选取的指标要尽可能的覆盖对象系统的全部特征，但是这并不代表数据越多越好。一方面，搜集的数据越多，带来的搜集成本和信息处理成本越大；另一方面，还有可能导致数据冗余。一般情况下，在综合评价指标体系中，应根据观测指标对总体评价的贡献大小，保留主要的关键指标，剔除一些不必要的、次要的非关键指标。

（6）动态性原则。事物不是一成不变的。在评价过程时，虽然在某个评价期内，评价指标体系会具有一定的稳定性，但是随着时间的推移，相关经济和政策以及评价对象本身的变化，会使得评价指标体系也要随之做出调整。有些调整是根据评价对象或相关要求的改变而主动进行，而有些则是由于制度或相关原因的变化对某些指标进行被动调整。在进行我国制造业绿色度评价时，当事物随着时间的推移发生变化时，综合评价指标体系也要随之做出相应的调整，但是短期内变化不大。

总的来说，“O－C－W－I－S－D”原则从不同的层面和角度反映了构建综合评价指标体系所必需满足的基本要求，是评价指标体系构建的基本原则和标准，能从顶层对综合评价指标体系的设计与构建提供指导，是构建评价指标体系时必须遵守的法则。本章研究将会以此作为基本原则，构建出规范合理的制造业绿色度评价指标体系。

二、评价体系的确立

通过阅读大量文献（刘红旗、陈世兴，1999；傅为忠、陈文静，2017；柳键、周辉，2016；刘志强、齐俊霄，2016；石平等，2016；陈建等，2016；王沥涓、朱文，2014；侯文虎、赵静，2015；徐萌等，2015；贺爱忠等，2014；陈文汇等，2015；范瑾，2015；江世英、李随成，2015；Bao and Wang，2012；Yi et al.，2013；Liu and Yi，2017），搜集文献中出现的指标体系以及相关理论，把指标汇总之后，根据绿色度的内涵进一步分析和提炼，结合“O－C－W－I－S－D”原则以及指标数据的可获得性，征求专家意见对指标层层筛选和修改，最后构建了涵盖资源利用、环境影响、技术创新、经济效益和社会效益五个要素的我国制造业绿色度综合评价指标体系。我国制造业绿色度评价指标体系以制造业绿色度为系统层指标，以资源利用、环境影响、技术创新、经济效益和社会效益为要素层指标，再在各个要素层指标下设计若干具体的基础层指标，对各要素层指标进行衡量，最后的综合评价指标体系如表8－1所示。

表8－1　　　我国制造业绿色度综合评价指标体系

一级指标	二级指标	三级指标	指标单位	指标标识	指标方向
制造业绿色度	资源利用	能源消费量	万吨标准煤	X1	反向
		能源强度	标吨准煤/万元	X2	反向
		煤炭消费量占比	%	X3	反向
		天然气消费量占比	%	X4	正向
	环境影响	工业废水排放量	万吨	X5	反向
		工业废水处理量	万吨	X6	正向
		工业废气排放量	亿立方米	X7	反向
		工业废气治理设施处理能力	万立方米/时	X8	正向
		一般工业固体废物产生量	万吨	X9	反向
		一般工业固体废物综合利用量	万吨	X10	正向
	技术创新	R&D人员折合全时当量	人年	X11	正向
		R&D经费内部支出	亿元	X12	正向
		新产品销售收入	万元	X13	正向
		技术改造经费支出	万元	X14	正向
	经济效益	工业销售产值	亿元	X15	正向
		利润总额	亿元	X16	正向
		成本费用利润率	%	X17	正向
		主营业务收入	亿元	X18	正向
	社会效益	产品销售率	%	X19	正向
		工业生产者出厂价格指数		X20	正向
		平均用工人数	万人	X21	正向
		资产负债率	%	X22	反向

（1）资源利用。资源是制造业进行生产经营活动的基本物质支持，这里主要是指对自然资源的利用，是制造业进行生产活动所必需的矿产资源的消耗情况。

本章研究通过能源消费量、能源强度、煤炭消费量占比和天然气消费量占比四个指标来衡量资源利用情况。能源消费量为反向指标，是指制造业消耗的能源总量。能源强度为反向指标，用单位产值的能源消耗来衡量，反映制造业的能源利用效率。煤炭消费量占比是指煤炭使用量占能源使用总量的比重，为反向指标。天然气消费量占比为正向指标，是指天然气使用量占能源使用量的比重。

（2）环境影响。制造业在生产过程中对环境的影响主要通过“三废”指标（废水、废气、固体废弃物）来衡量。本章研究通过工业废水排放量、工业废水处理量、工业废气排放量、工业废气治理设施处理能力、一般工业固体废物排放量和一般工业固体废物综合利用量六个指标来衡量制造业对环境的影响。工业废水排放量衡量制造业在生产过程中所排放的废水对环境造成的影响。工业废水处理量用来衡量制造业减少废水排放对环境影响的情况。工业废气排放量衡量制造业在生产过程中所排放的废气对环境造成的影响。工业废气治理设施处理能力用来衡量制造业减少工业废气排放对环境影响的能力。一般工业固体废物产生量衡量制造业在生产过程中所产生的一般工业固体废物对环境造成的影响。一般工业固体废物综合利用量用来衡量制造业减少一般工业固体废物对环境影响的情况。

（3）技术创新。本章研究通过 R&D 人员折合全时当量、R&D 经费内部支出、新产品销售收入和技术改造经费支出四个指标来衡量制造业各行业的技术创新水平。R&D 人员折合全时当量衡量制造业对技术创新的人员投入力度，为正向指标。R&D 经费内部支出衡量制造业对技术创新的物质投入力度，为正向指标。技术改造经费支出衡量制造业对技术革新和技术设计的经费投入力度，为正向指标。新产品销售收入衡量技术创新给制造业带来的经济产出，为正向指标。

（4）经济效益。经济效益是企业进行生产活动的重点。本章研究以工业销售产值、利润总额、成本费用利润率和主营业务收入四个指标来衡量制造业各行业的经济效益。工业销售产值衡量制造业给社会带来的总体价值，在某种程度上可以代替工业增加值（由于各个行业的工业增加值数据无法获得，因此用工业销售产值来代替）。利润总额衡量制造业的总体利润和盈利能力，是企业经营成果的体现，为正向指标。成本费用利润率衡量每单位成本创造的经济产出，为正向指标，其计算公式为：成本费用利润率 = 利润总额 ÷ 成本费用总额 × 100%。主营业务收入衡量制造业在主营业务方面的收益大小，为正向指标。

（5）社会效益。本章研究通过产品销售率、工业生产者出厂价格指数、平均用工人数和资产负债率四个指标来衡量制造业各行业的社会效益。产品销售率衡量工业产销衔接状况，体现产品对社会需求的满足程度，为正向指标，其计算公式为：产品销售率 = 工业销售产值 ÷ 工业总产值 × 100%。工业生产者出厂价格指数体现了制造业产品出厂价格水平的变化趋势与程度，反映了工业生产状况，为正向指标。平均用工人数是指评价期内企业平均实际拥有的、参与本企业生产经营活动的人员数，从侧面反映出制造业企业对就业的贡献程度，为正向指标。资产负债率衡量了企业的经营风险，也反映了企业从事生产经营活动的能力和稳定程度，为反向指标。

第三节　评价方法的选择

本章研究的评价对象为 28 个制造业行业，评价时段为 2004 ~ 2016 年。因此，样本数据是包含 2004 ~ 2016 年的 22 个基础层指标的面板数据。对于面板数据的评价，重点在于权重系数的确定，而确定权重系数的一个重要原则是能最大限度地反映出各评价对象之间的差异，且不含有主观色彩。结合数据特征和本章研究的需要，经过多次对比，参考专家意见，最终确定使用“纵横向”拉开档次法进行评价。

一、“纵横向”拉开档次法简介

“纵横向”拉开档次法由我国东北大学教授郭亚军（2007）最先提出，该方法针对“时序立体数据表”（即面板数据）。权重信息源自被评价对象的原始数据，最大限度地反映了各评价对象之间的整体差异，使各评价对象、各时期之间都具有可比性，是一种完全客观的综合评价方法。该方法在经济金融、环境评价、企业绩效和竞争力评价（尹望吾等，2009；胡书芳，2018；师博等，2018；胡书芳，2016；李彬、王足，2017）等方面得到了广泛应用。“纵横向”拉开档次法具有以下六个优点。

（1）计算原理和使用方法简单易懂，在直观意义和几何意义上的结果表现清晰明确；

（2）不仅能在“横向”上表现出不同时间点 t_k（$k=1, 2, \cdots, N$）处系统之间的差别，同时又在“纵向”上表现出系统的总体分布情况；

（3）评价方法对“截面”数据和“时序立体数据”都适用，综合评价结果具有可比性并且不包含主观色彩；

（4）权重系数 ω_j 虽然对 t 不显性含有，但是它们之间有由时序立体数据表所支持的隐式关系；

(5) 计算量大大减少，具有可操作性；

(6)“纵横向”拉开档次法，是“横向”拉开档次法和“纵向”拉开档次法的推广与发展。

“纵横向”拉开档次法虽然已经比较完备，但是王常凯、巩在武（2016）在研究过程中发现该方法在指标无量纲化的过程中存在不合理之处，并针对不合理之处提出了改进的方案。本章研究将采用改进之后的“纵横向”拉开档次法进行实证评价。下文将对“纵横向”拉开档次法的改进和评价步骤进行简要介绍。

二、“纵横向”拉开档次法的改进

王常凯、巩在武（2016）在深入研究“纵横向”拉开档次法后，认为该方法在对数据规范化时虽然所得综合评价结果能在横向（同一时间不同对象）上进行比较，但是在纵向（同一对象不同时刻）上却有可能破坏原有的序关系，从而得出错误的结论。因此，他们对“纵横向”拉开档次法的指标规范化进行了改进，提出“整体规范化，分时标准化”的无量纲化方法，即先对所有时间的全部指标数据进行整体规范化，再对相同时间的某个指标进行无量纲化。指标数据的无量纲化方法有很多种，考虑到数据特点，经过多次测验，本章研究最终选用极值化处理方法。

三、“纵横向”拉开档次法的评价步骤

改进后的“纵横向”拉开档次法的具体评价步骤如下：

(1) 评价指标类型的一致化。

本章研究选取的指标中，既包含正向指标，又包含反向指标，必须在进行综合评价之前，将评价指标的类型做一致化处理，否则就无法对评价结果做进一步判断。我们通过将反向指标转变为正向指标来完成指标类型的一致化。

对于反向指标 x，有两种转化方法：

$$x^* = \frac{1}{x}(x > 0) \tag{8.1}$$

或

$$x^* = M - x \tag{8.2}$$

式中，M 为指标 x 的一个允许上界。本章研究选用第一种同向化方法。

（2）评价指标的“整体规范化，分时标准化”。

由于指标本身具有不同的量纲或量级，指标之间有着不可公度性。为了使结果尽可能地反映真实情况，防止指标之间由于量纲或量级的不同导致出现不合理的现象，因而必须对评价指标进行规范化处理。本章研究采用极值处理法：

$$x_{ij}^{*} = \frac{x_{ij} - m_j}{M_j - m_j} \tag{8.3}$$

式中，$M_{ij} = \max\{x_{ij}\}$，$m_j = \min\{x_{ij}\}$

需要注意的是，本章研究的无量纲化分两个步骤：第一步是针对整体数据的无量纲化，即同一指标所有时间的无量纲化；第二步是针对同一指标某一时间的无量纲化。带入式（8.3）求得的权重向量的数据是第一步无量纲化的数据，而特征值和特征向量是第二步无量纲化求得的。

（3）“纵横向”拉开档次法的评价函数构建。

对于不同时刻 $t_k(k=1, 2, \cdots, N)$，取综合评价函数为：

$$y_i(t_k) = \sum_{j=1}^{m} \omega_j x_{ij}(t_k),\ k = 1, 2, \cdots, N;\ i = 1, 2, \cdots, n$$

确定权重系数 $\omega_j(j=1, 2, \cdots, m)$ 的原则是使得 s_1，s_2，$\cdots$，s_n 在时序立体数据表 $\{x_{ij}(t_k)\}$ 上的差异极大限度地体现出来，这种整体的差异用 $y_i(t_k)$ 的总离差平方和来刻画：

$$\sigma^2 = \sum_{k=1}^{N} \sum_{i=1}^{n} (y_i(t_k) - \bar{y})^2$$

对原始数据的标准化处理，有：

$$\bar{y} = \frac{1}{N} \sum_{k=1}^{N} \left(\frac{1}{n} \sum_{i=1}^{n} \sum_{j=1}^{m} \omega_j x_{ij}(t_k) \right) = 0$$

从而有：

$$\begin{aligned}
\sigma^2 &= \sum_{k=1}^{N} \sum_{i=1}^{n} (y_i(t_k) - \bar{y})^2 \\
&= \sum_{k=1}^{N} \sum_{i=1}^{n} (y_i(t_k))^2 \\
&= \sum_{k=1}^{N} [\omega^T H_k \omega] \\
&= \omega^T \sum_{k=1}^{N} H_k \omega = \omega^T H \omega
\end{aligned}$$

式中，$\omega = (\omega_1, \omega_2, \cdots, \omega_m)^T$；$H = \sum_{K=1}^{N} H_k$ 为 $m \times m$ 阶对称矩阵；而

$$H_k = A_k^T A_k (k=1, 2, \cdots, N)$$

且

$$A_k = \begin{bmatrix} x_{11}(t_k) & \cdots & x_{1m}(t_k) \\ \vdots & & \vdots \\ x_{n1}(t_k) & \cdots & x_{nm}(t_k) \end{bmatrix}, k=1, 2, \cdots, N$$

若约束 $\omega^T\omega=1$，当 ω 为矩阵 H 的最大特征值 $\lambda_{max}(H)$ 所对应的特征向量时，σ^2 取得最大值，且有 $\max\omega^T H\omega = \lambda_{max}(H)$。

当 $H_K>0(k=1, 2, \cdots, N)$ 时，$H>0$，权重系数向量 ω（经归一化处理）为正值。

（4）计算综合评价值。

第九章

我国制造业绿色度的实证评价分析

第一节　制造业绿色度的动态评价

一、数据来源及处理

由于2012年我国制造业行业的划分出现变动，导致前后数据不一致。综合考虑2004～2016年制造业行业划分情况，将橡胶制品业和塑料制品业合并为橡胶和塑料制品业，将汽车制造业和铁路、船舶、航空航天和其他运输设备制造业合并为交通运输设备制造业，而废弃资源综合利用业和金属制品、机械和设备修理业因数据缺乏连贯性，故将其剔除。为了表示方便，本章研究将28个制造业行业分别标为I1～I28，如表5－6所示。所有数据源于2005～2017年《中国统计年鉴》《中国工业企业科技活动统计年鉴》《中国工业统计年鉴》《中国环境统计年鉴》《中国科技统计年鉴》《中国能源统计年鉴》《中国人口统计年鉴》。需要说明的是，2016年的工业废水排放量和一般工业固体废物处理量指标数据缺失，故采用近4年的年均增长率进行推算。

二、制造业绿色度的定量测算

根据“纵横向”拉开档次法的计算步骤，我们使用Excel和SPSS软件对数据进行同向化、无量纲化处理，使用Matlab进行矩阵运算，用Excel对得分进行其余计算操作，最终求得得分、排名及其他数值。

首先，把原始数据代入“纵横向”拉开档次法计算步骤，凭借上述数据分析软件，得出相应结果。其中，最大特征值和其对应的特征向量分别为：

最大特征值：$\lambda_{max}=677.66$

最大特征值对应的特征向量：

$\omega^T=(0.0325, 0.0644, 0.0502, 0.0500, 0.0210, 0.0151, 0.0249, 0.0175, 0.0176, 0.0152, 0.0423, 0.0444, 0.0391, 0.0335, 0.0702, 0.0656, 0.0337, 0.0696, 0.1087, 0.0891, 0.0682, 0.0271)^T$

代入计算公式，最后各行业的绿色度评价得分和排名如表 9－1 和表 9－2 所示。

三、制造业绿色度的动态比较分析

由表 9－1 可以发现，2004 年，绿色度得分排在前 5 位的是：黑色金属冶炼和压延加工业（I19），计算机、通信和其他电子设备制造业（I26），化学原料和化学制品制造业（I14），烟草制品业（I4），交通运输设备制造业（I24）；排在最后 5 位的是：食品制造业（I2），化学纤维制造业（I16），造纸和纸制品业（I10），木材加工和木、竹、藤、棕、草制品业（I8），医药制造业（I15）。

2016 年，绿色度得分排在前 5 位的是：计算机、通信和其他电子设备制造业（I26），交通运输设备制造业（I24），电气机械和器材制造业（I25），化学原料和化学制品制造业（I14），通用设备制造业（I22）；排在最后 5 位的是：石油加工、炼焦和核燃料加工业（I13），造纸和纸制品业（I10），有色金属冶炼和压延加工业（I20），其他制造业（I28），化学纤维制造业（I16）。

2004～2016 年，我国制造业绿色度的整体水平显著提升，由 19.9 分提升到 32.2 分，上升了 12.3 分，年均增长 4.1%；标准差由 3.5 逐年上升到 10.4，说明各行业间的绿色度差异越来越大。这也可以从最大值和最小值的差异看出来：2004 年，各行业绿色度得分的最大值为 27.7 分，最小值为 13.2 分，两者相差仅为 14.5 分；到了 2016 年，各行业绿色度得分的最大值为 61.2 分，最小值仅为 19.0 分，两者相差达到 42.2 分，各行业间的差距越来越大。

2004～2016 年，所有行业的绿色度得分均有所提高，使得制造业整体的绿色度得分提升了 12.3 分，绿色化水平显著提升。其中，上升最快的是交通运输设备制造业（I24），上升了 36.7 分，其次为计算机、通信和其他电子设备制造业（I26）和电气机械和器材制造业（I25），分别上升了 34.6 分和 25.6 分；共有 15

表 9 – 1　　2004 ~ 2016 年我国制造业绿色度的行业得分

行业	2004 年	2005 年	2006 年	2007 年	2008 年	2009 年	2010 年	2011 年	2012 年	2013 年	2014 年	2015 年	2016 年	均值	增幅	年均增长率（%）
I1	19.8	18.4	18.5	22.3	24.3	22.0	26.5	30.0	29.8	31.4	32.8	34.7	35.5	26.6	15.8	5.0
I2	16.5	16.6	16.6	17.0	18.2	18.5	19.8	22.6	22.3	22.2	23.5	26.3	26.6	20.5	10.1	4.1
I3	17.7	17.3	17.3	17.3	17.9	18.0	19.6	21.3	21.4	21.0	23.3	25.9	27.7	20.4	10.1	3.8
I4	24.4	24.0	23.8	25.5	25.8	26.5	28.0	28.0	31.5	30.8	30.9	33.1	32.4	28.0	8.0	2.4
I5	20.4	21.9	21.7	22.1	23.2	23.0	27.0	28.6	25.0	25.6	27.0	27.0	28.3	24.7	7.8	2.7
I6	19.1	19.9	19.4	20.2	21.3	21.7	22.9	23.4	25.1	26.8	28.3	29.2	30.2	23.7	11.2	3.9
I7	18.6	19.6	19.4	19.9	20.9	20.1	22.4	23.8	22.5	23.4	24.8	25.8	26.7	22.1	8.1	3.0
I8	14.8	15.4	15.4	16.3	16.9	16.4	17.9	19.0	18.7	20.5	22.4	22.6	24.4	18.5	9.6	4.3
I9	22.7	21.5	20.5	20.6	22.2	22.8	22.6	25.2	24.6	25.7	25.8	27.4	27.7	23.8	4.9	1.7
I10	15.3	16.1	16.2	16.8	17.2	15.8	18.4	18.4	17.7	20.1	21.1	21.8	22.5	18.2	7.2	3.3
I11	19.7	20.0	20.5	19.7	20.9	20.2	21.7	22.5	21.4	23.7	25.6	25.5	26.2	22.1	6.5	2.4
I12	22.4	23.3	24.6	23.8	23.6	23.9	25.5	23.9	27.4	27.1	30.1	31.8	33.9	26.2	11.5	3.5
I13	19.9	21.1	21.5	20.1	21.8	17.7	25.0	25.8	23.8	22.7	25.1	20.8	22.6	22.2	2.7	1.1
I14	25.5	26.8	25.6	27.9	30.6	26.5	33.9	38.8	37.3	40.2	42.2	41.5	42.8	33.8	17.3	4.4
I15	13.2	14.5	14.8	15.9	17.6	18.5	20.0	21.9	22.3	24.8	27.0	28.9	30.6	20.8	17.4	7.3
I16	16.0	15.5	15.0	15.0	14.5	13.6	18.9	18.2	13.5	15.6	17.4	17.2	19.0	16.1	3.0	1.4
I17	17.8	19.7	19.0	19.8	21.0	20.4	23.2	25.0	23.7	24.6	27.3	28.0	28.5	22.9	10.8	4.0
I18	19.1	22.0	19.8	21.0	24.0	23.8	26.5	29.8	28.9	32.5	35.2	35.3	36.7	27.3	17.7	5.6
I19	27.7	26.4	26.2	31.8	35.1	26.6	34.3	36.9	33.6	31.2	33.3	29.4	32.1	31.1	4.4	1.2

续表

行业	2004年	2005年	2006年	2007年	2008年	2009年	2010年	2011年	2012年	2013年	2014年	2015年	2016年	均值	增幅	年均增长率（%）
I20	20.3	19.6	23.3	23.0	19.0	16.6	25.5	26.5	23.4	18.4	19.6	19.1	21.6	21.2	1.4	0.5
I21	19.6	20.1	19.1	20.1	22.2	20.3	23.6	25.6	25.3	27.7	30.2	31.8	31.4	24.4	11.8	4.0
I22	20.1	22.1	22.2	23.8	26.9	27.0	30.1	33.2	32.1	34.3	36.7	37.8	39.0	29.6	18.9	5.7
I23	17.6	19.1	19.5	20.7	22.6	23.5	25.6	28.4	29.3	31.8	34.2	34.4	35.9	26.4	18.3	6.1
I24	23.4	25.0	25.3	27.8	32.0	34.3	39.9	43.7	37.9	49.0	53.3	56.1	60.1	39.1	36.7	8.2
I25	22.6	24.5	26.8	26.5	30.1	28.6	35.6	38.2	38.3	41.8	44.4	45.6	48.1	34.7	25.6	6.5
I26	26.6	28.6	31.4	34.3	35.9	35.7	42.2	45.4	47.3	51.9	55.4	58.1	61.2	42.6	34.6	7.2
I27	20.2	20.8	21.0	21.4	21.1	22.2	23.4	26.9	24.0	26.4	27.0	29.6	29.2	24.1	9.1	3.1
I28	17.5	17.8	17.1	17.1	17.5	16.8	17.8	18.3	15.0	12.2	16.8	18.0	20.2	17.1	2.7	1.2
均值	19.9	20.6	20.8	21.7	23.0	22.2	25.6	27.5	26.5	28.0	30.0	30.8	32.2	25.3	12.3	4.1
最大值	27.7	28.6	31.4	34.3	35.9	35.7	42.2	45.4	47.3	51.9	55.4	58.1	61.2	42.6	33.5	—
最小值	13.2	14.5	14.8	15.0	14.5	13.6	17.8	18.2	13.5	12.2	16.8	17.2	19.0	16.1	5.8	—
标准差	3.5	3.6	4.0	4.7	5.5	5.3	6.5	7.4	7.5	9.1	9.5	10.0	10.4	6.4	8.8	9.5

表 9-2　2004~2016 年我国制造业绿色度的行业排名

行业	2004 年	2005 年	2006 年	2007 年	2008 年	2009 年	2010 年	2011 年	2012 年	2013 年	2014 年	2015 年	2016 年	排名变化
I1	14	21	21	10	8	14	10	7	8	8	9	7	8	6
I2	24	24	24	24	22	20	23	21	21	22	22	19	21	3
I3	21	23	22	22	23	22	24	24	24	23	23	20	18	3
I4	4	6	7	6	7	6	7	11	7	10	10	9	10	-6
I5	9	10	10	11	11	11	8	9	14	16	17	18	17	-8
I6	17	16	17	16	16	15	18	20	13	13	13	14	14	3
I7	19	18	18	19	20	19	20	19	20	20	21	21	20	-1
I8	27	27	26	26	27	26	27	25	25	24	24	23	23	4
I9	6	11	14	15	13	12	19	16	15	15	18	17	19	-13
I10	26	25	25	25	26	27	26	26	26	25	25	24	25	1
I11	15	15	13	21	19	18	21	22	23	19	19	22	22	-7
I12	8	7	6	8	10	8	12	18	11	12	12	10	9	-1
I13	13	12	11	18	15	23	14	14	17	21	20	25	24	-11
I14	3	2	4	3	4	7	5	3	4	4	4	4	4	-1
I15	28	28	28	27	24	21	22	23	22	17	15	15	13	15
I16	25	26	27	28	28	28	25	28	28	27	27	28	28	-3
I17	20	17	20	20	18	16	17	17	18	18	14	16	16	4
I18	18	9	15	13	9	9	9	8	10	6	6	6	6	12
I19	1	3	3	2	2	5	4	5	5	9	8	13	11	-10

续表

行业	2004年	2005年	2006年	2007年	2008年	2009年	2010年	2011年	2012年	2013年	2014年	2015年	2016年	排名变化
I20	10	19	8	9	21	25	13	13	19	26	26	26	26	-16
I21	16	14	19	17	14	17	15	15	12	11	11	11	12	4
I22	12	8	9	7	6	4	6	6	6	5	5	5	5	7
I23	22	20	16	14	12	10	11	10	9	7	7	8	7	15
I24	5	4	5	4	3	2	2	2	3	2	2	2	2	3
I25	7	5	2	5	5	3	3	4	2	3	3	3	3	4
I26	2	1	1	1	1	1	1	1	1	1	1	1	1	1
I27	11	13	12	12	17	13	16	12	16	14	16	12	15	-4
I28	23	22	23	23	25	24	28	27	27	28	28	27	27	-4

个行业的得分上升幅度高于 10 分，有 13 个行业的得分上升幅度低于 10 分，增长最慢的是有色金属冶炼和压延加工业（I20），仅上升了 1.4 分。

2004 年，绿色度得分最高的是黑色金属冶炼和压延加工业（I19），得分为 27.7 分；得分最低的是医药制造业（I15），得分为 13.2 分。如图 9－1 所示，得分低于 20 分的有 16 个行业，超过 20 分的有 12 个行业，但没有高于 30 分的行业。

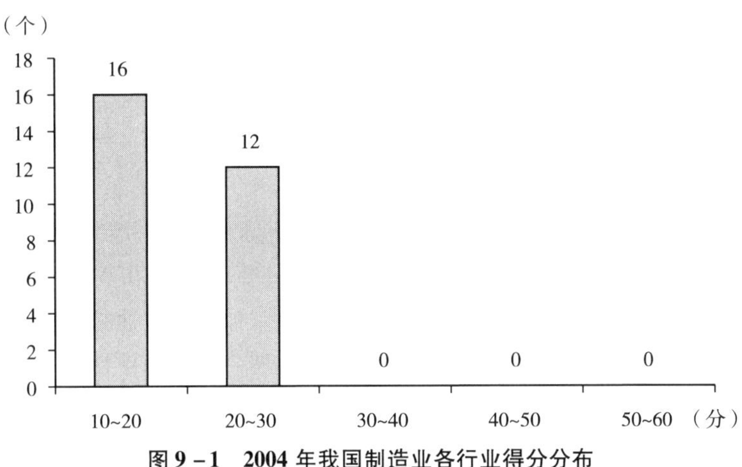

图 9－1　2004 年我国制造业各行业得分分布

2016 年，绿色度得分最高的是计算机、通信和其他电子设备制造业（I26），得分为 61.2 分；得分最低的是化学纤维制造业（I16），得分为 19.0 分。如图 9－2 所示，得分低于 20 分的只有 1 个行业，即化学纤维制造业（I16），超过 60 分的有 2 个行业，即计算机、通信和其他电子设备制造业（I26）和交通运输设备制造业（I24），有 2 个行业介于 40～50 分，10 个行业介于 30～40 分，13 个行业介于 20～30 分。可以看出，各行业的绿色度得分不断上升，有些行业提升明显，使得整体的绿色度水平显著提升。

由表 9－2 可以发现，2004～2016 年，有 13 个行业的排名下降，而另外 15 个行业的排名上升。其中，排名上升最快的是医药制造业（I15）、专用设备制造业（I23），均上升了 15 位，其次是非金属矿物制品业（I18），上升了 12 位；排名下降最快的是有色金属冶炼和压延加工业（I20），下降了 16 位，其次是家具制造业（I9）、纺织业（I13）、黑色金属冶炼和压延加工业（I19），分别下降了 13 位、11 位和 10 位。排名变化位次在 5 位以内的行业有 16 个，说明整体各行业的排位变化不大。

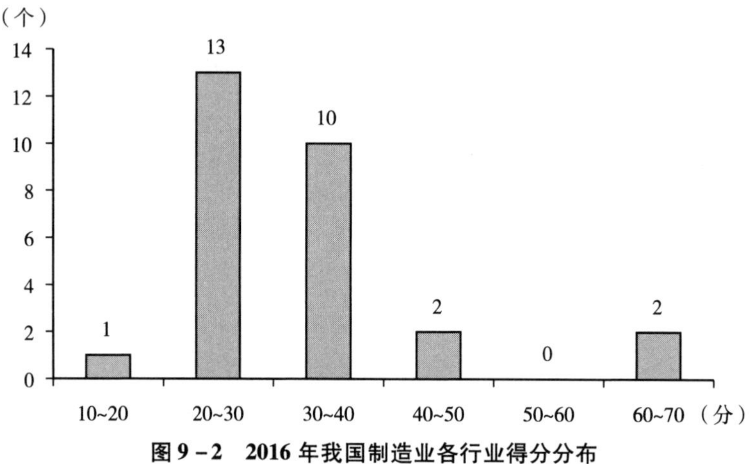

图9-2　2016年我国制造业各行业得分分布

2004年，排名首位的是黑色金属冶炼和压延加工业（I19），排名末位的是医药制造业（I15）。2016年，排名首位的是计算机、通信和其他电子设备制造业（I26），排名末位的是化学纤维制造业（I16）。计算机、通信和其他电子设备制造业（I26）的排名非常稳定，自2007年排名第一后一直保持第一的位置；交通运输设备制造业（I24）和电气机械和器材制造业（I25）的排位也非常稳定，基本上保持在前5位。

第二节　制造业绿色度的特征分析

本节将从行业类型、发展趋势类型、变化类型、统计指标数值变化等趋势特征和要素特征角度，对我国制造业绿色度的特征进行分析。

一、趋势特征分析

首先，定义行业水平类型为：（1）超高绿色度（后称“超高”）：$S_{2016i} \geqslant 50$；（2）高绿色度（后称“高”）：$40 \leqslant S_{2016i} < 50$；（3）中等绿色度（后称“中等”）：$30 \leqslant S_{2016i} < 40$；（4）低绿色度（后称“低”）：$20 \leqslant S_{2016i} < 30$；（5）超低绿色度（后称“超低”）：$S_{2016i} < 20$；其中，$S_{2016i}$表示2016年i行业的绿色度得分，i=1，2，3，…，28。

其次，定义行业增长类型为：（1）超快速增长型（后称“超快速”）：$S_i^* \geqslant$

20；（2）快速增长型（后称“快速”）：$15 \leqslant S_i^* < 20$；（3）缓速增长型（后称“缓速”）：$10 \leqslant S_i^* < 15$；（4）极缓型（后称“极缓速”）：$0 \leqslant S_i^* < 10$；（5）倒退型（后称“倒退”）：$S_i^* < 0$。其中，$S_i^* = S_{2016i} - S_{2004i}$，表示2004～2016年i行业绿色度的得分增幅。

最后，定义排名变化类型为：（1）排名跳跃型：$r_i^* \geqslant 10$；（2）排名波动型：$5 \leqslant r_i^* < 10$；（3）排名稳定型：$0 \leqslant r_i^* < 5$。其中，$r_i^* = |r_{2016i} - r_{2004i}|$，表示2004～2016年i行业绿色度排名变化幅度的绝对值。

根据上述3个类型划分标准，将28个行业的划分结果汇总见表9－3。

表9－3　　2004～2016年我国制造业绿色度趋势变化类型

行业水平类型	行业增长类型	排名变化类型	行业
超高	超快速	稳定型	I24、I26
高	超快速	稳定型	I25
	快速	稳定型	I14
中等	快速	跳跃型	I15、I18、I23
	快速	波动型	I1、I22
	缓速	稳定型	I6、I12、I21
	极缓速	跳跃型	I19
	极缓速	波动型	I4
低	缓速	稳定型	I2、I3、I17
	极缓速	跳跃型	I9、I13、I20
	极缓速	波动型	I5、I11
	极缓速	稳定型	I7、I8、I10、I27、I28
超低	极缓速	稳定型	I16

由表9－1～表9－3可知，我国制造业呈现以下五个特点。

1. 超高绿色度行业均为超快速增长型和排名稳定型

具有超高绿色度的行业是交通运输设备制造业（I24）以及计算机、通信和其他电子设备制造业（I26）。2016年，这两个行业的得分均超过60分，而且评价期内的绿色度得分增长超快速，分别增长了36.7分和34.6分。排名比较稳定，分别上升了3位和1位。这说明，绿色度超高行业的绿色发展水平比较高，并且绿色转型成效显著，有效地提升了绿色度水平，而且排名稳定。

2. 高绿色度行业的得分增长快速，排名稳定

具有高绿色度的行业有两个，为电气机械和器材制造业（I25）以及化学原料和化学制品制造业（I14）。其中，电气机械和器材制造业（I25）的绿色度得分增长超快，上升了25.6分，排名上升了4位，属于排名稳定型；化学原料和化学制品制造业（I14）的绿色度得分增长快速，上升了17.3分，排名下降了1位，也属于排名稳定型。这说明，高绿色度行业正在加速绿色转型，绿色发展水平迅速提高，排名稳定。

3. 中等绿色度行业占比高，增长较快，行业间差异较大

中等绿色度行业有10个，占全部28个行业的35.7%，比重较高，行业间差异较大。10个行业中，有5个行业属于快速增长型，3个行业属于缓速增长型，2个行业属于极缓速增长型；有4个行业属于排名跳跃型，3个行业属于排名波动型，3个行业属于排名稳定型。总体来看，中等绿色度行业的绿色发展水平增长较快，排名变化相对较大。

4. 低绿色度行业占比最大，得分增速缓慢，排名变化较小

低绿色度行业有13个，占全部28个行业的46.4%，比重较高，但行业间差异不大。13个行业中，只有3个行业属于缓速增长型，其余10个行业全部属于极缓速增长型；有3个行业属于排名跳跃型，2个行业属于排名波动型，8个行业属于排名稳定型。总体来看，低绿色度行业的绿色发展水平增长极其缓慢，排名变化不大。

5. 超低绿色度行业表现较差，得分增速极缓慢，排名稳定

低绿色度行业只有1个，即化学纤维制造业（I16），属于极缓速增长型和排名稳定型，表明低绿色度行业的绿色发展水平增长极其缓慢，排名稳定。

二、要素特征分析

表9－4和表9－5列出了2004年和2016年我国28个制造业行业绿色度的要素指标评价得分结果，展示了各行业绿色度5个要素指标的得分及波动情况。

表9－4　　2004年我国制造业绿色度要素指标得分

行业	绿色度	资源利用	环境影响	技术创新	经济效益	社会效益
I1	19.8	1.2	0.3	0.1	2.5	15.7
I2	16.5	1.6	0.2	0.1	1.7	12.8

续表

行业	绿色度	资源利用	环境影响	技术创新	经济效益	社会效益
I3	17.7	1.3	1.9	0.2	1.9	12.3
I4	24.4	4.0	0.7	0.2	3.9	15.6
I5	20.4	0.8	0.2	0.6	2.7	16.2
I6	19.1	2.7	0.6	0.1	1.9	13.8
I7	18.6	3.5	0.4	0.0	1.6	13.0
I8	14.8	1.4	0.3	0.0	1.4	11.6
I9	22.7	6.1	3.0	0.0	1.4	12.3
I10	15.3	0.4	0.7	0.2	1.8	12.2
I11	19.7	3.8	2.7	0.0	1.7	11.4
I12	22.4	5.2	3.1	0.0	1.4	12.8
I13	19.9	1.0	0.4	0.5	2.5	15.4
I14	25.5	3.5	0.7	1.3	3.8	16.1
I15	13.2	1.4	0.2	0.5	2.2	8.9
I16	16.0	0.8	0.1	0.2	1.4	13.5
I17	17.8	1.4	0.3	0.3	2.2	13.6
I18	19.1	0.7	0.4	0.4	2.8	14.8
I19	27.7	0.4	2.7	2.8	4.4	17.3
I20	20.3	0.9	0.4	0.6	2.3	16.2
I21	19.6	2.1	0.3	0.2	2.2	14.8
I22	20.1	2.3	0.2	0.9	2.8	13.8
I23	17.6	2.2	0.2	0.7	2.1	12.3
I24	23.4	2.4	0.1	2.1	3.8	14.9
I25	22.6	3.6	0.4	1.1	3.1	14.3
I26	26.6	6.4	0.2	2.4	4.8	12.8
I27	20.2	5.9	0.3	0.2	1.6	12.2
I28	17.5	0.8	1.4	0.0	1.4	13.8
均值	19.9	2.4	0.8	0.6	2.4	13.7
最大值	27.7	6.4	3.1	2.8	4.8	17.3
最小值	13.2	0.4	0.1	0.0	1.4	8.9
标准差	3.5	1.8	1.0	0.7	1.0	1.8

表9-5　　2016年我国制造业绿色度要素指标得分

行业	绿色度	资源利用	环境影响	技术创新	经济效益	社会效益
I1	35.5	3.9	0.2	1.6	13.5	16.3
I2	26.6	5.6	0.1	1.0	6.4	13.6
I3	27.7	5.1	0.1	0.8	5.7	16.1
I4	32.4	12.0	0.6	0.5	5.1	14.2
I5	28.3	2.3	0.2	1.8	8.6	15.3
I6	30.2	6.7	0.5	0.9	5.7	16.5
I7	26.7	5.7	0.3	0.5	4.2	15.9
I8	24.4	3.3	0.2	0.3	4.1	16.4
I9	27.7	8.0	1.7	0.4	3.0	14.6
I10	22.5	1.9	0.2	0.8	4.0	15.5
I11	26.2	6.9	0.8	0.3	2.9	15.1
I12	33.9	12.7	1.5	0.7	4.4	14.5
I13	22.6	3.2	0.2	1.1	7.5	10.6
I14	42.8	2.9	1.1	5.8	17.3	15.7
I15	30.6	3.9	0.1	3.3	7.9	15.3
I16	19.0	2.1	0.1	0.7	2.6	13.5
I17	28.5	3.0	0.2	2.0	7.4	16.0
I18	36.7	1.6	1.1	2.2	13.2	18.6
I19	32.1	0.8	3.1	3.7	10.9	13.6
I20	21.6	1.5	0.5	2.8	9.8	7.1
I21	31.4	6.0	0.1	2.3	8.6	14.4
I22	39.0	6.8	0.2	5.0	10.4	16.6
I23	35.9	7.5	0.3	4.0	8.2	15.9
I24	60.1	9.3	0.1	11.8	21.4	17.5
I25	48.1	6.7	0.2	8.2	15.5	17.6
I26	61.2	11.2	0.1	13.2	18.8	17.8
I27	29.2	10.1	1.2	1.4	3.4	13.0
I28	20.2	2.1	0.2	0.2	1.8	15.9
均值	32.2	5.5	0.6	2.8	8.3	15.1

续表

行业	绿色度	资源利用	环境影响	技术创新	经济效益	社会效益
最大值	61.2	12.7	3.1	13.2	21.4	18.6
最小值	19.0	0.8	0.1	0.2	1.8	7.1
标准差	10.4	3.4	0.7	3.3	5.2	2.3

从得分的变化情况来看，2004～2016年，绿色度的平均分上升了12.3分，表明我国制造业整体的绿色度水平显著提升。反映在要素指标上，除了环境影响下降了0.2分外，其余4个要素指标的得分均上升，其中，经济效益的得分上升最快，平均分从2004年的2.4分上升到2016年的8.3分，上升了5.9分；资源利用的得分也上升明显，上升了3.0分；技术创新和社会效益的平均分分别上升了2.2分和1.4分。具体分析环境影响得分下降的情况可以发现：各行业的环境影响得分都非常低，2016年最高分仅为3.1分，最低分仅为0.1分，平均分为0.6分，比2004年还下降了0.2分。2004～2016年，28个行业中有20个行业的环境影响得分下降，最高的下降了1.9分，而仅有8个行业的得分略有上升，最高的仅上升了1.0分。这说明评价期内我国制造业的许多行业对环境造成了比较大的负面影响，而且负面影响还不断增大。

通过对比2004～2016年我国制造业绿色度的得分变化情况可以发现，我国制造业绿色度的整体水平呈持续上升趋势，这主要是由经济效益、资源利用、技术创新、社会效益的快速上升导致的。在未来制造业发展过程中，我国各行业需要重点关注经济社会效益的提升、资源的节约利用和技术创新水平的提高，同时也要切实有效地减少对环境的负面影响，有效提升绿色度水平。

从得分差异来看，2016年绿色度得分的标准差为10.4，各行业的差异比较大。反映在要素指标上，标准差最高的是经济效益，为5.2；资源利用、技术创新、社会效益的标准差也比较高，分别为3.4、3.3和2.3；环境影响的标准差非常低，仅为0.7。这表明，各行业在经济效益、资源利用、技术创新、社会效益等方面的巨大差异是导致整体绿色度差异的主要原因。因此，绿色度比较低的行业，尤其需要在经济效益、资源利用、技术创新、社会效益等方面加倍努力，不断缩小与其他行业的差距。

为了更好地分析各要素指标对系统指标绿色度的贡献作用，我们将各要素指标的得分除以绿色度的得分，则可得到各要素指标的贡献率，这样可以更加直观地看出每个要素指标对绿色度的贡献大小，如图9－3和图9－4所示。

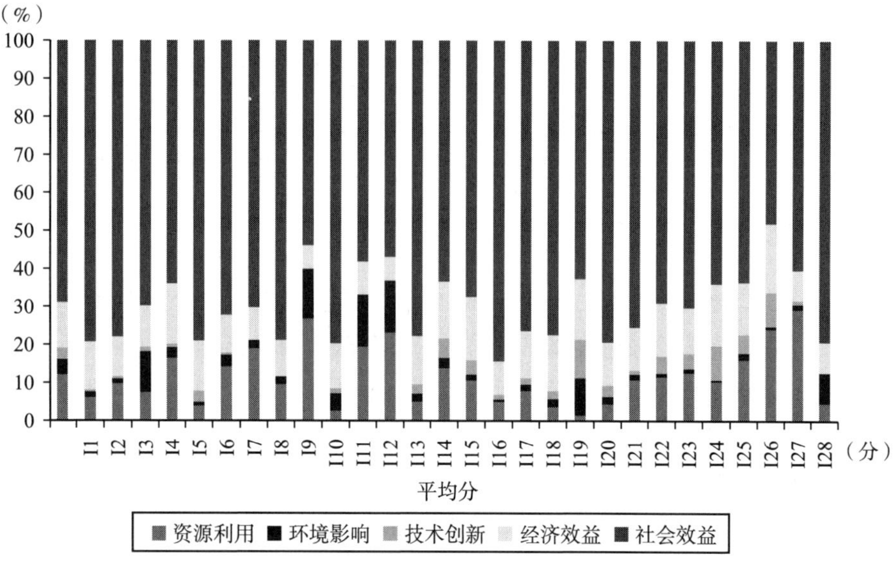

图 9-3 2004 年我国制造业绿色度要素贡献率

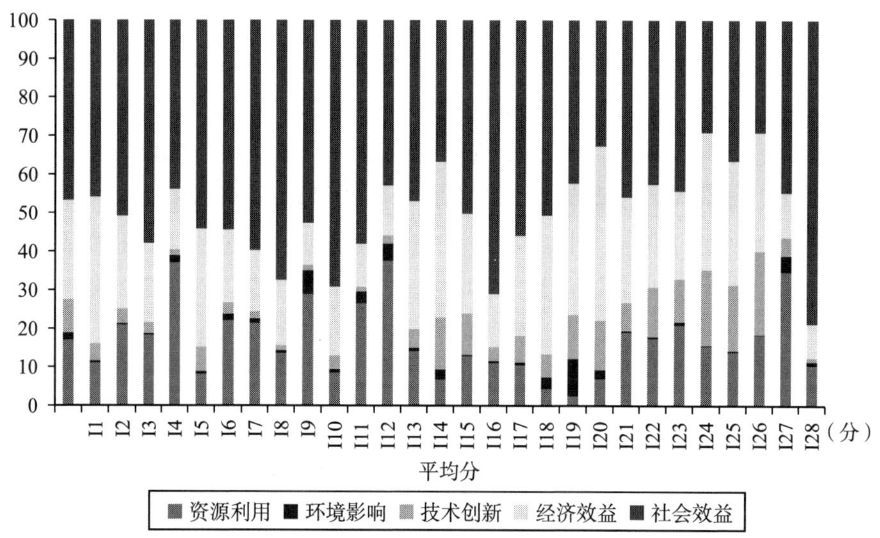

图 9-4 2016 年我国制造业绿色度要素贡献率

由图 9-3 可见，2004 年，社会效益对绿色度的贡献率最高，平均贡献率为 68.91%；资源利用和经济效益的贡献率其次，分别为 12.17% 和 12.11%；环境影响和技术创新的贡献率相对较低，分别为 3.99% 和 2.82%。

2016 年，社会效益对绿色度的贡献率仍然最高，但平均贡献率已经下降到

49.97%，环境影响的贡献率也下降到1.72%，而资源利用、经济效益、技术创新的贡献率均上升，分别达到16.96%、25.80%、8.55%。

当然，各行业要素指标的贡献率略有差别。各行业在提升绿色度的过程中，需要关注对自身绿色度做出较大贡献的指标，继续加强巩固。同时，对于贡献率暂时比较低的指标也要加以重视，继续加大这方面的努力和工作力度，着力提高其贡献率。

基于绿色度的我国制造业发展阶段识别

第一节　制造业发展阶段的定量识别

人类社会可以划分为农业社会、工业社会和后工业社会（张康之，2018）。人与自然的关系经历了依赖、征服，到如今人与自然的和解，“绿色发展”成为全球共识（赵建军，2012），制造业正在逐步转向绿色发展模式。而对制造业各个行业所处的发展阶段进行梳理和判别具有重要的意义，可以让我们更好地把握我国制造业各行业的发展状况和特征，进而找出共性特征，提出更有针对性的政策建议来推进制造业的绿色转型发展。根据评价结果和标准，本章研究将 28 个行业分为五大类——黑色、深褐色、褐绿色、浅绿色、深绿色。

本章研究参考借鉴孙毅、景普秋（2012）的研究思路，建立制造业绿色发展的阶段识别标准，将制造业发展划分为三个阶段，即传统发展阶段、绿色转型发展阶段和绿色发展阶段，其中绿色转型发展阶段又进一步划分为绿色转型初期、绿色转型中期、绿色转型后期，并对每个发展阶段赋予一定的“颜色”，依次为黑色、深褐色、褐绿色、浅绿色和绿色，具体每个阶段的划分标准如表 10－1 所示。

表 10－1　　　　制造业发展阶段的识别标准

发展阶段	“颜色”	基本特征和识别标准
传统发展阶段	黑色	制造业发展单纯地依靠经济发展，忽视了资源的消耗和环境的破坏，制造业绿色度 <20

续表

发展阶段		“颜色”	基本特征和识别标准
绿色转型发展阶段	绿色转型初期	深褐色	制造业发展在依靠经济发展的同时，重视资源的消耗和环境的破坏问题，20≤制造业绿色度<30
	绿色转型中期	褐绿色	制造业发展逐渐加大对资源消耗和环境破坏的重视程度，30≤制造业绿色度<40
	绿色转型后期	浅绿色	制造业发展基本上实现了经济与资源环境的协调发展，40≤制造业绿色度<50
绿色发展阶段		绿色	制造业发展实现了经济发展与资源环境协调并重，制造业绿色度≥50

根据表 10 - 1 的发展阶段识别标准，结合我国制造业各行业的绿色度评价得分，最终得到我国制造业各行业的发展阶段情况，如表 10 - 2 和表 10 - 3 所示。通过分析可以发现以下三个特点。

一、制造业整体迈向更高水平发展阶段

2004 年，“黑色”行业（处于传统发展阶段的行业）有 16 个，占全部 28 个行业的 57.14%，“深褐色”行业（处于绿色转型阶段的行业）有 12 个，占全部 28 个行业的 42.86%，没有“褐绿色”“浅绿色”“绿色”行业。随着行业绿色化发展的不断推进，处于传统发展阶段的“黑色”行业数量不断减少，而“褐绿色”“浅绿色”行业越来越多，行业“含绿量”不断增加。到了 2016 年，“黑色”行业已经只有 1 个，比重仅为 3.57%，“褐绿色”“浅绿色”行业数量大幅增加，分别达到 10 个、2 个，使得处于绿色转型阶段行业的比重达到 89.29%；“绿色”行业也有 2 个，占比为 7.14%。这说明我国制造业绿色转型取得显著成效，推动各行业“含绿量”不断增加，绿色化水平稳步提升，制造业整体迈向更高水平发展阶段。

二、大部分行业实现了跨阶段发展

2004 ~ 2016 年，未实现跨越阶段发展的行业只有 5 个，即纺织业（I5）、家具制造业（I9）、化学纤维制造业（I16）、有色金属冶炼和压延加工业（I20）、仪器仪表制造业（I27）。而共有 23 个行业实现了跨阶段发展，其中，跨越 3 个阶

表 10 - 2　　2004 ~ 2016 年各发展阶段的行业数量及占比

发展阶段	2004 年	2005 年	2006 年	2007 年	2008 年	2009 年	2010 年	2011 年	2012 年	2013 年	2014 年	2015 年	2016 年
黑色(个)	16	13	14	10	8	9	6	4	4	3	3	3	1
深褐色(个)	12	15	13	16	15	17	16	18	17	15	13	14	13
褐绿色(个)	0	0	1	2	5	2	5	4	6	6	8	7	10
浅绿色(个)	0	0	0	0	0	0	1	2	1	3	2	2	2
绿色(个)	0	0	0	0	0	0	0	0	0	1	2	2	2
传统发展阶段行业占比(%)	57.14	46.43	50.00	35.71	28.57	32.14	21.43	14.29	14.29	10.71	10.71	10.71	3.57
绿色转型阶段行业占比(%)	42.86	53.57	50.00	64.29	71.43	67.86	78.57	85.71	85.71	85.71	82.14	82.14	89.29
绿色发展阶段行业占比(%)	0	0	0	0	0	0	0	0	0	3.57	7.14	7.14	7.14

表 10 - 3　　2004 ~ 2016 年我国制造业发展阶段的定量识别

行业	2004 年	2005 年	2006 年	2007 年	2008 年	2009 年	2010 年	2011 年	2012 年	2013 年	2014 年	2015 年	2016 年	跨越阶段
I1	黑色	黑色	黑色	深褐色	深褐色	深褐色	深褐色	深褐色	深褐色	褐绿色	褐绿色	褐绿色	褐绿色	2
I2	黑色	黑色	黑色	黑色	黑色	黑色	黑色	深褐色	深褐色	深褐色	深褐色	深褐色	深褐色	1
I3	黑色	黑色	黑色	黑色	黑色	黑色	黑色	深褐色	深褐色	深褐色	深褐色	深褐色	深褐色	1
I4	深褐色	深褐色	深褐色	深褐色	深褐色	深褐色	深褐色	深褐色	褐绿色	褐绿色	褐绿色	褐绿色	褐绿色	1
I5	深褐色	深褐色	深褐色	深褐色	深褐色	深褐色	深褐色	深褐色	深褐色	深褐色	深褐色	深褐色	深褐色	0
I6	黑色	黑色	黑色	深褐色	深褐色	深褐色	深褐色	深褐色	深褐色	深褐色	深褐色	深褐色	褐绿色	2
I7	黑色	黑色	黑色	黑色	深褐色	深褐色	深褐色	深褐色	深褐色	深褐色	深褐色	深褐色	深褐色	1
I8	黑色	黑色	黑色	黑色	黑色	黑色	黑色	黑色	黑色	深褐色	深褐色	深褐色	深褐色	1

续表

行业	2004 年	2005 年	2006 年	2007 年	2008 年	2009 年	2010 年	2011 年	2012 年	2013 年	2014 年	2015 年	2016 年	跨越阶段
I9	深褐色	深褐色	深褐色	深褐色	深褐色	深褐色	深褐色	深褐色	深褐色	深褐色	深褐色	深褐色	深褐色	0
I10	黑色	黑色	黑色	黑色	黑色	黑色	黑色	黑色	黑色	深褐色	深褐色	深褐色	深褐色	1
I11	黑色	深褐色	深褐色	黑色	深褐色	深褐色	深褐色	深褐色	深褐色	深褐色	深褐色	深褐色	深褐色	1
I12	深褐色	深褐色	深褐色	深褐色	深褐色	深褐色	深褐色	深褐色	深褐色	深褐色	褐绿色	褐绿色	褐绿色	1
I13	黑色	深褐色	深褐色	深褐色	深褐色	黑色	深褐色	深褐色	深褐色	深褐色	深褐色	深褐色	深褐色	1
I14	深褐色	深褐色	深褐色	深褐色	褐绿色	深褐色	褐绿色	褐绿色	褐绿色	浅绿色	浅绿色	浅绿色	浅绿色	2
I15	黑色	黑色	黑色	黑色	黑色	黑色	深褐色	深褐色	深褐色	深褐色	深褐色	深褐色	褐绿色	2
I16	黑色	黑色	黑色	黑色	黑色	黑色	黑色	黑色	黑色	黑色	黑色	黑色	黑色	0
I17	黑色	黑色	黑色	黑色	深褐色	深褐色	深褐色	深褐色	深褐色	深褐色	深褐色	深褐色	深褐色	1
I18	黑色	深褐色	黑色	深褐色	深褐色	深褐色	深褐色	深褐色	深褐色	褐绿色	褐绿色	褐绿色	褐绿色	2
I19	深褐色	深褐色	深褐色	褐绿色	褐绿色	深褐色	褐绿色	褐绿色	褐绿色	褐绿色	褐绿色	深褐色	褐绿色	1
I20	深褐色	黑色	深褐色	深褐色	黑色	黑色	深褐色	深褐色	深褐色	黑色	黑色	黑色	深褐色	0
I21	黑色	深褐色	黑色	深褐色	深褐色	深褐色	深褐色	深褐色	深褐色	深褐色	褐绿色	褐绿色	褐绿色	2
I22	深褐色	深褐色	深褐色	深褐色	深褐色	深褐色	褐绿色	褐绿色	褐绿色	褐绿色	褐绿色	褐绿色	褐绿色	1
I23	黑色	黑色	黑色	深褐色	深褐色	深褐色	深褐色	深褐色	深褐色	褐绿色	褐绿色	褐绿色	褐绿色	2
I24	深褐色	深褐色	深褐色	深褐色	褐绿色	褐绿色	褐绿色	浅绿色	褐绿色	浅绿色	绿色	绿色	绿色	3
I25	深褐色	深褐色	深褐色	深褐色	褐绿色	深褐色	褐绿色	褐绿色	褐绿色	浅绿色	浅绿色	浅绿色	浅绿色	2
I26	深褐色	深褐色	褐绿色	褐绿色	褐绿色	褐绿色	浅绿色	浅绿色	浅绿色	绿色	绿色	绿色	绿色	3
I27	深褐色	深褐色	深褐色	深褐色	深褐色	深褐色	深褐色	深褐色	深褐色	深褐色	深褐色	深褐色	深褐色	0
I28	黑色	黑色	黑色	黑色	黑色	黑色	黑色	黑色	黑色	黑色	黑色	黑色	深褐色	1

段的行业有2个，即交通运输设备制造业（I24）以及计算机、通信和其他电子设备制造业（I26），这也是率先进入绿色发展阶段的两个行业；跨越2个阶段的行业有8个，其中有6个行业从“黑色”变成“褐绿色”，如农副食品加工业（I1），纺织服装、服饰业（I6），医药制造业（I15），非金属矿物制品业（I18），金属制品业（I21），专用设备制造业（I23），另外2个行业从“深褐色”变成“浅绿色”，即化学原料和化学制品制造业（I14）和电气机械和器材制造业（I25），它们即将完成绿色转型进入绿色发展阶段；跨越1个阶段的行业有13个，大部分为“深褐色”行业，共有9个，为食品制造业（I2），酒、饮料和精制茶制造业（I3），皮革、毛皮、羽毛及其制品和制鞋业（I7），木材加工和木、竹、藤、棕、草制品业（I8），造纸和纸制品业（I10），印刷和记录媒介复制业（I11），石油加工、炼焦和核燃料加工业（I13），橡胶和塑料制品业（I17），其他制造业（I28）。

三、个别行业的绿色转型仍然任重道远

2004年，我国的“黑色”行业有16个，随后数量迅速减少，到2008年时已经只有8个，2013年下降到3个，2016年仅剩1个，即化学纤维制造业（I16）。除此之外，木材加工和木、竹、藤、棕、草制品业（I8）以及其他制造业（I28）长期处于“黑色”状态，而有色金属冶炼和压延加工业（I20）也在“黑色”和“深褐色”之间波动。这4个行业的绿色转型进展比较缓慢，要严格审视自身的短板，尽快取缔高消耗、高污染的生产工艺。政府有关部门要加强对这些行业的督查把控和引导。当然，产业的绿色转型不是一蹴而就的，还会受到行业本身的特点限制，不同的行业在不同的发展阶段呈现出不同的特点。阶段之间的跨越需要经历一定的过渡期，而各行业最重要的是要做到尽量缩短过渡期。这需要通过多种手段进行必要的引导，支持引导一批行业先进的领头企业，探索出适合该行业和企业的发展模式，并通过辐射效应逐渐在行业内推广，进而推动整个行业的转型发展。在这个过程中重点是要构建绿色生产体系，统筹优化各个生产环节，把绿色生产工艺和技术应用到各个生产环节。

总的来看，我国制造业正在稳步迈向绿色发展阶段，大部分行业进展迅速，绿色化水平不断提高，但是也有个别行业表现不尽如人意，任重道远。今后，如何提高落后行业的绿色度，继续推进领先行业的绿色度增长，以及如何减少波动情况的出现，成为接下来亟须解决的问题。

第二节　典型案例分析——计算机、通信和其他电子设备制造业

计算机、通信和其他电子设备制造业是我国重点发展的行业之一，同时也是我国制造业的主要组成部分。我国的计算机、通信和其他电子设备制造业包括计算机制造、通信设备制造、广播电视设备制造、雷达及配套设施制造、非专业视听设备制造、智能消费设备制造、电子器件制造、电子元件及电子专用材料制造、其他电子设备制造。《中国制造 2025》提出要“推进信息化与工业化深度融合”“深化互联网在制造领域的应用”“加强互联网基础设施建设”“大力推动重点领域突破发展”“瞄准新一代信息技术、高端装备、新材料、生物医药等战略重点，引导社会各类资源集聚，推动优势和战略产业快速发展”。[①] 这些都对我国计算机、通信和其他电子设备制造业发展提出了新要求。

我国的计算机、通信和其他电子设备制造业起步相对较晚。早期，该行业的许多生产工艺和技术主要是对国外先进的工艺和技术进行模仿、复制和再创新，技术水平和创新能力相对较低，经济社会效益、绿色化水平不高，对资源的消耗相对较大，对环境的负面影响相对也比较大。但随着行业的快速发展，尤其是党的十八大以后，我国生态文明建设的加快推进，在创新、绿色理念的指引下，计算机、通信和其他电子设备制造业对绿色生产、技术创新愈加重视，取得了显著的经济社会效益，对资源的消耗和对环境的污染迅速减少，跨越了 3 个阶段，由“深褐色”转变成“褐绿色”，进而转变成“浅绿色”，最后转变成“绿色”，成功完成绿色转型，迈入绿色发展阶段。

本节将以计算机、通信和其他电子设备制造业（I26）的绿色转型历程作为典型案例进行分析，深入挖掘制造业绿色转型和绿色度提高背后的重大意义和内在逻辑，并从另一个角度验证本章研究构建的制造业绿色度评价指标体系以及评价结果的科学性和合理性。2004 ~ 2016 年计算机、通信和其他电子设备制造业（I26）的各级指标得分见表 10 - 4。

---

① 中华人民共和国中央人民政府. 国务院关于印发《中国制造 2025》的通知. 2015 年 5 月 8 日，http：//www. gov. cn/zhengce/content/2015 - 05/19/content_9784. htm.

表 10－4　2004～2016 年计算机、通信和其他电子设备制造业的绿色度各级指标得分

单位：分

指标		2004 年	2005 年	2006 年	2007 年	2008 年	2009 年	2010 年	2011 年	2012 年	2013 年	2014 年	2015 年	2016 年
绿色度		26.6	28.6	31.4	34.3	35.9	35.7	42.2	45.4	47.3	51.9	55.4	58.1	61.2
资源利用	能源消费总量	0.28	0.24	0.20	0.18	0.16	0.16	0.14	0.13	0.13	0.12	0.12	0.11	0.10
	能源强度	2.56	2.64	2.74	2.85	2.89	2.91	3.18	3.54	3.84	4.16	4.28	4.33	4.35
	煤炭消费量占比	1.75	2.13	2.66	2.56	2.28	2.30	2.63	3.09	2.06	3.37	3.89	4.09	5.02
	天然气消费量占比	1.78	1.71	1.60	1.50	1.38	1.07	1.20	1.19	1.24	1.20	1.30	1.21	1.73
	合计	6.38	6.73	7.20	7.09	6.70	6.44	7.15	7.96	7.28	8.86	9.59	9.75	11.20
环境影响	工业废水排放量	0.08	0.06	0.05	0.04	0.03	0.03	0.03	0.02	0.02	0.02	0.02	0.02	0.02
	工业废水处理量	0.01	0.01	0.01	0.01	0.01	0.02	0.02	0.02	0.02	0.10	0.02	0.02	0.02
	工业废气排放量	0.07	0.04	0.03	0.03	0.02	0.02	0.01	0.01	0.01	0.01	0.01	0.01	0.01
	工业废气治理设施处理能力	0.01	0.01	0.01	0.01	0.01	0.02	0.02	0.02	0.03	0.03	0.04	0.05	0.05
	一般工业固体废物产生量	0.06	0.05	0.05	0.04	0.03	0.03	0.03	0.05	0.02	0.05	0.04	0.03	0.03
	一般工业固体废物综合利用量	0.00	0.00	0.00	0.00	0.00	0.01	0.00	0.00	0.01	0.00	0.00	0.00	0.00
	合计	0.23	0.18	0.15	0.14	0.12	0.12	0.11	0.13	0.11	0.22	0.13	0.13	0.14
技术创新	R&D 人员折合全时当量	0.92	1.09	1.19	1.67	1.97	2.12	2.73	3.12	3.73	3.84	4.04	4.19	4.23
	R&D 经费内部支出	0.57	0.67	0.85	0.99	1.18	1.34	1.68	2.30	2.61	3.07	3.41	3.95	4.44
	新产品销售收入	0.62	0.65	0.79	0.98	1.22	1.17	1.50	2.04	2.18	2.71	3.00	3.44	3.91
	技术改造经费支出	0.25	0.17	0.19	0.23	0.29	0.20	0.36	0.34	0.33	0.46	0.29	0.37	0.63
	合计	2.36	2.58	3.02	3.87	4.66	4.83	6.27	7.80	8.85	10.08	10.75	11.94	13.20

续表

指标		2004 年	2005 年	2006 年	2007 年	2008 年	2009 年	2010 年	2011 年	2012 年	2013 年	2014 年	2015 年	2016 年
经济效益	工业销售产值	1.47	1.77	2.19	2.63	2.94	2.99	3.73	4.32	4.81	5.44	5.93	6.36	6.86
	利润总额	1.32	1.38	1.55	1.78	1.85	2.00	2.81	2.78	3.05	3.13	3.84	4.04	4.41
	成本费用利润率	0.58	0.53	0.54	0.56	0.55	0.58	0.67	0.61	0.61	0.60	0.65	0.65	0.66
	主营业务收入	1.44	1.81	2.24	2.66	2.95	3.02	3.79	4.37	4.85	5.33	5.90	6.33	6.89
	合计	4.80	5.48	6.52	7.62	8.28	8.59	11.00	12.08	13.33	14.49	16.32	17.38	18.82
社会效益	产品销售率	6.89	6.93	6.95	7.26	6.90	7.09	7.52	7.12	7.05	7.66	7.57	7.86	6.83
	工业生产者出厂价格指数	3.37	3.40	3.67	3.85	4.01	3.49	4.02	4.00	3.91	3.81	4.00	4.04	4.08
	平均用工人数	2.41	3.19	3.72	4.36	5.04	4.94	5.77	6.13	6.57	6.60	6.80	6.82	6.67
	资产负债率	0.12	0.13	0.13	0.12	0.20	0.21	0.31	0.19	0.20	0.21	0.19	0.22	0.22
	合计	12.79	13.65	14.47	15.59	16.15	15.72	17.62	17.45	17.74	18.28	18.57	18.94	17.80

一、"深褐色" 向 "褐绿色" 转变

由表 10－3 和表 10－4 可知，2004 年，我国计算机、通信和其他电子设备制造业的绿色度得分为 26. 6 分，属于 "深褐色" 行业，处于绿色转型初期。其中，资源利用得分为 6. 38 分，环境影响得分为 0. 23 分，技术创新得分为 2. 36 分，经济效益得分为 4. 80 分，社会效益得分为 12. 79 分。2006 年，该行业转变为 "褐绿色" 行业，迈入绿色转型中期，绿色度得分上升到 31. 4 分。其中，资源利用得分为 7. 20 分，环境影响得分为 0. 15 分，技术创新得分为 3. 02 分，经济效益得分为 6. 52 分，社会效益得分为 14. 47 分。与 2004 年相比，除了环境影响得分外，其余四个要素指标的得分均上升，推动绿色度得分迅速提高了 4. 80 分。其中，经济效益和社会效益上升最快，分别上升了 1. 72 分和 1. 69 分，是推动该行业绿色度提高、迈入绿色转型中期的最主要因素。接下来，我们将对 2004 ~ 2006 年该行业经济效益和社会效益指标下包含的各个基础指标进行深入分析。

（一）经济效益

经济效益指标下有工业销售产值、利润总额、成本费用利润率和主营业务收入四个基础指标。2004 ~ 2006 年，这四个基础指标的得分变化分别为：0. 72 分、0. 23 分、－0. 04 分、0. 81 分。可见，经济效益得分的提高主要是由工业销售产值、利润总额和主营业务收入这三个指标的得分增加推动的。再进一步对上述各指标的原始数据进行分析发现：2004 ~ 2006 年，工业销售产值、利润总额和主营业务收入分别增长了 10231. 55 亿元、315. 74 亿元和 11591. 25 亿元，年均增长 20. 93%、17. 65%、24. 10%，使得这三个指标的评价得分迅速上升，进而推动经济效益得分和绿色度得分快速提升。

（二）社会效益

社会效益指标下有产品销售率、工业生产者出厂价格指数、平均用工人数和资产负债率四个基础指标。2004 ~ 2006 年，这四个基础指标的得分均上升，分别上升了 0. 06 分、0. 30 分、1. 31 分、0. 01 分。可见，社会效益得分的提高主要是由平均用工人数的得分增加推动的。再进一步对上述各指标的原始数据进行分析发现：2004 ~ 2006 年，平均用工人数增长了 171. 67 万人，年均增长 23. 08%，使得这个指标的评价得分迅速上升，进而推动社会效益得分和绿色度得分快速提升。

二、“褐绿色”向“浅绿色”转变

2010 年，我国计算机、通信和其他电子设备制造业由“褐绿色”行业转变为“浅绿色”行业，迈入绿色转型后期，绿色度得分比 2006 年上升了 10.8 分，达到 42.2 分。其中，资源利用和环境影响的得分分别下降了 0.05 分和 0.04 分，技术创新、经济效益、社会效益的得分分别上升了 3.25 分、4.47 分、3.15 分。与 2006 年相比，技术创新、经济效益、社会效益三个要素指标得分的上升，推动绿色度得分迅速提高了 10.8 分，是推动该行业绿色度提高、迈入绿色转型后期的最主要因素。接下来，我们将对 2006 ~ 2010 年该行业技术创新、经济效益和社会效益指标下包含的各个基础指标进行深入分析。

（一）技术创新

技术创新指标下有 R&D 人员折合全时当量、R&D 经费内部支出、新产品销售收入、技术改造经费支出四个基础指标。2006 ~ 2010 年，这四个基础指标的得分变化分别为：1.54 分、0.83 分、0.71 分、0.18 分。可见，技术创新得分的提高主要是由 R&D 人员折合全时当量、R&D 经费内部支出、新产品销售收入这三个指标的得分增加推动的。再进一步对上述各指标的原始数据进行分析发现：2006 ~ 2010 年，R&D 人员折合全时当量、R&D 经费内部支出、新产品销售收入分别增长了 156517 人年、337.86 亿元和 6311.32 亿元，年均增长 22.91%、18.47%、17.32%，使得这三个指标的评价得分迅速上升，进而推动技术创新得分和绿色度得分快速提升。

（二）经济效益

经济效益指标下有工业销售产值、利润总额、成本费用利润率和主营业务收入四个基础指标。2006 ~ 2010 年，这四个基础指标的得分变化分别为：1.54 分、1.26 分、0.13 分、1.54 分。可见，经济效益得分的提高主要是由工业销售产值、利润总额和主营业务收入这三个指标的得分增加推动的。再进一步对上述各指标的原始数据进行分析发现：2006 ~ 2010 年，工业销售产值、利润总额和主营业务收入分别增长了 21828.21 亿元、1735.42 亿元和 22106.73 亿元，年均增长 13.75%、26.06%、13.66%，使得这三个指标的评价得分迅速上升，进而推动经济效益得分和绿色度得分快速提升。

（三）社会效益

社会效益指标下有产品销售率、工业生产者出厂价格指数、平均用工人数和资产负债率四个基础指标。2006～2010年，这四个基础指标的得分均上升，分别上升了0.57分、0.35分、2.05分、0.18分。可见，社会效益得分的提高主要是由产品销售、平均用工人数的得分增加推动的。再进一步对上述各指标的原始数据进行分析发现：2006～2010年，产品销售率上升了0.74%，而平均用工人数增长了267.68万人，年均增长11.22%，使得这两个指标的评价得分迅速上升，进而推动社会效益得分和绿色度得分快速提升。

三、“浅绿色”向“绿色”转变

2013年，我国计算机、通信和其他电子设备制造业由“浅绿色”行业转变为“绿色”行业，完成绿色转型，进入绿色发展阶段，绿色度得分比2010年上升了9.8分，达到51.9分。其中，资源利用、环境影响、技术创新、经济效益、社会效益的得分分别上升了1.71分、0.10分、3.81分、3.49分、0.65分。与2010年相比，资源利用、技术创新、经济效益3个要素指标的得分上升明显，是推动该行业绿色度提高、迈入绿色发展阶段的最主要因素。接下来，我们将对2010～2013年该行业资源利用、技术创新、经济效益指标下包含的各个基础指标进行深入分析。

（一）资源利用

资源利用指标下有能源消费总量、能源强度、煤炭消费量占比、天然气消费量占比四个基础指标。2010～2013年，这四个基础指标的得分变化为：-0.01分、0.98分、0.74分、0分。可见，资源利用得分的提高主要是由能源强度、煤炭消费量占比的得分增加推动的。再进一步对上述各指标的原始数据进行分析发现：2010～2013年，能源强度下降了0.01吨标准煤/万元，年均下降8.43%，而煤炭消费量占比下降了0.01%，年均下降7.72%，使得这两个指标的评价得分迅速上升，进而推动资源利用得分和绿色度得分快速提升。

（二）技术创新

技术创新指标下有R&D人员折合全时当量、R&D经费内部支出、新产品销售收入、技术改造经费支出四个基础指标。2010～2013年，这四个基础指标的得分变化分别为：1.11 分、1.39 分、1.21 分、0.10 分。可见，技术创新得分的提高主要是由 R&D 人员折合全时当量、R&D 经费内部支出、新产品销售收入这三个指标的得分增加推动的。再进一步对上述各指标的原始数据进行分析发现：2010～2013 年，R&D 人员折合全时当量、R&D 经费内部支出、新产品销售收入分别增长了 112393 亿元、566.24 亿元和 10794.58 亿元，年均增长 11.96%、22.21%、21.81%，使得这三个指标的评价得分迅速上升，进而推动技术创新得分和绿色度得分快速提升。

（三）经济效益

经济效益指标下有工业销售产值、利润总额、成本费用利润率和主营业务收入四个基础指标。2010～2013 年，这四个基础指标的得分变化分别为：1.71 分、0.32 分、－0.07 分、1.54 分。可见，经济效益得分的提高主要是由工业销售产值和主营业务收入这两个指标的得分增加推动的。再进一步对上述各指标的原始数据进行分析发现：2010～2013 年，工业销售产值和主营业务收入分别增长了 24127.69 亿元和 22065.15 亿元，年均增长 13.06%、11.87%，使得这两个指标的评价得分迅速上升，进而推动经济效益得分和绿色度得分快速提升。

综合来看，我国计算机、通信和其他电子设备制造业的绿色度得分增长非常迅速，2004～2013 年就已经跨越了 3 个发展时期，顺利迈入绿色发展阶段，并且一直保持着稳步发展的态势，绿色度逐年提高。而计算机、通信和其他电子设备制造业绿色度得分的快速增长主要是由技术创新、经济效益和社会效益的迅速发展推动的，大部分的指标都呈正向发展态势，这从另一个角度也说明了本章研究构建的制造业绿色度评价指标体系的科学性和合理性，以及评价结果的正确性。当然，该指标体系还有进一步完善的空间。

第十一章

我国制造业绿色转型的模式和路径选择

如前所述，制造业绿色转型是在重视制造业经济产出的同时，兼顾资源环境效益，实现从“高投入、高消耗、高污染”发展模式向“低投入、低消耗、高产出”发展模式的转变。制造业绿色转型的目的是最大限度地降低制造业生产对生态环境的影响，实现生态环境和制造业的协调可持续发展。制造业绿色转型是一项复杂的系统工程，影响因素非常多，处于不同发展阶段的制造业行业，在生产方式和发展状态方面都表现出明显的差异，其进行绿色转型的模式和路径也将截然不同。因此，对于处于不同发展阶段的制造业行业，必须根据不同行业的特征，有的放矢，采取不同的、有针对性的绿色转型模式和路径，这样才能更好地指导我国制造业各行业的绿色转型升级，推动我国经济更快地实现绿色化。本章研究主要从绿色创新的关键要素——绿色制度创新、绿色技术创新、绿色管理创新等角度对我国制造业绿色转型模式进行探讨，构建“绿色度—行业特征—转型模式—转型路径”的绿色转型匹配模型，主要以绿色度为主要参考指标，对五种发展阶段的行业特征进行分析。首先将行业特征与转型模式对应起来，随之又与转型路径相对应，使绿色转型模式和路径与该行业的转型能力和基本状况相匹配。基于该模型，根据各行业绿色度评价得分和行业特征，为具有不同绿色度、处于不同发展阶段的行业选择合适的转型模式和路径。

第一节 “黑色”和“深褐色”行业绿色转型的模式和路径分析

2016年只有1个“黑色”行业，而“深褐色”行业有13个，分别是：食品制造业（I2），酒、饮料和精制茶制造业（I3），纺织业（I5），皮革、毛皮、羽毛及其制品和制鞋业（I7），木材加工和木、竹、藤、棕、草制品业（I8），家具制造业（I9），造纸和纸制品业（I10），印刷和记录媒介复制业（I11），石油加工、炼焦和核燃料加工业（I13），橡胶和塑料制品业（I17），有色金属冶炼和压延加工业（I20），仪器仪表制造业（I27），其他制造业（I28）。“黑色”和“深褐色”行业的一个明显特征是经济产出规模和能源消耗不协调。根据前文数据可知，2016年，“深褐色”行业的工业销售产值共280888.4亿元，占全部制造业工业销售产值的27.10%，能源消耗量70063万吨标准煤，占全部制造业能源消耗量的28.92%，远高于工业销售产值占比。可以看出，“深褐色”行业消耗了大量的资源，也对生态环境造成了巨大的影响，它们的绿色转型迫在眉睫。下文将对“黑色”和“深褐色”行业的特征进行分析，并据此提出具有针对性的绿色转型模式及路径。

一、“黑色”和“深褐色”行业的特征分析

“黑色”和“褐绿色”行业占比是五个阶段中最大的，行业占比高达50%。“黑色”行业的基本特征主要体现在以下三个方面：首先，“黑色”行业属于传统发展阶段，产业结构比较单一，经济产出往往具有很大的波动性，发展过程中以经济产出为首要目标，忽视对资源和环境的负面影响，属于“粗放型”发展模式。其次，经济产出和环境保护之间的矛盾较大，“黑色”行业的生产往往是以资源的过度损耗和生态环境的破坏为代价，对资源和生态环境的负面影响非常大，是我国资源环境问题频频发生的主要原因。最后，“黑色”行业生产工艺和技术水平往往比较落后，科技创新挤出现象比较明显，也是造成资源消耗和生态环境破坏的重要原因。因此，“黑色”行业迫切需要进行绿色转型升级。

与“黑色”行业相比，“深褐色”行业在生产过程中，已经开始将资源和环境要素考虑进来，但是对资源环境要素的重视仍然非常不够，地位远低于经济产出，以资源消耗和生态环境破坏为代价来获取经济产出的现象依然很明显。虽然

资源消耗速度和生态环境的破坏程度及速度比“黑色”行业有小幅度的降低，但是对资源环境的影响依然很大。此外，“深褐色”行业的产业结构单一性问题仍然比较明显，经济产出的波动性较大，技术水平和科技创新能力虽然有所提升，但是仍非常低。

二、基于绿色制度创新的产业重构转型模式分析

良好的制度是经济发展和产业转型的重要保障。在原有的制度安排下，“黑色”和“深褐色”行业采用传统的发展模式，缺乏绿色转型的压力和动力，在生产过程中忽视对资源和环境的影响，产业结构也相对单一，科技创新能力和水平比较弱。原有的发展模式导致了一系列资源和生态环境问题，表明这些行业在现有的制度安排下其发展不具有可持续性，亟须通过产业重构来改变行业发展现状，实现绿色可持续发展。因此，对于“黑色”和“深褐色”行业而言，只有通过制度创新来进行产业重构，才能改变原有的发展模式，实现绿色发展。

绿色制度创新是指对绿色制度所包含的因素进行新的组合和调整，使之比原有制度能创造出更多的产出和价值。制度创新是创新的前提，只有具有完善的制度创新机制，才能保证技术创新和管理创新的有效进行（田贵平，2007）。因此，可以说绿色制度创新是推动绿色转型的基础。

制度创新的核心内容是社会政治、经济和管理等制度的革新，是支配人们行为和相互关系的规则的变更，是组织与其外部环境相互关系的变更，其直接结果是激发人们的创造性和积极性，促使不断创造新的知识和社会资源的合理配置及社会财富源源不断的涌现，最终推动社会的进步。因此，绿色制度创新强调两个方面：一是有效的组织；二是通过对现存制度的变革，使创新者及组织得到经济效益和社会效益的提升。绿色制度创新之下，一开始被闲置的社会资源会被重新组合起来，运用到社会经济活动，并创造出效益；一开始使用效率较低的资源会被重组，使之在经济活动中的效率得以提升。此外，还可以对社会资源的利用方式和管理方式以及社会资源本身产生根本变革。绿色制度创新就是将与绿色经济、环境保护相关的制度设计和制度安排根据实践要求不断创新和完善，以实现经济、社会与环境的可持续发展。

基于绿色制度创新的产业重构转型模式就是通过绿色制度创新来优化产业结构，促进制造业内部结构的优化调整，加强对生产资源的有效组织和优化，改进资源的利用方式、管理方式，实现制造业发展模式的绿色重构，进而实现绿色转型。一方面，通过绿色制度创新，有效引导消费者对绿色产品的需求，逐渐摒弃

消费对环境产生污染破坏的产品或者服务，进而转向对环境友好型绿色产品或者服务的消费。随着消费结构的不断变化，生产企业会为了适应这种变化，逐渐开发环保新产品、提升绿色生产技术、调整生产规模，进而促进制造业绿色转型。另一方面，通过合理的绿色制度创新，会使一些污染较大的行业的生产成本上涨，该行业里的一部分生产企业迫于生产成本上涨和利润缩水的压力，会逐渐退出该行业，转向一些污染较低或者环境规制要求低的行业，从而优化调整产业结构。由于竞争对手的减少，仍然留在该行业的生产企业的利润会逐步向好，这就使得这些企业有能力进行绿色技术的改造与革新，减少污染物排放，进而促进该行业的绿色转型。

三、“黑色”和“深褐色”行业绿色转型的路径选择

产业的转型升级不是一蹴而就的，这些行业在逐渐迈向“褐绿色”“浅绿色”以及“绿色”的过程中必然是循序渐进、缓慢推动的，需要经历一段时间的过渡。在迈向更高阶段的过程中，由于生产工艺和生产技术比较落后，自然环境和经济发展之间的矛盾会比较突出，当社会要求生产必须不能浪费资源和破坏环境时，资源和环境因素就会阻碍经济发展，但两者之间的矛盾将会通过生产技术的进步逐渐化解。在这期间，可以通过政府的干预进行缓解，政府可以通过制度创新，转变“黑色”和“深褐色”阶段行业原有的经济发展方式，通过更加有效的手段，对社会资源进行重新组合和安排，使社会资源得到更加高效的利用，环境效益和经济效益都能得到较大的提升。随着绿色度的提高，环境因素对经济发展的阻碍将会越来越小，科技创新能力将会成为影响经济发展的主要因素，在这种情况下，行业和企业需要在制度上进一步作出创新，通过制度的创新来加大研发投入，激励研发人员积极地对新工艺和新技术进行研究和创造，推动转型升级。

“黑色”和“深褐色”行业在转型的过程中需要政府、行业和企业在制度上做出较大的创新，甚至重新设计新的制度安排。政府在绿色发展的体制、机制、政策、法规等诸多问题上要抓紧创新，加快形成绿色产业发展的激励机制。一方面，加快提高环境标准、去除落后产能，严格控制市场准入，加强环境污染监管；另一方面，大力推进排污权交易体系、碳排放权交易体系、生态产品价值实现机制等的不断完善和推广应用。同时，通过财税金融政策实现对高污染、高耗能、高排放行业的约束，引导资金流向新技术、新材料、新产品和环保项目，不断推进行业结构、企业结构的升级改造。对于那些不愿意改造或者无法改造的企

业必须坚决淘汰，只有这样才能使得这些行业获得更大的转变。而对于行业和企业而言，要充分意识到绿色发展的必要性和紧迫性，加快生产制度、生产方式、生产技术、生产标准等的绿色重构，将生态环境要素考虑进来，加快转型。

第二节 “褐绿色”行业绿色转型的模式和路径分析

2016 年，处于“褐绿色”发展阶段的行业有 10 个，分别是：农副食品加工业（I1），烟草制品业（I4），纺织服装、服饰业（I6），文教、工美、体育和娱乐用品制造业（I12），医药制造业（I15），非金属矿物制品业（I18），黑色金属冶炼和压延加工业（I19），金属制品业（I21），通用设备制造业（I22），专用设备制造业（I23）。这些行业的总体经济规模非常大，是我国制造业的重要组成部分。根据前文数据可知，2016 年，“褐绿色”行业的工业销售产值达 395439.7 亿元，占全部制造业工业销售产值的 38.15%。同时，这些行业也消耗了大量的资源，能源消耗量为 113350 万吨标准煤，占全部制造业能源消耗量的 46.79%，远高于工业销售产值占比。虽然消耗了大量能源，但相对而言它们的工业废水排放量和工业废气排放量不高：工业废水排放量为 868901.60 万吨，占全部制造业工业废水排放量的 31.61%；工业废气排放量为 36957.21 万亿立方米，占全部制造业工业废气排放量的 22.17%。可见，我国“褐绿色”行业消耗了大量的能源，但相对而言对环境的负面影响并不太大。下文将对“褐绿色”行业的特征进行分析，并据此提出具有针对性的绿色转型模式及路径。

一、“褐绿色”行业的特征分析

“褐绿色”行业占比很高，达到 35.7%，这些行业处在绿色转型中期，是转型跨越期。这表明我国制造业正在积极进行绿色转型，并且取得了巨大的成效，同时也表明现阶段是我国制造业绿色转型的关键时期，此时制造业的发展策略尤为重要。在此发展阶段，行业对资源和环境的重视程度比较高，行业的生产活动对资源和环境比较友好，资源利用效率得到较大幅度的提升。虽然资源损耗和生态环境破坏问题依然存在，但是其产生的影响已经基本能够由其创造的价值所弥补。同时，科技创新能力得到较大的提升，生产工艺和生产技术达到全国中等水平，产业结构单一性问题得到较大改善，投资结构趋于多元。

二、基于绿色技术创新的技术升级转型模式分析

“褐绿色”发展阶段是实现绿色转型的关键期，属于“转型跨越期”。虽然生产过程对资源的节约和环境的保护都有了一定的效果，但是整体来说绿色创新技术还不够成熟，企业的生产工艺和生产流程还需要进一步提高和完善。在转型跨越期，要促进绿色度的提高，绿色技术创新是最关键的要素。只有通过技术创新，使企业的生产技术达到全国先进水平，才能使处于“褐绿色”发展阶段的行业快速地进入“绿色”发展阶段。

绿色技术创新是制造业绿色转型的核心动力。所谓绿色技术，就是指遵循生态原理和生态经济规律，节约资源和能源，避免、消除或减轻对生态环境的污染和破坏，生态负效应最小的“无公害化”或“少公害化”的技术、工艺和产品的总称。绿色技术是对传统生产技术的改进与替代。绿色技术所带来的不仅是企业经济效益的提升，其突出的特点是对资源的节约和对生态环境的保护。

基于绿色技术创新的技术升级转型模式可以分为三种：一是流程升级。凭借绿色技术创新提高企业的生产技术水平，使生产体系得以重组，促进企业的生产技术升级换代，降低企业的生产成本，进而使其生产的产品更具市场竞争力。而市场上的生产要素会逐渐流向生产效率高的企业，这使得其他生产效率较低的企业迫于压力也开始逐步采用先进技术，以获得市场竞争力，逐渐推动整个行业的生产技术水平得到提高。二是产品升级。通过绿色技术创新，推出具有高附加值的新产品，或者改进原有产品，借助营销手段或者政府部门的帮扶，使新产品快速进入市场。在现阶段我国供给侧结构性改革的大背景下，具有高质量、高附加值的产品很容易得到推广。产品的升级换代会使得企业的发展更具有竞争力，绿色产品的广泛传播，必将带来相关产业绿色度的提升。三是市场升级。随着绿色技术创新的广泛开展，绿色技术愈加成熟，应用也更加广泛，企业生产绿色产品的成本和行业的准入标准显著降低，会使得更多的企业运用绿色技术进行生产，绿色产品的市场将会越来越大。同时，消费者对生态环境要求的提高也会激发市场对绿色产品的需求，进一步刺激和鼓励绿色技术创新活动的开展，从供给和需求两个角度共同推进整个行业的绿色转型。

三、“褐绿色”行业绿色转型的路径选择

通过政府、企业和民众等多方面推动行业绿色技术升级转型。绿色技术创新

的研发成本要高于普通的技术研发，同时绿色产品进入市场时也会遇到一定的门槛，政府作为经济宏观调控部门，其主要职责就是要通过创建一系列相关的制度，来支持和引导绿色创新技术的发展，给企业的绿色技术创新营造良好的市场环境。企业作为绿色技术创新的主体部门，要树立通过绿色技术创新来提高企业核心竞争力的战略思想，通过自身及与科研机构合作的方式推进绿色技术创新，并实现产业化。民众作为消费主体，其主要的职责在于要树立绿色消费观念，践行绿色生活方式，把绿色消费日常化，用实际行动支持和促进我国的绿色技术创新。

此外，通过绿色金融推动“褐绿色”行业的转型升级。绿色金融渗透到绿色创新技术的各个行为主体，在内部动力机制、外部激励机制和能力培育机制等方面都能起到支持作用。良好的绿色金融将会为培育绿色技术创新提供有利的环境，并为企业的绿色技术创新提供资金保障。而绿色技术创新带来的效益又能反作用于绿色金融的发展，两者相辅相成，推动各行业加快绿色转型。

各行业还可以利用电子信息技术的发展促进绿色技术创新，进而推动行业绿色转型。在信息时代，制造业的绿色转型就是一场在电子信息技术推动下的管理方式和生产方式的变革。因此，各行业要充分利用互联网模式、大数据分析、云计算平台等先进技术和理念，在生产过程中不断应用和推广绿色技术，提高产品的绿色技术含量和绿色技术竞争力，并逐步提高行业的绿色技术水平，使各行业迈向集约化、智能化，走向价值链高端，实现行业绿色转型。

第三节 “浅绿色”行业绿色转型的模式和路径分析

2016 年，处于“浅绿色”发展阶段的行业有两个，分别是化学原料和化学制品制造业（I14）、电气机械和器材制造业（I25）。处于“浅绿色”发展阶段的行业的绿色发展水平已经比较高了，对资源的消耗相对较低。根据前文数据可知，2016 年，“浅绿色”行业的工业销售产值达 160953. 4 亿元，占全部制造业工业销售产值的 15. 53%，能源消耗量为 51305 万吨标准煤，占全部制造业能源消耗量的 21. 18%，高于工业销售产值占比。虽然消耗了大量能源，但是它们的工业废水排放量和工业废气排放量很低：工业废水排放量为 201844. 99 万吨，占全部制造业工业废水排放量的 7. 34%；工业废气排放量为 12157. 6 万亿立方米，占全部制造业工业废气排放量的 7. 29%。可见，我国“浅绿色”行业实现了更高的经济产出，也消耗了大量的能源，但对环境的负面影响较小。下文将对“浅绿色”行业的特征进行分析，并据此提出具有针对性的绿色转型模式及路径。

一、“浅绿色”行业的特征分析

处在“浅绿色”发展阶段的行业数量是五个发展阶段中最少的。“浅绿色”阶段是“褐绿色”阶段深化到一定程度才出现的转变。从“黑色”到“绿色”的变化过程是一个从量变到质变的过程。在此过程中，经济指标数据、资源消耗指标数据、环境影响数据在绿色技术创新的推动之下，不断向着人们期望的方向去改变。这些正向指标数据的不断增加，反向指标数据的不断减少，最终实现从量变到质变的飞跃，而“浅绿色”阶段就是即将完成质变的阶段。在此阶段，行业的经济发展水平比较高，产出持续稳定增长，产业结构多元化发展，科技创新能力比较强，新的生产工艺和生产技术使得行业绿色发展水平比较高，生产活动对资源和环境的负面影响较小，循环经济初具形态，经济产出的增长和生态环境之间的矛盾逐渐消失，基本实现绿色经济。

二、基于绿色管理创新的产业链优化转型模式分析

处于“浅绿色”发展阶段的行业对自然资源和生态环境的重视程度已经达到很高的水平，生产过程对环境的破坏非常低。同时，科技创新能力达到了一定的水准，要进一步促进制造业的绿色转型，必须从新的角度寻找突破口。管理的创新往往会给企业在生产方式和企业运行模式方面带来较为深刻的变革，而绿色管理是一种新的管理模式，对“浅绿色”行业进行绿色管理创新，将会使“浅绿色”行业在经济产出快速增长的同时，实现对资源的节约和环境的保护，进一步提高行业绿色度。

管理创新是指企业把新的管理要素（如新的管理方法、新的管理手段、新的管理模式等）或要素组合引入企业管理系统，以更有效地实现组织目标的创新活动。绿色管理创新就是以生态、环保、绿色为基本理念，把自然资源和生态环境保护的思想融入制造业的经营管理当中，促进生产环节优化、管理层级精简化、操作规程标准化、生产模块规范化，并融入现代绿色制造技术，从本质上减少产品生产过程中的资源浪费流失、环境污染，进而传导到消费环节，实现废物回收再利用，废物处理低成本、零污染、低排放。绿色管理创新主要包括制定绿色企业管理机制、绿色成本管理创新，采用先进生产方式、开发绿色产品、建立绿色营销机制、建立绿色网络化供应链、建立环境评价与管理系统等。

我国制造业产业链的核心内容包括材料子产业、生产子产业和营销子产业。

现阶段我国制造业产业链呈现出服务业和制造业相融合，材料子产业和生产研发子产业多元化发展的趋势。产业链优化转型模式就是通过绿色管理创新，将产品设计、资源利用、产品加工生产和销售等环节进行链条式整合与延伸，优化协调产业链上下游关联企业，使子产业之间的联系和衔接标准化；产业的分工更加专业化，实现资源集约化利用、能源高效开发、生产清洁化、产品低排放和循环利用，并形成相互之间的共生与合作创新关系；各子产业之间也形成规范化的信息反馈渠道，推动产业链的优化、升级和延伸，促使产品在整个生命周期中的资源利用效率提高和环境负面影响减少，实现经济效益、社会效益、生态效益的协同融合。绿色管理和产业链都涉及产品的最初设计、生产和最终销售，因此，通过绿色管理创新在产业链的各个环节进行优化创新，能更好地促进行业的绿色转型。

三、“浅绿色”行业绿色转型的路径选择

通过绿色管理创新和知识整合，优化改善制造业产业链，实现绿色转型升级。知识整合是最高级的整合方式，对于“浅绿色”行业在现阶段的发展状态来说，知识整合是最佳的方式选择。结合绿色管理创新的知识整合，将会使绿色创新的思想融入每一个生产环节，使制造业内部管理更加有效，在人力和物力方面将会大大缩减成本。同时，子产业信息化水平的提高，将会使产品的生产信息得到有效的管理，生产设备的监控也会更加及时，物流信息的传递也将更加平等，各个环节管理水平和运行效率的提高，将会大大提高生产效率，进而提高绿色度。

通过在产业链的各个环节实施绿色管理，实现绿色转型升级。从绿色生产体系来谋划产业布局、区域布局、市场布局与平台布局，要统筹谋划研发、设计、生产、物流、销售等全产业链条，构建并完善产业价值链网络体系；强化全生命周期的绿色管理和创新，包括支持企业建设绿色工厂、发展绿色工业园区、打造绿色供应链等，将行业的产业链条进行更合理的优化、整合和延伸，引导全产业链推进节能降耗、降本增效，补齐产业链绿色发展短板，积极向“链主”攀升。同时，激励处于产业链不同环节的企业积极创新，进一步提高产业链中各环节的资源利用效率和绿色化水平，最终推动行业进入绿色发展阶段。

第四节 “绿色”行业的特征分析与未来发展策略

2016 年，处于“绿色”发展阶段的行业有两个，分别是交通运输设备制造

业（I24）及计算机、通信和其他电子设备制造业（I26）。进入“绿色”发展阶段是制造业绿色转型的最终目的，也是制造业绿色发展的最终阶段。进入“绿色”发展阶段之后如何保持较高的绿色化水平同样值得关注。因此，与前文类似，下文将首先对“绿色”行业的特征进行分析，然后据此提出“绿色”行业的未来发展策略。

一、“绿色”行业的特征分析

“绿色”行业各方面的表现都非常优异：在经济产出方面，根据前文数据可知，2016 年，交通运输设备制造业（I24）、计算机、通信和其他电子设备制造业（I26）的工业销售产值分别为 100733.54 亿元、98457.24 亿元，在 31 个行业中分别排名第一位和第二位，占全部制造业工业销售产值的 9.72% 和 9.50%，为我国制造业发展作出了巨大贡献；在资源消耗方面，2016 年，这三个行业的能源消耗量分别为 4141 万吨和 3376 万吨，分别排到第 10 位和第 13 位，占全部制造业能源消耗量的 1.71% 和 1.39%。能源消耗量占比远低于工业销售产值占比。可见，“绿色”行业以很低的资源消耗产出了很大的经济价值，在实现经济价值的同时很好地节约了资源、保护了环境，体现出很高的绿色发展水平。

“绿色”行业已经实现了绿色发展，是绿色经济发展的领军者，其行业特征主要有以下三个方面：首先，科技创新带来的技术进步和生产工艺的革新使产业得以实现转型升级，产业结构呈多元化和高级化发展，经济发展质量和数量都达到很高的水平。其次，资源和环境不再是行业经济发展的制约因素，资源利用效率达到很高的水平。行业的生产活动对推动资源可持续利用起到了关键性的作用，经济增长和生态环境协调发展。最后，科技创新能力达到全国领先水平，并成为推动行业经济发展最主要的动力，不断推动行业稳步前行。

二、“绿色”行业的未来发展策略

从政府层面来看，要大力支持“绿色”行业的发展，加大对“绿色”行业的投资，通过制定相应的产业政策来帮扶“绿色”行业及其附加产业。完善市场的运行机制，宏观调控要和市场的自动调节相结合。“绿色”行业的管理体系和生产模式已经达到了比较完善的地步，国家对“绿色”行业的管理要尽量放宽，可以通过完善相关法律法规来给“绿色”行业营造良好的生存和发展环境。要设立“绿色”研究机构，把“绿色”行业的生产模式、运行模式以及管理模式提供给绿色度水平低的行业进行学习，提高全社会的绿色度。当全社会的绿色化水平都达到一定高度时，绿色经济才能实现。

从企业层面来看，企业本身绿色度水平比较高，但是绿色度的标准不是一成不变的，因此“绿色”企业要紧跟时代发展趋势，在保持良好的经济运行状态情况下，进一步提高绿色发展水平。要保证良好的绿色发展状态，进一步提高行业绿色度，可以从以下两个方面入手：一是要有充足的人才储备。人才是企业蓬勃发展的血液，要不断地引进高端人才，同时形成良好的人才培养和引进机制，不断提高企业的人才储备。二是要设立“绿色创新研究中心”。研究中心的内容主要是对国内外新技术和高科技的学习和研究，推进企业时刻保持良好的科技创新能力，不断创造新产品，改进生产技术和工艺。

从民众层面来看，民众作为消费者，是制造业的服务对象。民众作为社会的一分子，要积极响应国家号召，为国家的绿色建设贡献自己的一份力。一是要树立绿色消费观念，使用绿色产品，减少对资源和生态环境的不良影响。二是要积极宣传绿色生活方式，鼓励身边的人展开绿色行动，从身边的小事做起，从一点一滴做起。三是要大力拥护国家支持的绿色产业发展。

不同发展阶段的行业特征差异明显，只有针对行业特征，选择恰当的转型模式以及转型路径，才能很好地推动我国制造业绿色转型。根据上述分析，本章研究构建了我国制造业绿色转型匹配模型，如图 11 -1 所示。

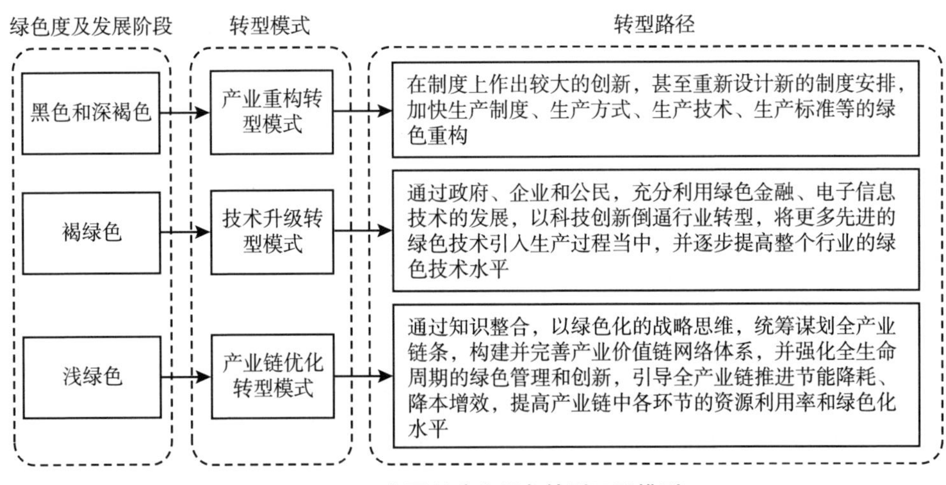

图 11 -1　中国制造业绿色转型匹配模型

第十二章

我国制造业绿色转型的主要障碍与预期收益分析

本章首先结合前文研究结果，深入分析当前我国制造业绿色转型可能面临的主要障碍。接着，对实现制造业绿色转型给未来我国制造业发展带来的潜在收益进行分析，包括经济效益、环境质量改善、资源节约利用、科技创新、社会效益等。

第一节 我国制造业绿色转型的障碍分析

新中国成立70年来，我国制造业快速发展，但仍主要采用高耗能、高排放、高污染的粗放型发展模式，面临巨大的资源环境压力。虽然我国政府一直在推进制造业绿色转型升级，也取得了一定成效，但在绿色转型过程中仍然存在不少障碍。

一、相关支撑产业发展水平不高阻碍制造业绿色转型

目前，与绿色制造相关的支撑产业发展相对比较落后，还处于初级发展阶段，企业规模普遍偏小，产业集中度低，龙头骨干企业带动作用有待进一步提高。截至2018年，全国规模以上工业企业约有37万家，大型企业只有9240家，而中小企业有36万家，占比高达97.5%。“十二五”以来，工业节能减排技术改造大大提高了大型工业企业的绿色制造水平，但中小型企业工艺装备普遍落后，能耗、水耗、土地和矿产资源消耗相对较多，污染物排放量量少面广（李小平，2018）。

相关支撑产业的发展水平还不适应绿色制造的发展需要。市场不规范，行业垄断、地方保护、恶性竞争现象严重，市场机制没有充分发挥作用，阻碍了制造业绿色转型的相关支撑产业的发展（付保宗，2015）。以节能环保产业为例，它以小微企业为主，3 万余家环保企业中，规模 50 人以下企业占比 92%①，产业集中度低，规模效应不明显，企业缺乏市场竞争力，具有一体化综合解决能力的大型综合性环境服务企业较少。同时，以小微企业为主的产业组织特征导致产业内技术创新动力不足，环保技术原始自主创新较少。截至 2017 年，我国环保产业企业中仅有 11%左右的企业有研发活动，这些企业的研发资金占销售收入的比重约为 3.33%，远低于欧美国家 15% ~20% 的水平（中国环境科学研究院，2017）。同时，合同能源管理、环保设施特许经营等节能环保服务模式有待探索，节能环保产业公共服务平台建设有待加强。

二、自主创新能力不强阻碍制造业绿色转型

我国制造业还没完全摆脱高耗能、高投入、高排放的粗放型发展模式，这与我国制造业科技创新水平不足有着必然联系，而自主创新能力不强限制了我国制造业核心竞争力的提高，限制了“中国制造”向“中国智造”的转变。近些年，我国的发明专利申请量处于世界前列，反映出我国科技创新水平不断迈上新台阶。根据国家统计局统计数据，2017 年，国内全年发明专利申请量达到 138 万件，位列全球第一；国际专利申请数量达 4.9 万件，位列全球第二（2018），其中不乏大量与绿色制造有关的技术。但值得注意的是，我国发明专利申请量虽然多，但专利授权量较低，含金量不高，绿色工艺、节能环保技术装备等领域缺乏关键、核心的专利技术（毛涛，2017）。与国外发达国家相比，我国制造业科技创新长期依赖技术引进，通过再创新和集成创新推动技术进步（马晓河，2014）。因此，我国制造业的自主创新能力还不够强，而这又主要是由研发投入强度不高、投入结构不合理和人才不足导致的。

2000 ~2017 年，我国试验与研究发展（R&D）经费从 897.7 亿元增加到 17606.1 亿元，占国内生产总值（GDP）的比重也从 0.9%增加到 2.13%（中华人民共和国国家统计局，2018）。可见，我国总的研发投入费用和研发投入强度都在不断增加。据美国权威杂志 *Rdmag* 发布的资料，按照购买力平价计算，

① 中国环境科学研究院. 大力发展节能环保产业，建设美丽中国［EB/OL］. 环保网，2017 年 11 月 24 日，http://hbw.chinaenvironment.com/scyw/index6598046.html.

2018 年中国研发投入费用总量和增速都是全球第二。[①] 但是从横向比较来看，与美国、日本、德国等发达国家占比高达2.5% ~4% 的水平相比，我国在研发投入强度上还存在一定差距。根据世界银行统计数据，2017 年，中国的研发支出占GDP 比重为2.11%，美国为2.74%，德国为2.94%，日本为3.14%，我国研发投入强度分别只是美国、日本、德国的77.01%、71.77% 和67.20%（世界银行，2019）。

此外，我国在研发投入费用的支出结构上也与国外发达国家不同，还不太合理。2017 年，我国高技术产业的R&D 投入是3182.6 亿元，占增加值的比重为1.1%，而美国在2009 年时这一指标已经达到19.74%。整体来看，当前我国在高技术产业和装备制造业的R&D 经费投入及科研人员投入比较少，而在资本密集型制造业投入较多（王玉玲，2017）。然而，能反映一个国家科技创新水平的正是高技术产业和先进制造业。另外，我国制造业的研发经费主要用于研究降低成本的工艺，用在自主原创技术开发的较少。

人才缺乏和人才素质不高也是导致我国制造业自主创新能力不强的重要原因。根据世界银行统计数据，2016 年，我国每万人中R&D 人员数量为1205 人，而美国为4313 人（2015 年数据）、日本为5210 人、德国为4893 人、韩国为7113 人，中国仅相当于美国的26.87%（2015 年数据）、日本的23.13%，德国的24.63%，韩国的16.94%（世界银行，2019）。可以看出，我国科技创新人才相对比较少。此外，高端人才更少。2012 年，我国企业拥有硕士学位人数占全国R&D 人员硕士人数的比重为38.6%，博士人数占13.6%，这一比例与发达国家差距较大。美国在企业工作的博士人数占比超过35%，而我国的博士绝大多数是在院校和科研机构（马晓河，2014）。另外，我国技术工人的数量和素质都无法满足制造业转型升级的要求。根据人力资源社会保障部数据，2017 年，我国拥有1.65 亿技术工人，高级工人数仅有4791 万，占全部技术工人的比重为6%。[②] 但是发达国家的初级工人占技术工人总数的比重为15%，中级工占比为50%，高级工占比超过35%（付保宗，2014）。显而易见，我国企业仍以初级工为主，而中级工和高级工数量偏低。以上这些原因都导致我国制造业自主创新能力不强，进而影响制造业的绿色转型。

---

① 南生今世说．2018 年研发投入：美国第1、日本第3、德国第4、印度第6，那中国呢？［EB/OL］．搜狐网，2019 年2 月5 日，http：//www.sohu.com/a/293441629_100110525.

② 人社部．全国技能劳动者1.65 亿人高技能人才4791［EB/OL］．中国网，2018 年4 月24 日，http：//news.ifeng.com/a/20180423/57818109_0.shtml．毛涛．我国绿色制造体系构建面临的困境及破解思路［J］．中国党政干部论坛，2017（5）：72 -74.

三、经济下行压力导致企业绿色转型动力不足

现阶段我国经济发展进入新常态，国内外形势严峻，经济下行压力大，国内产品供需结构不太均衡。同时，我国制造业总体上处于全球产业链的中低端位置，竞争优势不强，许多高科技产品的核心生产技术仍被发达国家所掌控。而且人口红利优势正在不断减弱，许多发达国家都开始将其在我国的部分劳动密集型产业向东南亚国家转移。在此背景下，很多企业都出现了经营困难，盈利能力萎缩，投资和创新风险加大。企业要优化生产工艺，购置更加先进的节能、节水、污染处理设备，或者进行绿色回收、绿色循环、再制造都需要有大量的资金支持。但如果产品的销售和产出回报率没有达到预期，就极易出现资金链断裂的问题，极大地影响企业后续发展。因此，基于商业利益的考虑，企业绿色转型的意愿并不强烈。

从需求角度来看，当前消费者关注产品价格的同时会比以前更加注重产品是否绿色环保，但是绿色消费仍然没有成为主流观念，所以绿色产品的竞争优势不是很明显，这也限制了企业绿色转型的意愿。

从具体的制造业行业来看，钢铁、造纸、有色等资本密集型行业受到经济周期波动的影响较大，企业效益显著下滑，而这些行业又恰好是制造业绿色转型的重点行业（付保宗，2015）。因此，经济下行对推动这些行业的绿色转型产生了明显的负面效应。

四、法律法规体系和相关政策的滞后阻碍了制造业绿色转型

目前，我国工业用能指标体系相对完善，但是很多行业的能耗限额标准限定值和准入值偏低，尤其是钢铁、建材、石化等高耗能、高排放、高污染的行业约束指标调整相对滞后。而且我国缺少制造业绿色转型具体的技术规范、标准体系，难以满足制造业绿色发展和出口的需求（彭斯震、孙新章，2014；付保宗，2015）。此外，我国生态立法中环境保护责任划归不明确，导致生态责任建设滞后（秦书生等，2015）。而且我国许多地方仍然更加看重 GDP，在坚持“谁污染谁治理”的原则下，表面上为环境污染提供了解决方案，但实际上未将环境保护真正落实。究其原因，主要是由于法律条款和社会现状有所矛盾，法律法规滞后造成的。

此外，虽然我国为了激励行业的节能环保和制造业的绿色转型，出台了绿色

信贷、绿色金融和相应的税收减免等财税金融政策，但是由于这些激励政策设计过于复杂，操作难度较大，加上一些机构过于强调资金回报率和资金安全等问题，广大制造业中小企业无法真正享受到政策红利。另外，由于补贴金额偏低，即使有些企业从中获益也无法真正弥补其环保投入，因此企业大多以达到法定最低标准为目标，很少主动承担更多的社会责任，导致制造业绿色转型缓慢。

五、环保监管和执行不到位阻碍了制造业绿色转型

一方面，我国地区间环保法规执行力度、执行标准差异大阻碍了绿色转型。受地方保护主义的影响，一些地区仍会片面强调 GDP 总量而不是经济发展质量。在招商引资时，往往采用能源资源供给价格优惠、放宽环保执法力度和标准等手段来吸引投资，使得不同地区之间存在不公平竞争，导致高耗能、高排放、高污染的企业无法及时淘汰，也使得更加绿色清洁的企业无法真正发挥竞争优势，最终也不利于制造业的绿色转型。加上产业结构重型化趋势明显，高耗能、高污染、高排放的传统产业向中西部转移，导致中西部的制造业绿色转型进程更加缓慢。

另一方面，环境保护的监管不到位也阻碍了制造业的绿色转型。截至 2015 年，全国内外资企业的数量为 2185.82 万户。由于企业数目巨大、分布行业广泛，环境保护监管力量不足，企业违规建设、违法排污、超标排污的现象屡有发生。在 2015 年环境保护大检查活动中，共检查企业 177 万家，其中查处各类违法企业数量就高达 19.1 万家。[①] 由于法律监管不到位，“违法成本低，守法成本高”，不少企业对违法行为只要付出较少的代价反而获利，而守法企业需要付出较大的额外成本却难以获得相应的竞争优势，这种“劣币驱逐良币”的现象最终使制造业绿色转型的难度加大。

第二节　我国制造业绿色转型的预期收益分析

预期收益是指发展模式转型的实现对未来制造业发展所能带来的潜在效益，包括直接收益和间接收益。直接收益是指制造业实现绿色转型后能够直接产生的

① 环保部. 近千万余人（次）参与环境执法. [EB/OL]. 中国网，2016 年 6 月 2 日，http://www.sohu.com/a/79741895_162903.

可计量的经济效益，例如由制造业绿色转型带来的产业结构的不断优化、企业绿色技术水平和生产效率的提高、企业利润的增长等。间接收益指制造业实现绿色转型后所产生的社会效益和生态环境效益，如推动经济社会不断进步、生态环境持续改善等（张志元、李兆友，2013）。当前，直接研究制造业绿色转型收益的文献极少，有少部分文献研究的是工业绿色转型或发展模式转型的预期收益，如张志元、李兆友（2013）分析了我国制造业发展模式转型的预期收益。彭星（2015）认为通过工业绿色转型来推动经济发展方式的转变必然是破解资源环境约束并实现经济平稳较快发展的有效路径，意味着绿色转型有利于推进经济发展、减轻资源约束；工业绿色转型是以绿色技术创新、产业结构优化和能源效率提升为特征的，意味着工业绿色转型的实现伴随着绿色技术创新、产业结构的优化和能源效率的提升。王勇、刘厚莲（2015）分析了中国工业绿色转型的减排效应及污染治理投入的影响，发现行业内的绿色转型是工业污染排放减少的主要推动力量，意味着污染排放减少是绿色转型的收益之一。还有少部分文献研究的是地区经济绿色转型的收益，如钟永飞、孙慧（2017）以新疆为例，分析了资源型地区经济绿色化改造（绿色转型）的成本收益，认为实现经济绿色化改造目标后能带来显著的收益，包括节能收益、创造新的经济增长点和绿色就业机会、健康效益等，并且认为绿色转型将会影响产业结构，提升产业竞争力；任女、陈民恳（2017）认为制造业绿色转型直接关系到城市品位和居民生活品质。

事实上，制造业绿色转型的概念、目的和评价体系等都已经间接反映了制造业绿色转型的预期收益。我国传统粗放型发展模式的制造业特点为“三高一低”，导致我国制造业发展伴随着不少负面问题，包括能源资源消耗巨大、经济结构失衡、生态环境恶化等。而制造业绿色转型的目的就是为了解决制造业发展存在的问题，形成低投入、低能耗、低污染和高产出的制造业，而这样的新型制造业是更高级的制造业形态。李廉水、杜占元（2005）认为新型制造业能够提高经济效益、提升竞争实力、降低能源消耗、减少环境污染、增加税收和就业，最终实现可持续发展。而建立制造业绿色度或绿色转型评价指标体系是为了衡量制造业发展的绿色化水平和程度，体现了对制造业绿色转型的要求。评价体系的设置既体现了制造业绿色转型的结果，又间接反映了制造业绿色转型的预期收益。但当前对制造业绿色度或者绿色转型构建评价指标体系的直接研究极少，仅存在一些相近的研究。例如，张晓芹、王宇（2018）在《中国制造 2025》的基础上，构建了包括经济效益、科技创新能力、能源节约能力、环境保护能力和社会服务能力五个维度的新型制造业评价指标体系；赵波、钟天黎（2019）从经济效益、自主创新和绿色发展角度构建了制造业转型升级评价指标体系，并基于该评价指标体系对各省制造业转型升级绩效进行了测度；孙玉锋、吴程（2016）从内部结构、信息化作用、服务业作用三个方面简要论述了中国制造业转型升级的成效；肖宏伟等（2013）构建了包含环境保护、资源利用、竞争力提升三个方面的绿色转型发展指标体系，综合评价绿色转型发展；彭星（2015）从节能减排、结构优化、发展方式转型和绿色技术创新等方面构建工业绿色转型综合评价指标体系。

综上所述，衡量制造业绿色转型预期收益的文献比较少。本章研究认为制造业绿色转型的预期收益可以从经济效益、环境保护、资源节约、科技创新、社会效益这五个方面来衡量。因此，下文将主要从这五个方面来展开分析。需要说明的是，我国国民经济和社会发展“十二五”规划拉开了中国第三次绿色转型发展的大幕（李佐军，2012）。因此，下文将主要以“十二五”规划时期的相关数据，对制造业绿色转型的预期收益进行定量分析。数据主要源于各年《中国统计年鉴》《中国工业统计年鉴》和世界银行统计数据库等。

一、制造业绿色转型将产生巨大的经济效益

经济效益的增加是制造业绿色转型的一个重要收益，主要指绿色转型为制造业带来经济收入上的增加，或者经济支出上的减少。

如图 12－1 所示，2012 年我国制造业利润总额是 48570.46 亿元，而 2016 年已经增长到 65280.83 亿元，2013～2016 年各年的增长率分别为 14.06%、2.70%、

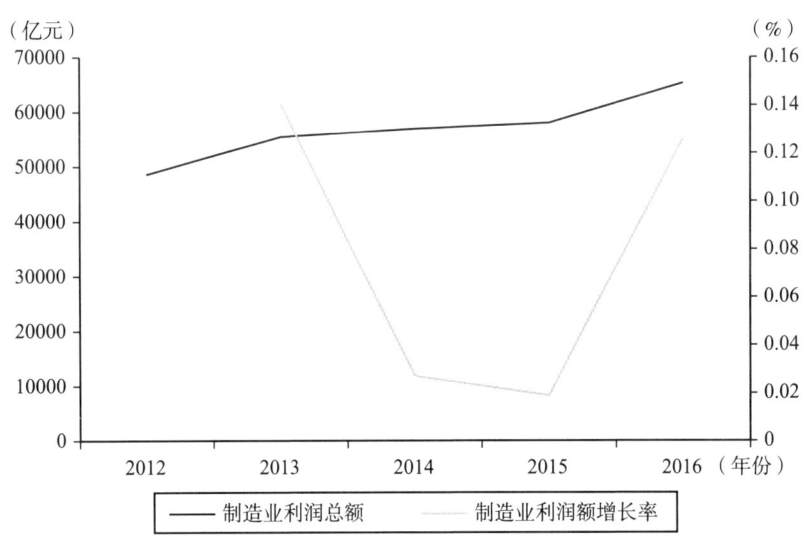

图 12－1　2012～2016 年中国制造业利润总额

1.89%、12.60%，年均增长率为7.67%。各年增长率的高低变化，反映出制造业绿色转型的经济效益在不同阶段会有所不同。在“十二五”规划时期，我国开始进行第三次绿色转型发展，在转型初期的2013年，制造业仍然采用传统粗放型的生产方式，生产受到的影响较小，利润增长率也没有受到影响，仍然很高；随着制造业绿色转型的持续开展，传统的粗放型生产模式已经开始转变，原有的生产受到影响，使得2014年和2015年的利润增长率迅速下降，但仍然是正增长。进一步地，随着绿色转型的逐渐深入，制造业的投入产出效率和转化效率不断提高，利润也不断提高，因此在转型取得一定成效后的2016年，利润增长率又迅速回升。可以预见，未来随着我国制造业绿色转型的更进一步实现，制造业绿色转型的巨大经济效益将不断显现。

此外，从污染治理角度也可以分析制造业绿色转型带来的经济收益。如表12-1所示，治理废水项目完成投资额呈逐年减少趋势，以年均6.29%的速度递减，这与制造业废水排放量的减少趋势一致，而且下降的速度更快。而治理废气项目完成投资和治理固体废物项目完成投资总体上均呈递增趋势，年均增长率分别为21.49%和17.19%，这与一般固体废物产生量和制造业废气排放量增长的趋势一致，但增长速度更快。这说明，如果“三废”排放量可以减少的话，治理“三废”项目完成的投资额也会以更快的速度减少。因此，可以预期当制造业绿色转型完成时，将会大量减少“三废”的排放，则相应的“三废”治理投资也会有更大幅度的下降，所带来的经济效益不容小觑。

表12-1　　制造业“三废”排放及治理完成投资情况

年份	治理废水项目完成投资额（万元）	治理废气项目完成投资额（万元）	治理固体废物项目完成投资额（万元）	废水排放量（万吨）	一般固体废物产生量（万吨）	废气排放量（亿立方米）
2012	1403448	2577139	247499	1703033	99220	421002
2013	1248822	6409109	140480	1852988	103692	435474
2014	1152473	7893935	150504	1545835	105152	469366
2015	1184138	5218073	161468	1499218	109976	463819
2016	1082395	5614702	466733	1444573	114202	480629
年均增长率（%）	-6.29	21.49	17.19	-4.03	3.58	3.37

资料来源：各年《中国统计年鉴》《中国环境统计年鉴》。

二、制造业绿色转型将推动环境质量的改善

环境质量的改善是制造业绿色转型的另外一个重要收益，主要是指绿色转型使制造业从源头上减少污染的排放，降低环境污染的程度，进而实现环境质量的改善。

制造业是主要的污染来源，其污染以“三废”的排放为主。如表 12－1 所示，2012～2016 年，制造业废水排放量显著下降，从 2012 年的 1703033 万吨下降到 2016 年的 1444573 万吨，年均增长率为－4.03%。除了 2013 年制造业废水排放量比 2012 年有所增加外，其他年份均减少。而一般固体废物产生量从 2012 年的 99220 万吨上升到 2016 年的 114202 万吨，年均增长率为 3.58%，呈逐年增长趋势，2013～2016 年各年的增长率分别为 4.51%、1.41%、4.59%、3.84%，增长率有所下降。制造业废气排放量从 2012 年的 421002 亿立方米增加到 2016 年的 480629 亿立方米，年均增长率为 3.37%，也呈上升趋势，2013～2016 年各年的增长率分别为 3.44%、7.78%、－1.18%、3.62%，整体增长率也有所下降。总体来看，制造业绿色转型过程中，显著推动了废水排放量的减少，同时减缓了一般固体废物和废气排放的增加。

此外，从化学需氧量排放量和二氧化碳排放量来看，下降更为明显。如表 12－2 所示，2011～2016 年，化学需氧量排放量从 2499.86 万吨下降到 1046.53 万吨，减少了 58.14%，年均下降 15.98%，呈逐年递减趋势。而二氧化硫是主要的大气污染物，2016 年比 2011 年下降了 50.27%，年均下降 13.04%，也呈逐年递减趋势。这些均说明制造业在绿色转型过程中对于环境污染物排放的减少有重要的作用，未来随着制造业绿色转型的持续推进，各类污染物排放将显著减少或者增速减缓，这将显著改善环境质量。

表 12－2　　2011～2016 年其他污染物排放情况

年份	化学需氧量排放量（万吨）	二氧化硫排放量（吨）
2011	2499.86	22179081.69
2012	2424.00	21180000.00
2013	2352.70	20439000.00
2014	2294.60	19744000.00
2015	2223.50	18591000.00

续表

年份	化学需氧量排放量（万吨）	二氧化硫排放量（吨）
2016	1046.53	11028643.04
年均增长率/%	-15.98	-13.04

资料来源：各年《中国统计年鉴》《中国环境统计年鉴》。

三、制造业绿色转型将提高资源利用效率和促进资源节约利用

推动资源利用效率提高，进而促进资源节约利用也是制造业绿色转型的预期收益之一。而在制造业消耗的资源中，能源是最主要的资源。因此，这里以制造业的能源消耗为对象进行分析。如表 12-3 所示，制造业能源消费量从 2011 年的 200403.37 万吨标准煤上升到 2014 年的 245051.39 万吨标准煤，随后于 2015 年和 2016 年呈现递减趋势，增速缓慢，年均增长 3.89%。相比之下，2011～2016 年，制造业增加值逐年上升，从 156457.00 亿元上升到 214289.00 亿元，年均增长 6.49%，远高于制造业能源消费量，这使得制造业能源利用效率由 7807.10 元/吨标准煤上升到 8264.76 元/吨标准煤，年均增长 2.51%。以上情况表明，制造业能源消费量虽然在增加，但在 2014 年已经达到顶峰，今后有可能呈逐年下降趋势，而与此同时，制造业产出却逐年上升，说明制造业绿色转型取得了一定成效，能源资源得到了更充分有效的利用，能源利用效率不断提高，促进了能源资源的节约。未来随着制造业绿色转型的持续推进，制造业能源利用效率将进一步提高，制造业能源消费量将继续下降，而制造业增加值也将持续上升。

表 12-3　　2011～2016 年制造业能源利用情况

年份	制造业增加值（亿元）	制造业能源消费量（万吨标准煤）	制造业能源利用效率（元/吨标准煤）
2011	156457.00	200403.37	7807.10
2012	169806.60	205667.69	8256.36
2013	181867.80	239053.40	7607.83
2014	195620.30	245051.39	7982.83
2015	202420.10	244919.56	8264.76
2016	214289.00	242514.87	8836.12
年均增长率（%）	6.49	3.89	2.51

资料来源：制造业能源消费总量源于各年《中国统计年鉴》；制造业增加值源于世界银行统计数据库；制造业能源利用效率通过计算得到。

四、制造业绿色转型将倒逼科技创新

科技创新促进制造业绿色转型，同时制造业绿色转型也会倒逼科技创新。制造业绿色转型的过程也是对科技创新不断提高要求的过程，绿色转型必然倒逼着科技创新不断推进。对于传统高污染制造企业来说，科技创新水平相对较低，绿色转型将会导致其不得不增加技术研发投入和节能减排投资，短期内会给企业带来额外成本，并且影响企业的生产率。但是从长期看的话，将会带来技术创新，并且产生技术创新的“补偿效应”，即补偿前期的成本并且加快绿色转型。对于中低污染制造企业而言，进行绿色转型对其运营成本影响不大，但是科技创新有利于企业进一步提高竞争能力，在处于竞争市场中的其他企业纷纷进行科技创新时，它们也需要不断进行科技创新，才能不被淘汰。因此，制造业绿色转型会倒逼整个制造业的科技创新，当完成绿色转型时，科技创新会达到一个新的高度。

五、制造业绿色转型将产生巨大的社会效益

社会效益增加也是制造业绿色转型将带来的预期收益之一，主要是指制造业绿色转型将带来居民社会福利的增加，推动居民生活幸福感和获得感上升。制造业绿色转型能带来的最直接社会效益是制造业健康稳定的发展，使得该行业原本所带来的社会效益不会消失，甚至还会增加，例如制造业所提供的就业岗位，所带来的利润、分红和税收等。制造业绿色转型的其他预期收益，如经济发展、环境改善、资源节约等，均能间接带来社会收益。经济发展将使得国家富强、人民收入增加、生活质量提高、经济社会发展更加平稳健康；环境质量得到改善，将使得经济成果不会受到环境污染的侵蚀，人居生态环境更好，身体不会受环境污染侵害、更加健康；资源节约利用将降低对资源的消耗，为子孙后代留下更多的资源，也能降低对环境的污染和损害。

第十三章

制造业绿色转型的国外经验及启示

“他山之石可以攻玉。”通过总结分析其他国家推进制造业绿色转型的主要做法和经验，可以为我国制造业的绿色转型提供参考借鉴，有利于更好地推进制造业绿色转型，少走弯路。因此，本章将主要介绍发达国家和发展中国家推进制造业绿色转型的主要做法和经验，并从中寻找启示，为我国制造业的绿色转型提供决策参考。

第一节　发达国家的主要做法及经验

一、美国促进制造业绿色转型的做法及经验

美国环境保护工作起步较早，它是在国内经济已相对发达而环境破坏却十分严重的情况下，当局被迫采取一系列环保措施而开始的，走的是“先污染后治理”的路子。基于经济危机时代所出现的严重的工业污染问题，以及在石油危机和生态环境破坏的压力下，美国率先进行了制造业的绿色经济转型，即在可持续发展的框架下，在显著减少环境风险与生态破坏的基础上，实现制造业利润的最大化。经过多年节能环保措施的实施，美国的制造业基本实现了绿色升级优化，国内的环境质量也得到明显提高，经济与环境实现了协调发展。归结起来，美国主要采取了以下两条主要措施来推进制造业绿色转型升级。

（一）大力发展可再生能源与新能源，为制造业绿色转型提供良好的能源环境

可再生能源与新能源的发展为美国制造业的绿色转型创造了良好的能源环境，进一步巩固了美国全球科技创新领导者的地位，加快了美国重塑全球产业链的进程，同时为美国“再工业化”战略的顺利实施提供了稳定持续的保障。工业制造业的发展离不开石油等非新型能源的供给，但是像石油这样的非新型能源，作为不可再生能源，并不是取之不尽、用之不竭的。全球的储存量有限，过度地开采和使用，必将导致非可再生能源的枯竭以及环境的巨大破坏，长此以往，无法支撑工业经济的可持续发展，因此开发可再生能源与新能源、优化能源结构，是美国实现制造业绿色转型升级、完成“美国复兴和再投资计划”目标的重要战略措施。具体来说，美国主要从以下三个方面推进可再生能源与新能源的发展：

1. 加大投资和技术创新力度

美国不断加大在可再生能源与清洁能源领域的投资和研发力度，极力促进国内能源产业的大力发展。2004～2006 年，美国政府对于新能源领域的财政支出一直保持在 10 亿美元以下，但随着国家对新能源的愈发重视，2007 年《低碳经济法案》的提出，直接促使美国在新能源领域的财政支出达到 12.08 亿美元，此后一直攀升；2008 年金融危机使美国经济遭到重创，奥巴马上台后，为使美国经济走出阴影，2009 年提出《美国复兴与再投资法案》，该法案使得美国在新能源领域的财政支出达到峰值，此后几年美国对新能源的财政支出一直保持在 16.00 亿美元左右（门丹，2013）。另外，美国对于新能源领域的投资主要运用于清洁能源研发、能源效率技术研发、碳回收技术和新能源技术研发等，这极大地促进了美国能源产业的技术创新，掀起了页岩气和页岩油革命（门丹，2013），改善了美国的能源消费结构，促进了绿色新兴产业的发展，同时使美国成功摆脱长期对进口石油的依赖，一跃从全球最大的石油进口国变成全球最大的石油出口国，经济发展对国际能源价格波动的承受能力也得到了显著提高。

2. 制定相关的税收优惠政策与政府采购法案

美国政府为了鼓励和支持制造业企业持续加大对可再生能源与新能源的研发力度、提高能源利用效率和碳回收利用水平，制定了一系列相关税收优惠政策和绿色采购法案。美国制定的税收政策包括消费税、开采税、化学品税、环境税等税种，这些税收政策不仅影响人们的生产和生活，而且对于工业制造业能源利用结构的绿色转变也影响深远。同时，美国为了积极促进新能源的开发和绿色产业发展，鼓励支持政府实施绿色采购，先后颁布了《小企业法》《联邦政府采购条

例》《武装部队采购条例》《购买美国产品法》等一系列法规法律（周宇、孙晓霞，2016），这些法律法规引导政府进行绿色采购，刺激制造业企业加大对新能源和清洁能源利用技术的研发与使用，推动了制造业的绿色转型升级，实现本国经济朝着低碳、绿色和可持续方向发展。

3. 在基础设施建设中给予倾斜支持

美国为了扶持新能源产业的发展，以基础设施建设为契机，积极引入新能源企业的广泛参与，从而为这些企业提供稳定的利润来源，促进战略新兴绿色产业发展。2009 年《美国复苏与再投资法案》明确提出，政府将投资 360 亿美元用于基础设施建设项目，投资 45 亿美元用于电网建设，投资 72 亿美元用于宽带搭建等（周宇、孙晓霞，2016），使得在交通、通信、智能电网等基础设施建设领域，新能源企业所研发的新节能技术和存储能源技术等得到广泛运用，如此一来既加强了美国基础设施的建设与完善，也推动了本国可再生能源与新能源产业的发展与壮大。

（二）构建完善的环境保护政策体系，规范和引导制造业绿色转型

1. 建立完善的环境税收政策

美国在促进制造业绿色转型的过程中，积极制定和采用了有效的环境税收政策。美国的环境税收政策是在 20 世纪 80 年代初开始引进环境治理领域的，它主要是依据纳税人的生产行为是否符合环保要求而开征的有关税收，并且将筹集来的税收有针对性的用于环境治理的各个领域。目前，美国的环境税收体系发展已相对比较完善。在环境税收政策优惠方面，美国注重对清洁能源与污染设备使用的扶持，对那些制造业企业投资于某些污染控制技术采用加速折旧，还规定污染控制设备的购置者免除部分或全部财产税或销售税（邬乐雅等，2013）。这些税收政策的制定和实施为美国实现制造业绿色转型目标提供了强有力的税收激励。

2. 有效实施排污权交易制度

美国的排污权交易制度是目前世界上发展最为完备的环境权益交易制度之一。美国的排污权交易制度主要包括排污总量限制制度、排污许可制度、排污权分配制度、排污权交易制度、排污权监测监督制度、奖励与处罚制度等（邬乐雅等，2013）。美国的这种将行政手段与市场手段相结合的环境经济政策，充分发挥了两种手段对经济的重要调控作用。政府在将环境容量看作国家公共稀缺资源的基础上，制定其初始价格，通过环境权益交易，一方面促进具备环境技术改造能力的企业大力降低污染物排放水平，另一方面鼓励拥有富余排污指标的企业通过交易获得利益，如此一来充分发挥了价格机制在环境资源市场配置中的基础性

作用。美国通过排污权交易制度的实施，极大地鼓励了制造业企业进行技术革新，降低减污成本，推动制造业进行绿色转型升级。

3. 建立健全严格的环境执法体系

这些环境规制政策能否真正落到实处，还有赖于一套强大的执法体系。美国建立了一套极为严厉的处罚法规，即政府有关部门依照法规可剥夺不进行任何环保行动的制造业企业所获得的全部经济收益，这种极限施压迫使多数企业在环境管理办法中从被动服从转向主动创新。再加上美国环保局会将涉事案件的所有细节一一对外公开，被惩罚的对象从个别企业到整个区域的制造业企业都会承受来自公众和市场的强大无形压力，从而促进现有竞争者或新企业抛开侥幸心理，坚信自己只有通过不断创新才能获得未来行业的竞争优势，最终实现制造业企业的绿色化转型升级和低碳发展。同时随着投资商愈来愈关注制造业企业的环保行动，使得制造业企业逐渐清晰地认识到环境保护和企业的利润增长并不是相互冲突的，严格的环境规制政策反而会产生一种波特效应，促使其利润增长，逐渐增强其竞争优势。

二、德国促进制造业绿色转型的做法及经验

德国作为欧盟重要的成员国之一，不仅是欧洲经济的重要增长点，更是全球低碳经济发展的先行者。在低碳转型方面，德国已取得非常重要的成就，尤其是德国的传统制造业，在绿色转型升级过程中表现尤为突出，成功实现了绿色发展。目前，德国已将发展绿色经济写入国家未来发展规划当中，明确将绿色产业作为一个新的增长引擎来拉动本国经济未来可持续发展。曾经的德国，在经济快速发展的背后也遭受过严重的环境污染问题，也走过漫长的抗霾之路。1962 年，德国有些地区空气污染程度已达到现在北京空气污染程度的 10 倍左右（李萍，2016），比如当时的鲁尔工业区，由于当地诸多燃煤电厂和钢铁厂的滥排滥放，空气污染严重到汽车无法通行，行人感觉肺疼，甚至矿区排放的污水也使得该地区的鱼类曾一度绝迹。因此，迫于公众的强烈反应，德国政府开始制定各项规范化措施，严格要求工业企业“三废”必须经过完全清洁化处理后才可排放。尽管工业企业竭力反对，但政府基于长期发展战略的考量，仍然坚定地陆续推出多项管理条例，使得企业不得不加大对能源利用技术、废物加工技术和新能源开采技术的研发与使用，从而慢慢树立了德国制造业在新兴绿色产业发展等领域的技术竞争优势，并且这些技术还通过政府搭建的国际平台顺利出口到印度等新兴国家，形成新的利润增长点。正是这一艰难的发展历程，使得德国的制造业成功实

现低碳、循环、可持续发展，归结起来，德国主要采取了以下两条主要措施来推进制造业绿色转型升级。

（一）实施一系列完善有效的法律法规激励制造业绿色转型

德国制造业的低碳转型之所以能够成功，德国政府颁布和实施的环保法规功不可没。德国在绿色经济领域及环保法规制定方面一直走在世界的前列，目前拥有着世界上最完善的环保法规，小到人们日常生活垃圾的处理，大到企业间能源的循环利用，促进制造业绿色转型的法律体系非常完善。从 20 世纪 70 年代起，德国政府就实施了一系列推动制造业低碳转型发展的法律法规，这些法律法规主要体现在节能减排、税收引导和可再生能源研发与应用等各个方面，这些环保法规对我国制造业的绿色转型升级和低碳循环经济的发展无一不具有积极的借鉴意义。

1. 实施促进节能减排的法律法规

为了推动制造业企业节能减排，德国政府制定了严格的环保法规，迫使企业增加环保投入，加大研发力度，使其实现节能减排、清洁生产的目标，持续生产出绿色环保的产品。1970 年，德国颁布实施《环保立即行动计划》，标志着德国制定环保政策的开端；1981 年，德国通过实施《废水纳税法》，开征水污染税，对工业企业排入地表或地下的废水征税，以此来限制工业企业的滥排滥放；1986 年，德国通过实施《废弃物限制及废弃物处理法》来约束制造业的废物处理，构建制造业体系的低碳结构，来实现制造业的节能减排与可持续发展；2002 年，德国通过实施《节省能源法案》来减少工业企业的化石能源使用，提升废弃物处理效率，提高企业的能源利用效率和水平；2004 年，德国颁布实施《温室气体排放交易法》，依照该法律，政府通过分配温室气体排放限额、审查制造企业排放报告、监管制造业企业清洁发展机制项目等行动来有效约束国内温室气体的排放，以此达到节能减排的目的（李萍，2016）。

2. 实施促进可再生能源研发与使用的法律法规

德国的可再生能源发展在世界上一直都独具代表性，很大程度上得益于国内关于可再生能源法律体系的构建。2002 年，德国颁布实施了《可再生能源优先法》，该法案通过以保护收购价的形式来鼓励对新能源发电的投资，并且提出到 2020 年使可再生能源发电量达到总发电量比重的 20%，有效降低了新能源发电的投资风险，推动德国可再生能源电力的可持续发展（赵新峰，2013）。同年，德国还颁布了另外一部法案，即《热电联产促进法》，专门就企业和政府促进热电联产上的责任和规则进行了规定，对以热电联产技术生产出来的电能提供资金补贴，力促热电联产发电比例到 2020 年提升至 25%，如此一来，既可以减少热量流失，又能通过收集发电中产生的热能供暖来为发电企业创造新的利润增长（赵新峰，2013）。2007 年，德国颁布实施《生物燃料油比例法》，该法明确规定 2015 年德国的生物燃料消耗量在总燃料消耗量中所占比例将达到 8%，这有效促进了生物燃料在德国工业生产中的运用，使得德国的工业企业逐渐转向清洁化、绿色化生产；2009 年，德国颁布《可再生能源供热促进法》，该法案规定到 2020 年国内可再生能源供热占全部供暖的 14%，并且新建筑必须采用可再生能源进行暖气和水热供应，这反映出政府对可再生能源的扶持力度不断加大（赵新峰，2013）。

（二）综合运用财税金融政策促进制造业绿色转型

德国政府为了促进制造业的绿色转型和经济的低碳发展，在实施一系列完善、有效的法律法规的同时，还出台了很多新的能源和环境政策，其中包括税收政策、财政政策和金融政策。德国在发展低碳经济、实现制造业绿色转型的过程中，财税金融政策的综合运用发挥了必不可少的重要作用，政府通过财税金融政策为经济发展提供了明确又清晰的方向引导，建立起完善的政策体系和制度体系，为制造业绿色转型提供了强大的政策与制度性保障。

1. 实施积极的财政政策鼓励和支持企业绿色转型

为推动低碳经济发展和制造业的绿色转型，德国出台了一系列相关财政补贴政策，比如对企业可再生能源项目提供资金支持，对生产者投资新能源产业给予财政补贴，总之对一切有利于低碳经济发展的行为都会给予相当程度的财政支持。具体说来，政府为促进本国制造业企业的绿色转型，维持企业的国际竞争力，对于工业企业的低碳技术、清洁技术的升级改造和研发会提供直接的财政拨款来给予实质性的支持；对于制造业企业的一些重大可再生能源项目，政府会提供优惠贷款，甚至有时会将对企业的一些重大绿色能源项目贷款额的 30% 直接转化成政府的资金补贴，来鼓励制造业企业对绿色能源利用技术的研发与使用；随着制造业企业低碳发展步入良性循环，政府在鼓励企业进行低碳绿色环保生产的同时，会积极支持企业开拓海外市场，寻求国际合作，创利增收，让出口低碳产品成为企业新的利润增长点；此外，政府还制定了相关投资税收减免措施来有效降低企业低碳技术的开发成本，从而有效降低低碳产品的出口成本，显著提升其国际竞争力。总之，德国通过实施积极的财政政策来鼓励和支持企业的绿色转型，对有利于碳排放治理的经济行为给予政策性补贴，对积极开展环境技术创新的工业企业给予资金方面的支持，如此一来，很好地引导和推动了经济的低碳可持续发展，使得德国在履行减少温室气体排放国际责任的同时，又让制造业企业研发出大量的低碳技术，将低碳产业打造成为推动经济发展的新增长点。

2. 实施税收优惠政策激励企业绿色转型

为了改善生态环境，促进制造业绿色转型，实施可持续发展战略，德国首先制定和实施了新的税收——生态税，它是德国改善生态环境和实施绿色发展战略的重要政策。德国的生态税从量计征，以能源消耗为征收对象（李萍，2016），通过税收手段增加企业能源消耗成本，引导企业提高能源利用效率和使用清洁新能源，从而促进生态环境的保护。德国能源储量稀缺，政府非常重视能源结构的优化和能源安全问题。鉴于这种国情，德国在1999年实行《生态税改革法》，对使用石油、天然气、煤炭等不可再生能源发电的企业征收生态税，而对使用风能、太阳能、地热能、生物能、水力和垃圾等可再生能源发电的企业则免征生态税（赵新峰，2013），以此鼓励支持制造业企业开发和使用清洁新能源。与此同时，德国政府将税收收入中的绝大部分用于降低社会保险费，从而降低企业的工资附加费，让资金重新回流到企业和家庭，实现在促进能源节约、优化能源结构的同时，又可全面提高德国企业的国际竞争力。其次，德国政府为了进一步优化能源结构，促进制造业企业节能减排和绿色转型，还征收了另外一种税收——能源税。2006年，德国实施《能源税法》并颁布《能源税实施细则》，通过税收减免政策使传统化石能源的温室气体排放成本内部化，来降低制造企业整体污染排放强度，使之实现绿色生产；通过税收优惠政策引导生态型清洁新能源的推广使用，来优化制造企业的能源使用结构，使之实现绿色转型，其中大部分的税收用于支付养老金，促进了绿色福利社会的营造（李萍，2016）。

3. 建立强大稳定的金融体系支持和服务制造业绿色转型

德国的制造业在实现低碳转型、绿色转型的同时，既要减碳还要赚钱，实现利润增长与生态环保的双赢，离不开一套强大又稳定的金融体系的支持。首先，德国构建绿色信贷体系，充分发挥金融手段支持制造业绿色转型，取得显著成效。其中，德国的复兴信贷银行计划效果最为显著。复兴信贷银行通过项目制积极为德国的各项环保战略提供稳定持续的低息贷款和返还奖励，如“可再生资源投资扶持贷款项目”和“能效改造项目”等（李萍，2016）。其次，德国成立能源署，围绕制造业企业的能源有效利用和可再生能源项目开展业务活动，旨在协同社会各界响应落实各项能源政策，为能源项目的开展提供咨询服务和资金支持，推动企业能源项目的规划实施。这极大地提高了能效，推动了可再生能源的快速发展。最后，德国建立各类节能环保专项基金，对提高中小制造企业能源利用效率和满足其环保需求发挥了重要作用。德国联邦经济部和复兴信贷银行合作建立起中小企业节能环保专项基金，为中小制造业企业寻求专业节能指导提供专门的资金支持，同时两者还合作建立起全球碳基金，以较低价格为发展中国家提供新型碳信用。总之，德国通过制定和实施有效的金融政策，建立健全绿色金融服务体系，为制造业的长期可持续发展提供了充足的资金支持，也为制造业的绿色转型提供了全面的金融服务，极大地推动了制造业的绿色转型升级。

第二节　发展中国家的主要做法及经验

一、俄罗斯促进制造业绿色转型的做法及经验

保护生态环境是俄罗斯民族的传统习惯，无论古代还是现代，人们都对大自然怀着深厚的感情，正如一句俄罗斯谚语所言："对大自然的珍爱经不起任何的等待，这是我们共同的责任。"然而近些年，随着工业化的发展，俄罗斯的生态环境状况不容乐观，使得实现能源结构优化和制造业绿色转型成为俄罗斯推动经济可持续发展的迫切需要。在当今日益复杂的国际环境中，俄罗斯经济模式从原料出口导向型逐渐转变为绿色创新导向型，有机结合国家治理与创新发展，有效提升政府环境执法能力，有力深化能源体系改革。分析俄罗斯的制造业绿色转型适应性措施，将对中国的制造业绿色转型升级提供最直接的借鉴素材。

（一）加速发展绿色能源，助推制造业绿色转型

俄罗斯的自然资源十分丰富，尤其是煤炭、石油、天然气等化石能源储量巨大，因而使得俄罗斯政府长期忽视可再生能源与新能源的发展，导致这方面的投入一直较少。近年来，为了更好地协调经济与环境的关系，促进制造业绿色转型，推动经济循环可持续发展，俄罗斯开始通过各项政策扶持，不断深化能源体系改革，优化能源消费结构，加速绿色能源的发展，研发和应用清洁能源技术，大步迈向绿色、低碳、循环可持续的经济发展道路。

1. 加快发展可再生能源发电

为了提升可再生能源发电总量，2009 年俄罗斯政府出台《俄罗斯联邦 2030 年前能源战略》，明确提出在 2030 年，俄罗斯的天然气消费量要下降到能源消费总量的 50% 以下，可再生能源消费量要提升到能源消费总量的 13% ~14%，其中依靠可再生能源的发电总量要占电力生产总量的 7%。为实现这一目标，俄罗

斯政府预定在2020年前拨出3万亿卢布到可再生能源发电领域，其中2.5万亿卢布来自私人投资，5000亿卢布来自国家财政预算，以实现未来俄罗斯的可再生能源发电装机容量能够达到2000万千瓦的目标。[①] 俄罗斯地广人稀，日照充沛，显然拥有发展太阳能的巨大优势。2012年以来，俄罗斯为提升太阳能发电总量，在加快国内太阳能发电厂建设速度的同时，还积极参与具有国际合作性质的太阳能发电站建设项目，以期在2020年前实现太阳能发电装机总容量达2000兆瓦的目标，同时还拟通过太阳能招标机制遴选适当项目发放太阳能补贴，补贴总额将约1600亿卢布。[②]

2. 保障能源环境安全

俄罗斯想要加速发展绿色能源，则保障能源领域的环境安全势在必行。俄罗斯保障能源领域环境安全的主要措施是：完善节能法制，形成提高能源效率的法制基础；发展能源市场服务，实现能源价格合理化；强化地下资源开采的环境规制，出台提高天然气利用率的综合措施；完善能源领域投资项目的国家环境审查体系；引入提高能源效率的新技术，消除阻碍天然气合理利用的障碍；研发和使用可再生新能源等。这些措施都有助于为俄罗斯绿色能源的发展提供一个安全的能源环境。

3. 大力推广新能源汽车

随着全球能源市场不确定性程度的加深和传统能源汽车给环境造成的巨大压力，俄罗斯政府逐渐认识到未来汽车产业发展的重要领域应该是新能源汽车，因此俄罗斯政府大力推广新能源汽车的使用，使国内新能源汽车产业发展迅速。俄罗斯政府一方面出台鼓励新能源汽车发展的支持性措施，另一方面大力进口外国新能源汽车来快速提升国内新能源汽车保有量。为了有效推广新能源汽车的使用，俄罗斯在国内各大城市设立多个电动汽车充电站，来完善电动汽车的设施保障。2012年底，俄罗斯已设立了300个电动汽车充电站，在首都莫斯科已建成40个专业电动汽车充电站，其中部分充电站属于快速充电站，即平均每辆电动汽车充电仅需半小时。[③] 2013年，俄罗斯政府开始对进口的纯电动汽车实行零关税，积极为新能源汽车大开绿灯，促进其快速发展。

（二）不断完善环境保护法律体系，倒逼制造业绿色转型

1. 颁布新近的《环境保护法》

俄罗斯于2002年1月10日颁布最新的《环境保护法》，该环保法定义了自

①②③ 俄罗斯加速发展绿色能源［N］. 大陆桥视野，2012（12）：86－87.

然资源、污染物、允许的环境影响标准、允许的人为环境负载标准、环境影响评价等概念，将国家对于环保工作的宏观政策、环保与经济及其他社会活动的关系作出了详细的阐述。该环保法还规定对环境污染和破坏行动进行严厉打击；对研发可再生资源利用技术和废物加工技术提供税收政策鼓励；对绿色环保产业及其他创新活动给予政策扶持。该环保法范围宽、内容广，将俄罗斯环境保护政策的法律基础和基本原则一一体现，这对于促进俄罗斯制造业的绿色转型和经济的稳定可持续发展具有重大意义，值得我们深入分析、研究。

2. 完善其他相关环境法规

近些年，在社会经济和政治改革持续转型的大背景下，俄罗斯越来越关注环境因素在国家发展中的作用，尤其是 2008 年梅德韦杰夫执政以后，积极推进应对气候变化、节能减排等环境政策的制定，使得俄罗斯的环境法律法规和政策逐渐完善，国家环境政策框架基本构建完成。主要颁布的环境法律法规有《俄罗斯土地法典》（2001 年）、《俄罗斯联邦环境保护法》（2002 年）、《俄罗斯环境基本原则》（2002 年）、《俄罗斯地下资源法》（2004 年）、《俄罗斯联邦水法》（2006 年）、《俄罗斯联邦林业法典》（2006 年）、《环境审查法》（2008 年修改）、《2030 年前的能源战略》（2009 年）和《关于节能、提高能源利用效率的俄罗斯联邦各种法令的变更》（2009 年）、俄罗斯《生态发展领域国家政策基础至 2030》（2012 年）等（王冠军，2018）。

二、印度促进制造业绿色转型的做法及经验

随着全球化的深入发展，印度凭借其特有的人力资源优势及科技创新能力，使全世界诸多高新技术产业与服务业纷纷转移至印度，由此带来了印度经济的快速发展，但也不可避免造成一系列环境问题。20 世纪末，印度因环境问题造成的经济损失就已达上百亿美元，因此治理环境成为印度推动经济未来可持续发展而必须攻克的难题。后来西方世界的环保运动，催生了绿色环保产业的需求，甚至设置了绿色贸易壁垒。除去政治上的因素，它们要的是国际环境保护的全球化，这种趋势对发展中国家的影响十分明显，迫切要求发展中国家转变粗放型经济发展模式，走绿色、高效、循环可持续的发展道路，其中印度对制造业绿色转型升级、发展低碳经济的市场需求在发展中国家中十分典型。印度与中国一样，同属于世界人口大国和发展中国家之列，研究印度的制造业绿色转型措施，能够更深刻地认识到我国制造业绿色转型过程中的问题，对我国制造业绿色转型具有重要启示意义。

（一）不断完善能源法律体系，倒逼制造业绿色转型

1. 颁布《能源节约法》

为了节能减排，推广清洁新能源的运用，印度政府在2001年颁布重要能效法律《能源节约法》，该法明确了印度中央和地方政府在提高能效、节能减排方面的法律框架、组织机构及运行机制。在《能源节约法》中，明确规定中央及地方政府在化工、建筑物、设备及电器制造等领域实行污染治理的职责范围。依据该法律，中央及地方政府利用所获取的权限和资格，严格规范企业的用能行为，促使企业节能减排，提高能效利用水平。其中，在设备及电器制造领域，强制规定必须实行已通告设备及电器标签，明确规定已通告设备和电器的能源消耗标准，而且对于不符合标准的已通告设备及电器严厉禁止厂商制造与销售（张颖等，2011）。

2. 颁布《电力法案》

为了大力推进可再生能源的使用范围，印度政府在之前相关法律实施的基础之上，于2003年颁布了《电力法案》。根据这一法案，印度政府可以合理化地对新能源企业电力税赋进行不同程度的减免，为新能源企业提供较大程度的税收优惠，从而有效构建工业新能源利用体系，引导制造企业使用绿色能源，实现经济结构的低碳转型升级。但事实上，印度制造业企业购买绿色电力仍然存在一定困难，主要因为印度政府并不积极鼓励企业使用可再生能源而是给予化石燃料补贴，这使得法案在实施过程中存在一定的阻碍。

3. 出台《可再生能源交易制度》

2010年，印度出台《可再生能源交易制度》，有力促进了可再生能源的开发与利用，这对于平衡与协调印度实体经济快速增长与低碳经济发展要求意义重大。这一政策的核心措施是大力推广“可再生能源证书”，切实提升印度利用水电、风能、太阳能、地热能等可再生能源发电的比例（郭冬梅，2010）。“可再生能源证书”的实施原则与欧洲的碳交易操作原则相似，首先由中央政府制定一个可再生能源的使用目标，然后超额完成任务的企业可以出售本企业盈余的额度，最后通过市场价格机制与市场手段促进可再生能源的优化配置。

（二）综合运用财政金融措施刺激制造业绿色转型

1. 运用财政措施促进可再生能源的开发

印度政府认为制造业节能减排能否成功、绿色经济发展能否顺利，关键在于对可再生能源的开发和利用。印度政府通过实行税收补贴、软贷款和特殊关税等

相关刺激性财政措施来鼓励、支持和引导制造业企业对于清洁能源技术和能源利用效率技术的研发与使用。此外，印度政府还设立了一个独立运作的“非条约性能源部”，专门负责推动印度可再生能源的开发和利用，同时还专门设立为可再生能源项目筹集资金的发展协会，为可再生能源的发展提供稳定的资金募集渠道。

2. 运用金融措施促进清洁产业的发展

印度的各类金融机构为制造企业的可再生能源项目提供诸项优惠措施，比如提供资助性的贷款和相应的利率补贴等，这些都使得制造企业的可再生能源项目顺利推进以及清洁产业的稳步发展。同时印度的银行为了确保此类清洁环保项目的可持续开展，严格对一些转产或未继续实施清洁产业的企业收回之前发放的优惠贷款，并将这些收回的贷款继续投资于其他相关清洁产业的研发和推广中，如此一来有效保证制造业的绿色转型升级和低碳经济的可持续发展。

（三）大力提升绿色技术水平，助推制造业绿色转型

1. 提高废物处理技术水平

为了有效降低制造业企业的废物排放水平，保护生态环境，发展绿色经济，印度政府规定所有企业都必须具备对废物收集和处理的设备与服务。对于工业固体与危险废物处理设备，从设计、运转到维护，印度政府都进行了强制性的规范与监测，而且为了使国内废物处理技术水平达到国际先进标准，印度政府还针对不同的废物分类规定了不同的处理标准和技术处理要求，有效提升了制造企业的废物加工处理效率和竞争优势。但值得注意的是，印度制造企业的废物处理与印度市政当局的财政支持关系密切，使得在短期内市场需求并不会明显增加。

2. 大力发展洁净技术

根据印度洁净技术外部性调查结果可知，洁净技术和工艺改造技术的优化升级对于降低印度废物产量和提高能效具有很大的促进作用。为了治理印度国内某些地区的环境污染问题，印度政府明确规定重点污染企业必须加大对洁净技术的研发、引进与使用。印度政府为了鼓励和支持制造企业的绿色转型升级，定期向世界银行进行贷款，竭力推动洁净技术环保扶持项目的持续开展，给采用洁净技术的企业持续提供定量资金扶持及优惠贷款，以促进企业推广洁净生产技术，促进低碳产品的研发与生产。但就目前而言，印度专门针对清洁技术和节能技术提供专业化服务的公司并不是很多，从而导致目前大多数制造企业只能依靠自己的力量来寻求、引进洁净技术，因此印度国内对于洁净技术的市场需求还比较大，市场潜力还有待进一步挖掘。

第三节　国外经验对我国的启示

作为我国国民经济的支柱性产业，制造业为我国经济高速增长和持续发展作出了不可或缺的重要贡献，然而制造业的迅速发展也消耗了大量的资源和能源，带来了巨大的污染和排放。为避免制造业发展走向过度消耗资源、牺牲生态环境、损害代际公平和片面追求经济增长的恶性循环之中，实现中国制造业真正的"绿色崛起"越来越成为我国经济增长的迫切要求，实现制造业的绿色转型已是大势所趋。其他国家的制造业绿色转型的做法和经验对我国有很好的启示作用。通过前文对发达国家与发展中国家制造业绿色转型升级的做法和经验的总结归纳，可以发现对我们有如下五点启示。

一、加快新能源开发与应用，提高能源利用效率

长期以来，我国制造业能源需求巨大，导致国内能源过度开采，环境破坏严重。因此，我国政府需要运用多种财政、税收和金融手段来鼓励、支持和引导制造业新能源的开发与应用，同时提高能源利用效率。第一，在财政投入上，政府需要合理增加对制造业企业新能源开发和应用的财政投入比例，同时做好财政投入的总量规划，细化财政投入的结构和方向，提高财政资金的投入效率。此外，充分利用财政杠杆作用和示范效应引导民间资金投入，多效并举使制造业企业顺利开展新能源技术和能源利用技术等方面的研发与使用。第二，在税收支持上，政府需要利用税收补贴等优惠政策为研发清洁新能源的制造业企业提供强有力的税收激励，有效引导制造业企业加快对清洁新能源的广泛使用，同时利用税收优惠政策使传统化石能源的温室气体排放成本内部化，降低国内制造业企业总体排放强度，有效提高制造企业的能源利用效率和排放效率。第三，在金融服务上，政府需要帮助构建绿色金融服务体系，搭建多渠道的资金来源，充分发挥资本市场在优化资源配置和服务实体经济方面的强大功能，为制造业企业研发使用新能源和提高能源利用效率提供全方位、多层次和专业化的金融服务，有力推动制造业的绿色转型升级和经济的低碳循环发展。

二、加快制造业低碳技术改造，加强低碳技术国际合作

制造业要实现绿色转型升级，经济发展要走低碳循环发展之路，至关重要的

一环是低碳技术的研发与使用，而其中一个重要途径是加强制造业低碳技术的国际合作，尤其是加强与发达国家低碳技术的国际合作，最终使得绿色技术及其产品能够熟练地应用到生产制造的各个环节，形成一种协同效应，提高企业的国际竞争力。首先，政府应该为制造业的低碳技术改造和升级提供全方位的投融资服务，建立投融资平台，引导、鼓励和支持多种资金投入绿色产业发展当中，以解决制造业技术改造、研发和使用的资金问题，进而提高我国制造业的绿色科技含量，挖掘制造业的节能减排潜力，推动我国制造业由粗放型转为集约型，实现绿色转型升级；其次，加强学习和引进国外先进低碳技术和节能技术，持续深化与发达国家的技术合作水平。通过构造联合研发战略联盟等形式，从“技术顶端”到“技术末端”，进行全过程的技术合作，以获取国内制造企业急需的、科学高效的节能减排技术和低碳循环技术，最终实现以清洁能源技术、低碳生产技术等为代表的绿色科技来支持制造业的低碳、绿色和可持续发展。

三、加快建立健全节能减排长效机制，完善环保法规体系

中国要实现制造业的低碳转型和绿色发展，节能减排长效机制的建立和环保法规体系架构的完善必不可少。一方面，我国应该合理利用宏观调控与市场手段的协调作用，充分发挥政府与市场的各自功能，为制造企业的节能减排和循环可持续发展建立科学合理的长效机制，培育和发展我国制造业节能潜力与增长潜力，成功实现我国制造业绿色转型升级；另一方面，我国政府还应对制造业绿色转型和发展绿色环保产业的相关法律进一步修正和完善，形成一套既详细全面又灵活高效的环境法律体系，进一步为国家的绿色经济发展提供强有力的法治保障。同时，还要加强环境执法机制的建立与完善，在方案拟定、体制管理和后续监管等各个环节为企业绿色转型提供全方位政策支持。此外，气候变化法、工业节能条例等法规的制定和完善也应尽快跟上步伐，最终让制造业顺利走上绿色发展、循环发展和低碳发展之路。

四、加快构建绿色生产质量监控体系和完备有效的市场信息系统

我国制造业在发展过程当中长期缺乏有效的绿色生产质量监控和完备的市场信息系统数字化服务，这成为我国制造业在绿色转型升级道路上遇到的两个重要“瓶颈”。为了突破这两个“瓶颈”，我国政府一方面应为制造企业的技术研发、原料采购、产品生产、废物处理等生产经营的全过程进行全方位规制以及提供优

良高效的监测服务；同时，推广环境监测手段，使企业准确认识到自身经营是否破坏生态系统的平衡，是否符合绿色环保产业要求，是否有效促进经济的绿色增长，从而使企业自觉进行绿色化和低碳化生产，实现绿色转型。另一方面应适当引导、培育和发展绿色消费市场，建立健全服务绿色产业的数字化信息系统，使生产经营者能够随时掌握和了解国内外绿色消费市场及环保产品市场的变化情况，方便生产者及时采取应对措施，避免生产的盲目性与非理性，提高其抗风险能力，最终让资源得到有效配置，企业实现绿色高效生产，有力推动我国制造业顺利实现绿色转型升级。

五、加大宣传力度，积极培育绿色环保低碳的环境和氛围

要想实现制造业的绿色转型升级和低碳发展，我国政府必须高度重视制造业企业管理者对于环境保护与经济协调发展的认同程度，以及社会公众对于低碳消费观念的践行程度。首先，我国政府应该加快对制造业企业管理者进行环保理念的宣传和教育，让制造业企业管理者清晰地认识到生态保护与利润增长并不相互冲突、相互制约的，而是当企业处于一定发展阶段时相互促进、相互激励的，著名的“波特假说”就是最好的证明。通过宣传和教育，让制造业企业管理者自觉践行绿色生产环保理念，自觉研发和引进高效的清洁利用技术和低碳循环技术，实现制造业能源利用效率的提高和产品市场竞争优势的增强。其次，在促进制造业绿色转型和循环低碳经济发展的同时，一定要在全社会倡导绿色、低碳消费理念，因为消费者的环保意识是促进制造厂商绿色化、低碳化生产的最大推动力。因此，政府应通过各种宣传教育手段提高国民的能源节约意识和环境保护意识，让民众树立绿色生活、低碳生活的理念，做到人人以绿色环保、节能减排为己任，最终让绿色环保、低碳发展成为国民的习惯，从而为我国制造业企业的绿色转型升级营造良好持续的消费环境和社会环境。

第十四章

促进我国制造业绿色转型的政策建议

未来，我国各省份应该更加重视制造业绿色转型问题，基于制造业绿色转型的作用机理，根据结构方程模型所展现出来的路径关系，对每条路径上涉及的各要素同时采取匹配性措施，保证各要素对绿色转型有效发挥作用。同时，注意各项政策措施之间的协同，避免作用相互抵消，最终使绿色转型成效达到最大化。此外，结合制造业各行业的绿色度水平、发展阶段，以及制造业绿色转型的障碍、发达国家和发展中国家促进制造业绿色转型的经验和启示等，提出促进我国制造业绿色转型的如下对策建议。

一、牢固树立绿色发展理念，加快形成可持续发展新思路

促进制造业绿色转型，大力发展绿色经济，必须将绿色发展理念贯穿于行业发展的各个环节。在资源利用和环境保护方面，要尽可能地采用智力资源替代物质资源，最大限度实现资源的持续利用和生态环境的持续改善，把资源消耗控制在资源再生的阈值之内，把污染排放控制在自然净化的阈值之内，对环境污染的解决要从“末端治理”模式逐渐转变为“全程清洁”模式，努力实现行业发展与资源消耗、环境污染、生态破坏相脱钩，实现行业发展与资源利用、环境保护相协调。大力发展清洁能源，加快核能、太阳能、风能、潮汐能、生物能、海洋能、地热能等在行业发展中的推广应用，降低化石能源的消耗。加快行业结构调整和优化，大力培育和发展生物链产业、节能环保产业、信息产业等绿色新兴产业，引导资源向绿色产业整合与配置，延伸产业链，提升价值链，构建现代绿色产业体系。大力倡导绿色生活方式，加强对绿色经济知识的普及、宣传和教育，

进一步提升公众的环境污染监督、环境保护、绿色发展意识，培养公众的使命感和责任感，逐步形成全社会绿色消费的观念意识和文化氛围。通过政府采购和绿色产品补贴等措施，引导消费者购买节能产品、绿色产品，推广可持续生产和消费模式，从消费端影响生产端，实现绿色生产和绿色消费的良性互动。

二、建立健全环境治理体系，倒逼产业转型升级

我国应该根据制造业发展的实际情况和发展趋势，充分利用国家生态文明试验区建设的作用，加快构建政府为主导、企业为主体、社会组织和公众共同参与的“多元共治、多方共责”的环境治理体系，加强环境综合治理，不断加大环境监管和保护力度，打好污染防治攻坚战，倒逼各制造业行业更多采用绿色技术，调整行业结构，淘汰落后产能，进而实现转型升级，在促进制造业稳定发展的同时，更好地保护资源与环境。要以更坚决的态度、更严格的要求、更有力的举措、更明显的实效，坚持问题导向，加强源头治理，突出重点区域管控，建立健全网格监管、信息公开、“三合一”督察、验收交账和正向激励等长效机制，严格落实“党政同责、一岗双责”，加大环境执法力度，严格考核、严肃问责。具体来说，要进一步加强对环境的监管，创新监管方式和手段，健全环境保护法律法规和标准体系，完善环境保护科技和经济政策，加强环境监测、预警和应急能力建设。严格落实环境保护目标责任制，强化总量控制指标考核，健全重大环境事件和污染事故责任追究制度，建立环保社会监督机制。不断创新环境管理手段，立足环境公共性的特征，加强区域环境合作，从经济手段、法律手段、行政手段、宣传手段等方面的完善来提高管理水平，建立全面的政绩考核制度、绿色国民经济核算制度、战略环境影响评价制度。加快建立健全环境信息披露机制和公众参与互动机制，利用公众来扩大污染的监督范围和力度，共同形成公众监督与严格执法相结合的监督体系，从而可以更加有效地对企业环境污染问题进行约束和监督，促使企业进行污染治理。强化污染物减排和治理，加强造纸、印染、化工、制革、规模化畜禽养殖等行业的污染治理，继续推进重点流域和区域水污染防治，加强重点湖库及河流环境保护和生态治理，加大重点跨界河流环境管理和污染防治力度，加强地下水污染防治。推进火电、钢铁、有色、化工、建材等行业二氧化硫和氮氧化物治理，强化脱硫脱硝设施稳定运行，加大机动车尾气治理力度。加大环境执法力度，实行严格的环保准入，依法开展环境影响评价，强化产业转移承接的环境监管。

三、加快推进绿色制度创新，不断完善绿色发展体制机制

当前推动我国制造业绿色发展的根本在于要打破体制机制的束缚，通过绿色制度创新，不断完善有利于制造业绿色发展的体制机制，充分激发市场主体的内生动力。我国要加快制定和完善制造业绿色发展的战略规划和顶层设计，明确制造业绿色发展的目标任务、重点领域、关键环节等内容，完善绿色发展法律法规体系，继续深化环境市场化体制机制改革创新，强化市场的主体地位，丰富绿色市场交易品种，完善交易体系和金融体系建设，有效激发市场主体积极参与的内生动力。要加快培育壮大一批环保产业龙头企业，支持拥有核心技术或“拳头产品”的龙头企业向环保服务领域拓展，可成立综合性环境服务集团公司，提供专业的第三方治理服务。建立合理的市场机制和鼓励政策，引导建立受益者付费机制，调动社会资本参与污染治理的积极性。创新市场交易产品品种，融入金融属性，拓展和完善包括质押贷款、融资租赁、保理、基金、信托、证券等在内的金融产品设计。做好用能权指标和碳排放配额在初始分配和履约等方面的衔接，着重在统一数据报告和核算体系、用能权指标和碳配额的互认、折算和抵消方式等方面开展研究。推动绿色金融体系建设和绿色金融产品创新，发展第三方信息识别机制，开发绿色评级等中介服务，降低绿色项目风险识别难度，实现对企业环保行为、节能环保项目、绿色项目发展的正向激励机制。推动金融机构和企业发行绿色债券，在风险补偿、发债奖励等方面加大财税投入，募集资金扩大绿色信贷投放，丰富绿色信贷品种。健全公众参与机制，通过宣传和教育，进一步提升公众的环境保护意识，培养公众的使命感和责任感，提升全民的环境污染监督意识。健全环境信息披露机制，利用公众来扩大污染的监督范围和力度。同时，建立公众互动机制，共同形成公众监督与严格执法相结合的监督体系，从而可以有效地解决企业污染问题，促使企业进行污染治理。通过一系列体制机制的创新，充分发挥法律法规、市场机制、科技创新等对绿色发展的促进作用，为推动我国制造业绿色转型奠定基础。

四、强化创新体系支撑，促进节能环保和资源循环利用

创新不仅可以提升企业生产效率，减少资源环境的消耗，还可以提高污染治理的成效，是打破经济发展和资源环境保护两难境地的重要途径，而且创新对制造业绿色转型具有正向的促进作用。因此，要更充分地发挥科技创新在制造业绿

色转型中的关键作用，把发展动力转换到以科技创新为核心的全面创新上来，稳步推进经济结构改革，加快推动制造业走上创新驱动、内生增长的发展轨道，真正实现转型升级。而在此过程中，非常重要的是要强化创新体系支撑作用，加强绿色设计、节能减排工艺、绿色回收资源化与再制造等技术攻关以及典型绿色新产品、新工艺、新装备研制，提升企业和行业的创新能力，以科技创新引领可持续发展，要求利用科技、知识、管理等创新要素对资本、劳动和各种物质资源进行重新组合和优化升级，促进节能环保和资源循环利用。积极开展产业和企业技术创新活动，加强资源的综合利用和再生利用，加强高效能、可循环技术研发，推广循环生产模式，按照减量化、再利用、再循环的原则，加快化工、电力、建材、轻工等行业技术改造和技术研发，加快新工艺的学习和开发，对高污染生产过程进行严格把控，尽可能地减少资源浪费和污染物的排放，构筑循环经济产业链。加大对绿色创新活动的人员投入和资金投入，完善创新投入机制，积极推进绿色金融改革创新，加快绿色信贷、绿色保险等产品的培育发展，引导更多资金流向环保行业和绿色技术开发领域，鼓励设立绿色创新基金，重点支持技术先进、应用前景广阔的绿色技术创新项目；着力优化创新资源配置，促进资源合理规划布局和共建、共享、共用，提高资源利用效率和使用效益；推进产学研合作，加强企业同中国科学院等国家重要的科研院所合作，充分发挥大专院校、科研院所、骨干企业的科研优势，共同研究解决资源节约与循环利用、污染治理与生态修复等关键技术问题。同时，加速绿色创新成果转化，实现各方资源共享、优势互补、共同发展，加强制造业绿色转型发展所需要的人才培养和引进服务。此外，鼓励发展绿色监测评估等咨询服务机构，积极创造绿色就业岗位，并为传统领域人员转向绿色岗位提供专业培训。建立健全知识产权保护体系，加大保护知识产权的执法力度，引导企业研发节能环保实用技术。重点支持节能减排、再制造、共伴生矿产资源和尾矿综合利用、废物资源化利用、有毒有害原材料替代、循环经济产业链接、污染治理、生态修复等关键技术和装备的产业化示范。加强矿产资源综合利用，鼓励产业废物循环利用，完善再生资源回收体系和垃圾分类回收制度，推进资源再生利用产业化。积极推进废金属、废纸、废塑料、废旧轮胎、废弃电子电器产品、废旧机电产品、废弃包装物等的回收和循环利用体系建设，加强对各类废物的循环利用，推进企业废物“零排放”。

五、加强生态环保人才队伍建设，不断增强可持续发展后劲

随着绿色经济发展和制造业绿色转型的加快推进，人才的基础性、战略性作

用更加凸显，我国已经进入高度需要人才、高度依赖人才的发展阶段，急需建立一支数量充足、素质优良、结构优化、布局合理的生态环保人才队伍，使人才队伍建设与制造业绿色转型升级的总体要求相一致。依托国家“千人计划”、各类高端人才聚集计划等产业人才引进和培育的实施办法，我国需要重点引进和培养从事生态环境科学研究、生态环境监测、生态环境信息、生态环境宣教等的专业技术人才与团队，以及从事生态环保产品生产、设备研发制造、工程技术设计、工程施工、工程咨询服务、管理咨询服务等生态环保产业的经营管理人才、工程技术和技能型人才与团队，同时建立和完善鼓励人才自主创业的制度。探索设立“企业引才跟奖跟补专项资金”，实施引才用才主体跟奖跟补特别支持计划，用于支持和鼓励企业对人才的引进、培养和使用，对人才引进力度大、发展平台层次高、服务保障成效好、引才用才绩效显著、具有引领和示范效应的企业，经评审认定，给予跟奖跟补，所需资金从专项资金中列支。完善职业院校与企业合作机制，支持公办职业院所与制造企业共建技能人才实训基地，有针对性地培养技能型人才。创新人才管理服务措施，推行“人才管理特区”试点改革，为人才的作用发挥营造良好的环境和配套制度体系。通过整合相关研究和教学力量，以短期轮训等方式，加快提高资源评价、监测认证等领域技术人员的专业水平。

六、全面扩大对外开放，助推制造业绿色转型

国家的发展与进步离不开对外开放。中国改革开放 40 多年的发展成果很好地证明了对外开放对一个国家经济的发展和产业的转型升级的重要性。随着经济全球一体化的不断深化，资源的全球化配置与生产的全球化成为未来的发展趋势，而这进一步使我国的制造业绿色转型必须融入全球化当中去。因此，未来我国仍需要不断扩大对外开放，构建全面对外开放新格局，具体来说可以从以下几个方面入手：一是进一步提升经济的对外开放度，继续坚定不移地推进贸易自由化、投资便利化，尤其要把推动创新驱动和打造新增长源作为新的国际合作重点，通过全面对外开放有效推进技术创新和产业结构调整优化，促进制造业绿色转型升级。二是加大外资的引进力度，充分吸收和借鉴国外先进的技术和管理经验，提升我国制造业的绿色技术水平和绿色管理水平。此外，不断增强与跨国企业、外国科研机构的国际交流及合作，尤其要增强人才的学习与交流。同时，要高度重视外资的质量，积极引导外资参与我国制造业的绿色转型。三是改善和优化对外贸易结构，促进我国高端技术产业与服务型产业的产品出口。此前我国主要是以物美价廉的低端产品主攻国际市场，高端产品和服务型产品的出口很少，

产品的附加值和利润率比较低，使得企业的国际核心竞争力不强。通过改善和优化对外贸易结构，可以在一定程度上提高产品的技术含量和竞争力，提升产品附加值和利润水平，使得我国企业有更好的资金流和投入来推进绿色转型、促进绿色技术的创新与发展。四是加大对国外先进绿色技术的引进力度，加强与发达国家的技术合作。重点加强对国内制造业企业急需的、科学高效的节能减排技术和低碳循环技术的引进，突破一些技术“瓶颈”。同时，可以通过构建联合研发战略联盟等形式，从“技术顶端”到“技术末端”开展全方位、全过程的技术合作，推进绿色技术创新，进而推动制造业绿色转型。

参考文献

［1］彼得·德鲁克. 德鲁克管理思想精要［M］. 北京：机械工业出版社，2007.

［2］彼得·德鲁克. 管理的实践［M］. 北京：机械工业出版社，2009.

［3］毕克新，黄平，王楠. 信息化条件下我国制造业绿色创新政策体系构建［J］. 中国行政管理，2012（7）：65－69.

［4］毕克新，刘刚. 论中国制造业绿色创新系统运行机制的协同性［J］. 学术交流，2015（3）：126－131.

［5］曹均伟. 利用外资与产业结构的阶段性转换——中国利用外资对产业结构阶段性调整的分析［J］. 上海财经大学学报，2002，4（3）：32－40.

［6］曹霞，于娟. 绿色低碳视角下中国区域创新效率研究［J］. 中国人口·资源与环境，2015（5）：10－19.

［7］曾繁华，何启祥，冯儒，吴阳芬. 创新驱动制造业转型升级机理及演化路径研究——基于全球价值链治理视角［J］. 科技进步与对策，2015，32（24）：45－50.

［8］陈浩，王晓红，张宝生. 基于视窗分析模型的我国高校科研效率评价［J］. 科研管理，2013（7）：101－111.

［9］陈建，张胜良，李鑫，陈琨. 基于模糊 AHP－TOPSIS 的环境意识设计方案相对绿色度研究［J］. 科学导报，2016，34（18）：304－313.

［10］陈静，陈宁，诸大建等. 基于灰熵理论的城市绿色转型评价模型研究［J］. 城市发展研究，2012，19（11）：96－102.

［11］陈鹏. 创新政策与环境政策协同推进绿色创新［J］. 世界科学，2012（8）：55－57.

［12］陈诗一. 能源消耗、二氧化碳排放与中国工业的可持续发展［J］. 经济研究，2009，44（4）：41－55.

［13］陈文汇，牛娜娜，王忠昆，张鑫. 我国国民经济行业绿色度测定分析［J］. 林业经济，2015（8）：7－13＋47.

[14] 程华，廖中举，戴娟兰. 中国区域环境创新能力与经济发展的协调性研究 [J]. 经济地理，2011 (6)：985 - 991.

[15] 程华，廖中举. 中国区域环境创新绩效评价与研究 [J]. 中国环境科学，2011，31 (3)：522 - 528.

[16] 仇方道，唐晓丹，张纯敏，朱传耿，姚晓蔚. 江苏省工业转型的时空分异特征与机理 [J]. 地理研究，2015，34 (4)：787 - 800.

[17] 崔淼，苏敬勤. 中国企业管理创新的驱动力——兼与西方企业的比较 [J]. 科学学研究，2012 (5)：755 - 765.

[18] 戴鸿轶，柳卸林. 对环境创新研究的一些评论 [J]. 科学学研究，2009 (11)：1601 - 1610.

[19] 单豪杰. 中国资本存量 K 的再估算：1952 ~ 2006 年 [J]. 数量经济技术经济研究，2008，25 (10)：17 - 31.

[20] 丁一兵，傅缨捷，曹野. 金融发展、技术创新与产业结构优化——基于中等收入国家的经验分析 [J]. 产业经济评论（辑刊)，2014，13 (1)：82 - 104.

[21] 董铠军. 创新生态系统的本质特征与结构——结合生态学理论 [J]. 科学技术哲学研究，2018，35 (5)：118 - 123.

[22] 杜传忠，杨志坤，宁朝山. 互联网推动我国制造业转型升级的路径分析 [J]. 地方财政研究，2016 (6)：19 - 24，31.

[23] 杜栋，旁庆华. 现代综合评价方法与案例精选 [M]. 北京：清华大学出版社，2005.

[24] 杜淑芳. 推进内蒙古地区城市绿色转型问题研究 [J]. 内蒙古社会科学（汉文版)，2014，35 (2)：169 - 172.

[25] 范瑾. 基于 FANP 方法的循环农业绿色供应链绿色度评价模型研究 [J]. 湖北农业科学，2015，54 (21)：5471 - 5475.

[26] 范群林，邵云飞，唐小我. 中国 30 个地区环境技术创新能力分类特征 [J]. 中国人口·资源与环境，2011 (6)：31 - 36.

[27] 方时娇. 绿色经济思想的历史与现实纵深论 [J]. 马克思主义研究，2010 (6)：55 - 62.

[28] 冯志军. 中国工业企业绿色创新效率研究 [J]. 中国科技论坛，2013 (2)：82 - 88.

[29] 付保宗. 当前我国工业转型升级的进展、障碍与对策 [J]. 经济纵横，2016，364 (3)：23 - 30.

[30] 付保宗. 我国工业发展的要素供给和资源环境条件发生阶段性变化 [J]. 中国经贸导刊, 2014 (19): 45 -48.

[31] 付保宗. 我国推行绿色制造面临的形势与对策 [J]. 宏观经济管理, 2015 (11): 34 -36.

[32] 傅为忠, 陈文静. 基于改进 CRITIC - GGI - VIKOR 的工业发展绿色度动态评价模型构建及其应用研究 [J]. 科技管理研究, 2017 (10): 249 -257.

[33] 傅元海, 叶祥松, 王展祥. 制造业结构优化的技术进步路径选择——基于动态面板的经验分析 [J]. 中国工业经济, 2014 (9): 78 -90.

[34] 高红贵. 绿色经济发展模式论 [M]. 北京: 中国环境出版社, 2015.

[35] 高小芹. 企业分布式创新机理及其过程研究 [D]. 武汉理工大学, 2009.

[36] 龚轶, 王铮, 顾高翔. 技术创新与产业结构优化——一个基于自主体的模拟 [J]. 科研管理, 2015, 36 (8): 44 -51.

[37] 谷振宇, 刘飞, 李聪波, 曹华军. 绿色制造运行模式的研究与运用 [J]. 中国机械工程, 2008, 19 (19): 2310 -2314.

[38] 官建成, 陈凯华. 我国高技术产业技术创新效率的测度 [J]. 数量经济技术经济研究, 2009 (10): 19 -33.

[39] 郭冬梅. 印度低碳经济对策及对中国的启示 [J]. 东南亚纵横, 2010 (4): 107 -111.

[40] 郭伟锋, 王汉斌, 李春鹏. 制造业转型升级的协同机理研究——以泉州制造业转型升级为例 [J]. 科技管理研究, 2012, 32 (23): 124 -129.

[41] 郭亚军. 综合评价理论、方法及应用 [M]. 北京: 科学出版社, 2007.

[42] 韩晶, 陈超凡, 王赟. 制度软约束对制造业绿色转型的影响——基于行业异质性的环境效率视角 [J]. 山西财经大学学报, 2014, 36 (12): 59 -69.

[43] 韩晶. 中国工业绿色转型的障碍与发展战略研究 [J]. 福建论坛 (人文社会科学版), 2011 (8): 11 -14.

[44] 何小钢, 王自力. 能源偏向型技术进步与绿色增长转型 [J]. 中国工业经济, 2015 (2): 50 -62.

[45] 何兴强, 欧燕, 史卫, 刘阳. FDI 技术溢出与中国吸收能力门槛研究 [J]. 世界经济, 2014 (10): 52 -76.

[46] 贺爱忠, 宿兰芳, 杜静. 基于云模型的零售企业绿色度评价 [J]. 安全与环境学报, 2014, 14 (4): 285 -291.

[47] 侯文虎，赵静. 绿色建材评价体系构建概述 [J]. 节能与环保，2015 (5)：26－28.

[48] 胡迟. 制造业转型升级成效的最新评估与对策 [J]. 上海企业，2013 (23)：38－40.

[49] 胡迟. 加快制造业转型升级的对策 [J]. 经济纵横，2014a (2)：25－28.

[50] 胡迟. 制造业转型升级的最新评估：成效、问题与对策 [J]. 经济研究参考，2014b (15)：51－76.

[51] 胡迟. 在新常态下持续实现转型升级——制造业转型升级成效的分析与对策 [J]. 中国经贸导刊，2015a (15)：48－52.

[52] 胡迟. 制造业转型升级最新成效的分析与对策 [J]. 经济研究参考，2015b (20)：3－34.

[53] 胡迟. 制造业转型升级："十二五" 成效评估与 "十三五" 发展对策 [J]. 中国经贸导刊，2016a (27)：24－29.

[54] 胡迟. 制造业转型升级成效评估与发展对策 [J]. 中国国情国力，2016b (9)：33－36.

[55] 胡书芳. 生态文明下浙江省纺织制造业绿色竞争力评价研究 [J]. 毛纺织业，2018 (1)：78－81.

[56] 胡书芳. 浙江省制造业绿色发展评价及绿色转型研究 [J]. 产业经济，2016 (6)：139－142.

[57] 华振. 东北地区建设区域绿色创新体系的研究 [D]. 哈尔滨商业大学，2012.

[58] 黄满盈，邓晓虹. 中国工程机械制造业转型升级影响因素研究——基于上市公司的经验证据 [J]. 改革与战略，2013，29 (4)：91－97.

[59] 黄奇，苗建军，李敬银，王文华. 基于绿色增长的工业企业技术创新效率空间外溢效应研究 [J]. 经济体制改革，2015 (4)：109－115.

[60] 黄群慧，李芳芳等. 工业化蓝皮书：中国工业化进程报告（1995～2015）[M]. 社会科学文献出版社，2017.

[61] 江珂，卢现祥. 环境规制与技术创新——基于中国 1997～2007 年省际面板数据分析 [J]. 科研管理，2011，32 (7)：60－66.

[62] 江世英，李随成. 考虑产品绿色度的绿色供应链博弈模型及收益共享契约 [J]. 中国管理科学，2015，23 (6)：169－176.

[63] 江志刚，张华，鄢威. 制造企业生产过程绿色规划优化运行模式及应

用［J］．广西大学学报（自然科学版），2010，35（5）：771－776.

［64］姜宝，周晓敏，李剑．我国海洋科技投入产出效率的区域差异研究——基于超效率DEA视窗－Malmquist指数［J］．科技管理研究，2015，332（10）：56－60.

［65］姜茜，李荣林．我国对外贸易结构与产业结构的相关性分析［J］．经济问题，2010（5）：19－23.

［66］姜太平．论企业绿色制度创新模式［J］．中国软科学，1999（4）：45－46.

［67］蒋伏心，王竹君，白俊红．环境规制对技术创新影响的双重效应——基于江苏制造业动态面板数据的实证研究［J］．中国工业经济，2013（7）：44－55.

［68］金碚，李鹏飞，廖建辉．中国产业国际竞争力现状及演变趋势——基于出口商品的分析［J］．中国工业经济，2013（5）：5－17.

［69］景维民，张璐．环境管制、对外开放与中国工业的绿色技术进步［J］．经济研究，2014（9）：34－47.

［70］孔伟杰，苏为华．知识产权保护、国际技术溢出与区域经济增长［J］．科研管理，2012（6）：120－127.

［71］孔伟杰．制造业企业转型升级影响因素研究——基于浙江省制造业企业大样本问卷调查的实证研究［J］．管理世界，2012（9）：120－131.

［72］赖明勇，包群，彭水军，张新．外商直接投资与技术外溢：基于吸收能力的观点［J］．经济研究，2005（8）：95－105.

［73］蓝庆新，韩晶．中国工业绿色转型战略研究［J］．经济体制改革，2012（1）：24－28.

［74］蓝以信，王应明，梁飞豹．基于超效率数据包络分析模型的视窗分析［J］．福州大学学报，2011（5）：673－679.

［75］李彬，王足．我国区域制造业绿色竞争力评价及动态比较［J］．经济问题探索．2017（1）：64－81.

［76］李斌，彭星，陈柱华．环境规制、FDI与中国治污技术创新——基于省际动态面板数据的分析［J］．财经研究，2011（10）：92－102.

［77］李传殿．江苏产业结构优化升级问题探讨［J］．江苏社会科学，2011（5）：229－233.

［78］李聪波，刘飞，王秋莲，曹华军，曹乐．面向生命周期的机床行业绿色制造运行模式［J］．中国机械工程，2009，20（24）：2932－2937.

［79］李怀祖．管理研究方法论［M］．西安：西安交通大学出版社，2008.

[80] 李廉水，程中华，刘军. 中国制造业“新型化”及其评价研究 [J]. 中国工业经济，2015 (2)：63 – 75.

[81] 李廉水，杜占元. “新型制造业”的概念、内涵和意义 [J]. 科学学研究，2005 (2)：184 – 187.

[82] 李平，王钦，贺俊，吴滨. 中国制造业可持续发展指标体系构建及目标预测 [J]. 中国工业经济，2010 (5)：5 – 15.

[83] 李萍. 浅析德国低碳经济转型对中国绿色发展的启示——从财政和金融的视角 [J]. 中国商论，2016 (29)：166 – 170，172.

[84] 李强，聂锐. 环境规制与区域技术创新——基于中国省际面板数据的实证分析 [J]. 中南财经政法大学学报，2009 (4)：18 – 23.

[85] 李婉红，毕克新，孙冰. 环境规制强度对污染密集行业绿色技术创新的影响研究——基于 2003—2010 年面板数据的实证检验 [J]. 研究与发展管理，2013 (6)：72 – 81.

[86] 李万，常静，王敏杰，朱学彦，金爱民. 创新 3.0 与创新生态系统 [J]. 科学学研究，2014，32 (12)：1761 – 1770.

[87] 李文臣，刘超阳. FDI 产业结构效应分析——基于中国的实证研究 [J]. 改革与战略，2010，26 (2)：116 – 118.

[88] 李贤珠. 中韩产业结构高度化的比较分析——以两国制造业为例 [J]. 世界经济研究，2010 (10)：81 – 86.

[89] 李小平. 新疆工业绿色转型升级面临的挑战及对策建议 [J]. 新疆师范大学学报（哲学社会科学版），2018，39 (5)：137 – 144.

[90] 李晓华，李雯轩. 改革开放 40 年中国制造业竞争优势的转变 [J]. 东南学术，2018 (5)：92 – 103.

[91] 李晓西，胡必亮. 中国：绿色经济与可持续发展 [M]. 北京：人民出版社，2012.

[92] 李晓钟. FDI 对我国产业结构转型升级的影响 [J]. 社会科学家，2014 (9)：6 – 12.

[93] 李佐军. 中国绿色转型发展报告 [M]. 北京：中共中央党校出版社，2012.

[94] 廖中举，李喆，黄超. 钢铁企业绿色转型的影响因素及其路径 [J]. 钢铁，2016，51 (4)：83 – 88.

[95] 林春艳，孔凡超. 中国产业结构高度化的空间关联效应分析——基于社会网络分析方法 [J]. 经济学家，2016 (11)：45 – 53.

[96] 林毅夫，蔡昉，李周．中国的奇迹：发展战略与经济改革（增订版）[M]．上海：格致出版社、上海三联书店、上海人民出版社，2014.

[97] 刘炳胜．中国区域建筑产业竞争力形成机理研究 [D]．天津大学，2009.

[98] 刘纯彬，张晨．资源型城市绿色转型内涵的理论探讨 [J]．中国人口・资源与环境，2009，19（5）：6-10.

[99] 刘飞，曹华军，何乃军．绿色制造的发展现状与发展趋势 [J]．中国机械工程，2000，11（1-2）：105-109.

[100] 刘刚．我国制造业绿色创新系统动力因素与绿色创新模式研究 [D]．哈尔滨工程大学，2015.

[101] 刘红旗，陈世兴．绿色产品设计的评价方法和评价体系 [J]．工程设计，1999（4）：1-4.

[102] 刘思华．绿色经济论 [M]．北京：中国财政经济出版社，2001.

[103] 刘肖，赵莹．基于 Windows-DEA 模型的文化创意上市公司财务效率评价研究 [J]．经济论坛，2016（9）：91-93.

[104] 刘章生，宋德勇，弓媛媛，罗传建．中国制造业绿色技术创新能力的行业差异与影响因素分析 [J]．情报杂志，2017（1）：194-200.

[105] 刘志强，齐俊霄．基于组合权重——隶属度转换算法的物流园区绿色度评价 [J]．数学的实践与认识，2016，46（5）：110-117.

[106] 柳键，周辉．考虑产品生命周期全过程的产品绿色度综合评价 [J]．科技管理研究，2016（19）：60-63.

[107] 卢强，吴清华，周永章等．广东省工业绿色转型升级评价的研究 [J]．中国人口・资源与环境，2013，23（7）：34-41.

[108] 陆化普．未来低碳城市的绿色交通系统前瞻 [J]．学术前沿，2015，17（3）：27-38.

[109] 陆菁．国际环境规制与倒逼型产业技术升级 [J]．国际贸易问题，2007（7）：71-76.

[110] 路甬祥．前瞻世界发展大势 谋划中国科技战略——中国科学院发布《创新 2050：科学技术与中国的未来》战略研究系列报告 [J]．中国科学院院刊，2009（4）：333-337.

[111] 罗良文，梁圣蓉．中国区域工业企业绿色技术创新效率及因素分解 [J]．中国人口・资源与环境，2016（9）：149-157.

[112] 马珩，李东．长三角制造业高级化测度及其影响因素分析 [J]．科

学学研究，2012（10）：1509－1517.

［113］马庆国．管理统计——数据获取、统计原理、SPSS 工具与应用研究［M］．北京：科学出版社，2002.

［114］马威．高技术产业内协同创新程度研究分析［D］．中国科学技术大学，2014.

［115］马晓河．结构转型、困境摆脱与我国制造业的战略选择［J］．改革，2014（12）：22－34.

［116］迈克尔·波特著，李明轩，邱如美译．国家竞争优势［M］．北京：中信出版社，2012.

［117］毛涛．我国绿色制造体系构建面临的困境及破解思路［J］．中国党政干部论坛，2017（5）：72－74.

［118］门丹．美国推进新能源发展的财政支出政策研究［J］．生态经济，2013（4）：80－83.

［119］倪鹏飞，白晶，杨旭．城市创新系统的关键因素及其影响机制——基于全球 436 个城市数据的结构化方程模型［J］．中国工业经济，2011（2）：16－25.

［120］潘文卿，刘婷，王丰国．中国区域产业 CO_2 排放影响因素研究：不同经济增长阶段的视角［J］．统计研究，2017，34（3）：30－44.

［121］潘文卿．碳税对中国产业与地区竞争力的影响：基于 CO_2 排放责任的视角［J］．数量经济技术经济研究，2015（6）：3－20.

［122］彭海珍．环境管制对环境创新国际扩散的影响机制研究［J］．科技进步与对策．2009（16）：28－32.

［123］彭建平．自主创新与工业结构升级研究［M］．北京：中国社会科学出版社，2011.

［124］彭鹏，张文德．基于 SEM－PLS 模型的区域信息技术服务业发展程度对行业绩效的影响［J］．情报探索，2014（4）：36－41.

［125］彭斯震，孙新章．中国发展绿色经济的主要挑战和战略对策研究［J］．中国人口·资源与环境，2014，24（3）：1－4.

［126］彭星，李斌．贸易开放、FDI 与中国工业绿色转型——基于动态面板门限模型的实证研究［J］．国际贸易问题，2015（1）：166－176.

［127］彭星，李斌．不同类型环境规制下中国工业绿色转型问题研究［J］．财经研究，2016，42（7）：134－144.

［128］彭星．中国工业绿色转型进程中的激励机制与治理模式研究［D］.

湖南大学，2015.

［129］彭张林，张爱萍，王素凤，白羽．综合评价指标体系的设计原则与构建流程［J］．科研管理，2017（38）：209－215.

［130］钱方明，陈娟．浙江制造业结构转型实证研究［J］．科研管理，2009，30（5）：162－168.

［131］钱丽，肖仁桥，陈忠卫．我国工业企业绿色技术创新效率及其区域差异研究——基于共同前沿理论和 DEA 模型［J］．经济理论与经济管理，2015（1）：26－43.

［132］乔元波，王砚羽．基于三阶段 DEA－Windows 分析的中国省域创新效率评价［J］．科学学与科学技术管理，2017，38（1）：88－97.

［133］秦书生，王旭，付晗宁．我国推进绿色发展的困境与对策——基于生态文明建设融入经济建设的探究［J］．生态经济，2015，31（7）：168－171＋180.

［134］秦月，秦可德，徐长乐．长三角制造业转型升级的粘性机理及其实现路径——基于“微笑曲线”成因的视角［J］．地域研究与开发，2014，33（5）：6－10＋26.

［135］任女，陈民恳．宁波制造业“绿色指数”构建与评价分析［J］．宁波经济（三江论坛），2017（9）：20－25.

［136］沈坤荣，李震．“十三五”期间我国制造业转型升级的基本思路与对策建议［J］．经济纵横，2015（10）：56－61.

［137］师博，姚峰，李辉．创新投入、市场竞争与制造业绿色全要素生产率［J］．人文杂志，2018（1）：26－36.

［138］石平，颜波，石松．考虑公平的绿色供应链定价与产品绿色度决策［J］．系统工程理论与实践，2016，36（8）：1937－1950.

［139］世界银行．世界银行统计数据库．2019，https：//data. worldbank. org. cn/indicator/GB. XPD. RSDV. GD. ZS？view＝chart.

［140］苏艳．出口、产业结构和生产率变动：来自制造业与生产者服务业的证据［J］．产经评论，2010（6）：5－13.

［141］孙冰，张敏，王为．东北地区制造业产业自主创新动力机制［M］．科学出版社，2012.

［142］孙宏芃．制度创新环境与中国绿色技术创新效率［J］．科技管理研究，2016（21）：251－257.

［143］孙理军，严良．全球价值链上中国制造业转型升级绩效的国际比较

[J]. 宏观经济研究，2016 (1)：73 - 85.

[144] 孙立成，梅强，周德群. 区域 3E 系统协调发展水平 PLS - SEM 测度模型及应用研究 [J]. 运筹与管理，2012 (3)：119 - 128.

[145] 孙丽文，曹璐，吕静韦. 基于 DPSIR 模型的工业绿色转型评价研究——以河北省为例 [J]. 经济与管理评论，2017 (4)：120 - 127.

[146] 孙凌宇. 资源型产业绿色转型的生态管理模式研究 [J]. 青海社会科学，2012 (4)：32 - 38.

[147] 孙丝雨，安增龙. 两阶段视角下国有工业企业绿色技术创新效率评价——基于网络 EBM 模型的分析 [J]. 财会月刊，2016 (35)：20 - 25.

[148] 孙泗泉，叶琪. 创新驱动制造业转型的作用机理与战略选择 [J]. 产业与科技论坛，2015，14 (2)：15 - 18.

[149] 孙笑非，钱易，温宗国，刘丽丽，单桂娟，李金惠. 我国"城市矿山"开发利用战略研究 [J]. 中国工程科学，2017，19 (4)：97 - 102.

[150] 孙毅，景普秋. 资源型区域绿色转型模式及其路径研究 [J]. 中国软科学，2012 (12)：152 - 161.

[151] 孙玉锋，吴程. 浅析制造业转型升级的最新评估：成效、问题与对策 [J]. 农技服务，2016，33 (16)：187 - 188.

[152] 唐艳. FDI 在中国的产业结构升级效应分析与评价 [J]. 财经论丛，2011，156 (1)：20 - 25.

[153] 陶长琪，周璇. 要素集聚下技术创新与产业结构优化升级的非线性和溢出效应研究 [J]. 当代财经，2016 (1)：83 - 94.

[154] 田贵平. 物流经济学 [M]. 北京：机械工业出版社，2007.

[155] 王常凯，巩在武. "纵横向"拉开档次法中指标规范化方法修正 [J]. 方法应用，2016 (2)：77 - 79.

[156] 王常凯. 中国制造业新型化动态特征及收敛性研究 [D]. 东南大学，2015.

[157] 王冠军. 俄罗斯环境状况及环保政策简析 [J]. 东北亚学刊，2018 (6)：61 - 64.

[158] 王海龙，连晓宇，林德明. 绿色技术创新效率对区域绿色增长绩效的影响实证分析 [J]. 科学学与科学技术管理，2016 (6)：80 - 87.

[159] 王惠，苗壮，王树乔. 空间溢出、产业集聚效应与工业绿色创新效率 [J]. 中国科技论坛，2015 (12)：33 - 38.

[160] 王沥涓，朱文. 建筑工程项目的绿色度评价体系研究 [J]. 项目管

理技术，2014，12（8）：35－39.

［161］王莉静. 基于自组织理论的区域创新系统演进研究［J］. 科学学与科学技术管理，2010，31（8）：128－132.

［162］王文普，陈斌. 环境政策对绿色技术创新的影响研究——来自省级环境专利的证据［J］. 经济经纬，2013（5）：13－18.

［163］王晓红，陈浩. 1999—2006 年我国各省市高校科研效率的实证研究——基于科技成果指标变化的对比分析［J］. 科研管理，2011（4）：94－101，135.

［164］王勇，刘厚莲. 中国工业绿色转型的减排效应及污染治理投入的影响［J］. 经济评论，2015（4）：17－30，44.

［165］王玉玲. 中国制造业发展：成就、困境、趋势和现实选择［J］. 税务与经济，2017（5）：10－18.

［166］王玉燕，汪玲，詹翩翩. 中国工业转型升级效果评价研究［J］. 工业技术经济，2016，35（7）：130－138.

［167］王章豹，李垒. 技术创新促进我国制造业竞争力提升的作用机制探析［J］. 工业技术经济，2007（6）：17－20.

［168］王志华，陈圻. 江苏制造业转型升级水平测度与路径选择［J］. 生态经济，2012（12）：91－96.

［169］魏后凯，张燕. 全面推进中国城镇化绿色转型的思路与举措［J］. 经济纵横，2011（9）：15－19.

［170］翁莉等. 传统产业升级下绿色供应链知识共享与绿色创新研究综述［J］. 经济问题探索，2013（11）：153－157.

［171］邬乐雅等. 美国绿色经济转型的驱动因素及相关环保措施研究［J］. 生态经济（学术版），2013（2）：153－157.

［172］吴静. 区际产业转移对西部制造业转型升级的影响——基于产业价值链视角［J］. 软科学，2017，31（5）：21－25.

［173］吴晓烨. 创新生态系统视角下的创新治理研究［D］. 武汉大学，2018.

［174］吴旭晓. 基于超效率 DEA 视窗分析模型的区域农业发展效率研究——以豫、鄂、湘、赣 4 省为例［J］. 开发研究，2012（6）：58－61.

［175］吴延兵. R&D 存量、知识函数与生产效率［J］. 经济学（季刊），2006（3）：1129－1156.

［176］肖贵蓉，赵衍俊，郭玲玲. 基于 DPSIR—TOPSIS 的城市绿色转型评

价及实证——以太原市为例［J］．技术经济，2016，35（12）：82－89．

［177］肖宏伟，李佐军，王海芹．中国绿色转型发展评价指标体系研究［J］．当代经济管理，2013，35（8）：24－30．

［178］肖文，杨娟．FDI 对我国区域技术进步影响的实证分析［J］．国际贸易问题，2009（9）：80－88．

［179］谢友才，张红辉．区域科技投入产出效率的 DEA 视窗分析［J］．研究与发展管理，2007，19（3）：85－92．

［180］熊彼特著，邹建平译．经济发展理论［M］．北京：中国画报出版社，2012．

［181］徐滨士，李恩重，郑汉东，桑凡，史佩京．我国再制造产业及其发展战略［J］．中国工程科学，2017，19（3）：61－65．

［182］徐萌，陈文汇，刘俊昌．林业绿色经济发展评价指标体系研究［J］．林业经济，2015（5）：24－28，67．

［183］宣烨，李光泗．FDI 对国内企业技术创新影响的实证研究［J］．中南财经政法大学学报，2008，168（3）：108－114．

［184］闫俊周．分布式创新的合作博弈分析［J］．技术经济与管理研究，2012（10）：49－52．

［185］杨持．生态学（第二版）［M］．北京：高等教育出版社，2000（3）：191．

［186］杨俊龙，张媛媛．外商直接投资与我国产业结构调整［J］．经济研究参考，2004（79）：38－38．

［187］杨灵，薛凤．FDI 对产业结构升级的影响研究——以辽宁省为例［J］．沈阳工业大学学报（社会科学版），2018（5）：435－539．

［188］杨仙荣．基于信息技术的绿色制造运行模式研究［J］．湖南城市学院学报（自然科学版），2010，19（1）：57－60．

［189］杨义蛟，尹望吾，谭青．装备制造业可持续发展的模糊综合评价［J］．制造业自动化，2009，31（7）：4－9．

［190］杨正林，方齐云．能源生产率差异与收敛：基于省际面板数据的实证分析［J］．数量经济技术经济研究，2008（9）：17－30．

［191］叶敏弦．城市绿色转型的产业形成机理与对策思考［J］．福建论坛（人文社会科学版），2013（9）：36－38．

［192］叶琪．世界创新竞争驱动制造业转型的机理与验证［J］．工业技术经济，2015，34（1）：29－36．

[193] 叶琪. 我国制造业创新驱动的困境及战略构想 [J]. 统计与决策, 2017 (14): 144-147.

[194] 易信, 刘凤良. 金融发展、技术创新与产业结构转型——多部门内生增长理论分析框架 [J]. 管理世界, 2015 (10): 24-39.

[195] 殷群, 程月. 我国绿色创新效率区域差异性及成因研究 [J]. 江苏社会科学, 2016 (2): 64-69.

[196] 殷醒民. 制造业结构的转型与经济发展 [M]. 复旦大学出版社, 1999.

[197] 尹望吾, 杨义蛟, 庞小兵. 装备制造企业绿色星级评估方法研究 [J]. 科技通报, 2009, 25 (4): 524-529.

[198] 袁华萍. 基于DEA视窗分析的中国环境治理投资效率研究 [J]. 生态经济 (中文版), 2016, 32 (4): 154-157.

[199] 岳意定, 谢伟峰. 城市工业转型升级发展水平的测度 [J]. 系统工程, 2014, 32 (2): 132-137.

[200] 詹浩勇, 冯金丽. 西部生产性服务业集聚对制造业转型升级的影响——基于空间计量模型的实证分析 [J]. 技术经济与管理研究, 2016 (4): 102-109.

[201] 张成, 陆旸, 郭路等. 环境规制强度和生产技术进步 [J]. 经济研究, 2011 (2): 113-124.

[202] 张江雪, 朱磊. 基于绿色增长的我国各地区工业企业技术创新效率研究 [J]. 数量经济技术经济研究, 2012 (2): 113-125.

[203] 张军. 结构方程模型构建方法比较 [J]. 统计与决策, 2007 (9): 137-139.

[204] 张康之. 在全球化、后工业化中认识人的关系 [J]. 宁夏社会科学, 2018 (3): 5-12.

[205] 张琴. 国际产业转移对我国产业结构的影响研究——基于1983~2007年外商直接投资的实证分析 [J]. 国际贸易问题, 2012 (4): 137-144.

[206] 张维群. 指标体系构建与优良性评价的方法研究 [J]. 统计与信息论坛, 2006 (6): 36-38.

[207] 张翔, 赵群. 低碳经济引领下的我国制造业绿色化发展综述 [J]. 机械制造, 2013, 51 (10): 1-6.

[208] 张晓丽, 陆化普. 我国城市公共交通发展模式与思考 [J]. 中国交通观察, 2015, 37 (7): 22-27.

[209] 张晓芹，王宇. 基于《中国制造 2025》的新型制造业综合评价——以佛山市制造业为例 [J]. 科技管理研究，2018，38 (3)：100 - 106.

[210] 张瑛，贾明德. 西部地区环境创新与经济增长的实证分析 [J]. 2012 (3)：138 - 141.

[211] 张颖等. 印度环保能效法律法规与标准的解读 [J]. 家电科技，2011 (8)：58 - 59.

[212] 张振刚等. 绿色创新与经济增长的多变量协整关系研究——基于 1989 ~ 2011 年广东省数据 [J]. 科技进步与对策，2014 (10)：24 - 30.

[213] 张志元，李兆友. 创新驱动制造业转型升级对策研究 [J]. 中国特色社会主义研究，2015a (4)：41 - 44.

[214] 张志元，李兆友. 新常态下我国制造业转型升级的动力机制及战略趋向 [J]. 经济问题探索，2015b (6)：144 - 149.

[215] 张志元，李兆友. 我国制造业发展模式转型方式、目标取向及预期收益 [J]. 管理现代化，2013 (6)：25 - 27.

[216] 张子龙，薛冰，陈兴鹏等. 中国工业环境效率及其空间差异的收敛性 [J]. 中国人口·资源与环境，2015，25 (2)：30 - 38.

[217] 章立东. "中国制造 2025" 背景下制造业转型升级的路径研究 [J]. 江西社会科学，2016，36 (4)：43 - 47.

[218] 赵波，钟天黎. 我国制造业转型升级绩效评价研究 [J]. 金融教育研究，2019，32 (1)：30 - 39.

[219] 赵红. 环境规制对产业技术创新的影响——基于中国面板数据的实证分析 [J]. 产业经济研究，2008 (3)：35 - 40.

[220] 赵建军. 人与自然的和解："绿色发展" 的价值观审视 [J]. 马克思主义哲学，2012 (9)：28 - 31，46.

[221] 赵晓阳，刘金兰. 基于 DEA 视窗分析的高校科研投入产出效率动态评价 [J]. 西安电子科技大学学报（社会科学版），2013 (2)：132 - 138.

[222] 赵新峰. 德国低碳发展的 "善治" 实践及其启示 [J]. 中国行政管理，2013 (12)：101 - 105.

[223] "制造业创新驱动发展战略研究" 课题组. 制造业创新驱动发展战略 [J]. 中国工程科学，2015，17 (7)：20 - 23.

[224] 中国环境科学研究院. 我国节能环保产业发展现状、问题及趋势分析 [EB/OL]. 北极星大气网，2017 年 11 月 23 日，http：//huanbao. bjx. com. cn/news/20171123/863384. shtml.

［225］中国环境与发展国际合作委员会（CCICED）. 机制创新与和谐发展——CCICED2008 年度政策报告［M］. 北京：中国环境科学出版社，2009.

［226］中国社会科学院工业经济研究所课题组. 中国工业绿色转型研究［J］. 中国工业经济，2011（4）：5－14.

［227］中华人民共和国国家统计局. 新中国 55 年统计资料汇编［M］. 北京：中国统计出版社，2005.

［228］中华人民共和国国家统计局. 2016 中国环境统计年鉴［M］. 北京：中国统计出版社，2016.

［229］中华人民共和国国家统计局. 2018 中国统计年鉴［M］. 北京：中国统计出版社，2018.

［230］中华人民共和国国家统计局. 2018 国际统计年鉴［M］. 北京：中国统计出版社，2019.

［231］钟永飞，孙慧. 资源型省区经济绿色化改造的成本收益分析——以新疆为例［J］. 武汉金融，2017（5）：67－69.

［232］周大鹏. 制造业服务化对产业转型升级的影响［J］. 世界经济研究，2013（9）：17－22＋48＋87.

［233］周燕，王传雨. 我国外商直接投资产业结构转变效应实证分析［J］. 中国软科学，2008（3）：148－152.

［234］周宇，孙晓霞. 浅析美国绿色产业发展政策［J］. 现代经济信息，2016（14）：346.

［235］周长富，杜宇玮. 代工企业转型升级的影响因素研究——基于昆山制造业企业的问卷调查［J］. 世界经济研究，2012（7）：23－28，86.

［236］周正，毛瑞男. 黑龙江省装备制造业转型升级影响因素研究——人口红利的视角［J］. 哈尔滨商业大学学报（社会科学版），2017（3）：107－117.

［237］周志太. 基于经济学视角的协同创新网络研究［D］. 吉林大学，2013.

［238］朱平芳，徐伟民. 政府的科技激励政策对大中型工业企业 R&D 投入及其专利产出的影响——上海市的实证研究［J］. 经济研究，2003（6）：45－53＋94.

［239］庄志彬，林子华. 创新驱动我国制造业转型发展的对策研究［J］. 福建师范大学学报（哲学社会科学版），2014（1）：45－52.

［240］Allwood J. M.，Gutowski T. G.，et al.. Industry 1.61803：The Transition to an Industry with Reduced Material Demand Fit for a Low Carbon Future［EB/

OL]. The Royal Society, 2 March 2017.

[241] Arundel A., Kemp R.. Measuring Eco-innovation [J]. *United Nations University*, 2009 (17): 3-40.

[242] Asmild M., Paradi J. C., Aggarwall V., Schaffnit C.. Combining DEA Window Analysis with the Malmquist Index Approach in a Study of the Canadian Banking Industry [J]. *Journal of Productivity Analysis*, 2004, 21 (1): 67-89.

[243] Bao X. Y., Wang Q. C.. A Comprehensive Evaluation Study of Green Building Degree Based on the Fuzzy Comprehensive Evaluation [J]. *Applied Mechanics and Materials*, 2012 (256-259): 3033-3037.

[244] Barbiroli G.. Economic Consequences of the Transition Process toward Green and Sustainable Economies: Costs and Advantages [J]. *International Journal of Sustainable Development & World Ecology*, 2011, 18 (1): 17-27.

[245] Blomström M., Persson H.. Foreign Investment and Spillover Efficiency in an Underdeveloped Economy: Evidence from the Mexican Manufacturing Industry [J]. *World Development*, 1983, 11 (6): 493-501.

[246] Brawn E., Wield D. Regulation as a Means for the Social Control of Technology [J]. *Technology Analysis and Strategic Management*, 1994 (3): 497-505.

[247] Carbone T. A.. Measuring Efficiency of Semiconductor Manufacturing Operations Using Data Envelopment Analysis (DEA) [J]. *In IEEE/SEMI Advanced Semiconductor Manufacturing Conference*, 2000: 56-62.

[248] Caves R. E.. Multinational Firms, Competition, and Productivity in Host-Country Markets [J]. *Economica*, 1974, 41 (162): 176-193.

[249] Charnes A. and Cooper W. W.. Preface to Topics in Data Envelopment Analysis [J]. *Annals of Operations Research*, 1985 (2): 59-94.

[250] Charnes A., Cooper W. W., Rhodes E.. Measuring the Efficiency of Decision Making Units [J]. *European Journal of Operational Research*, 1978, 2 (6): 429-444.

[251] Chen X. F., Liu Z. Y., Zhu Q. Y.. Performance Evaluation of China's High-tech Innovation Process: Analysis based on the Innovation Value Chain [J]. *Technovation*, 2018, 74-75 (3): 42-53.

[252] Chin W. W., Newsted P. R.. in Rick Hoyle (Ed.), *Statistical Strategies for Small Sample Research* [M]. Sage Publications, 1999: 307-341.

[253] Chin W. W.. The Partial Least Squares Approach for Structural Equation

Modeling [M]. //George A M.. *Modern Methods for Business Research*. Mahwah, NJ: Lawrence Erlbaum Associates, 1998: 295 -358.

[254] Cohen W. M., Levinthal D. A.. Innovation and Learning: The Two Faces of R&D [J]. *Economic Journal*, 2002 (99): 569 -596.

[255] Cooper W., Seiford L. M., Tone K.. *Data Envelopment Analysis: A Comprehensive Text with Models Applications* [M]. Springer Science, New York, 2007.

[256] Cruz - CáZares C., Bayona - SáEz C. and GarcíA - Marco T. You Can'T Manage Right What You Can'T Measure Well: Technological Innovation Efficiency [J]. *Research Policy*, 2013, 42 (6 -7): 1239 -1250.

[257] Cullinane K., Song D. W., Ji P., Wang T. F.. An Application of DEA Windows Analysis to Container Port Production Efficiency [J]. *Review of Network Economics*, 2004, 3 (2): 184 -206.

[258] Diwekar U.. Green Process Design, Industrial Ecology, and Sustainability: A Systems Analysis Perspective [J]. *Resources Conservation and Recycling*, 2005, 44 (3): 215 -235.

[259] DüZakıN E. and DüZakıN H.. Measuring the Performance of Manufacturing Firms with Super Slacks based Model of Data Envelopment Analysis: An Application of 500 Major Industrial Enterprises in Turkey [J]. *European Journal of Operational Research*, 2007 (182): 1412 -1432.

[260] Elhiraika A. B.. Promoting Manufacturing to Accelerate Economic Growth and Reduce Volatility in Africa [J]. *African Economic Conference*, 2008: 1 -17.

[261] Ernst D. Upgrading India's Electronics Manufacturing Industry: Regulatory Reform and Industrial Policy [J]. *Social Science Electronic Publishing*, 2014.

[262] Fernando L., Evans S., Lee W. B. Case Studies in Transformation towards Industrial Sustainability [J]. *International Journal of Knowledge & Systems Science*, 2015, 6 (3): 1 -17.

[263] Fornell C., Larckero.. Evaluating Structural Equation Models with Unobservable Variables and Measurement Error [J]. *Journal of Marketing Research*, 1981, 18 (1): 39 -50.

[264] Freeman C., Soete L.. *The Economics of Industrial Innovation* (3rd Edition) [M]. Mit Press, 1997.

[265] Fussler C., James P.. *Driving Eco-Innovation: A Breakthrough Discipline*

for Innovation and Sustainability [M]. Pitman Publishing, 1996.

[266] Gefen D., Straub D. W., Boudreau M. C.. Structural Equation Modeling and Regression: Guidelines for Research Practice [J]. *Communications of the Association for Information Systems*, 2000 (4): 1-77.

[267] Gereffi G.. International Trade and Industrial Upgrading in the Apparel Commodity Chains [J]. *Journal of International Economics*, 1999 (48): 37-70.

[268] Glasgo B., Hendrickson C., Azevedo I. L.. The Value of Information in Residential Building Simulation: Comparing Simulated and Actual Building Loads at the Circuit Level [J]. *Applied Energy*, 2017 (203): 348-363.

[269] Guan J. C. and Chen K. H.. Modeling Macro-R&D Production Frontier Performance: An Application to Chinese Province-level R&D [J]. *Scientometrics*, 2010 (82): 165-173.

[270] Gutowski T., Cooper D., Sahni S.. *Why We Use More Materials* [EB/OL]. *The Royal Society*, 3 March 2017.

[271] Hair J.. *A Primer on Partial Least Squares Structural Equation Modeling* (PLS-SEM) [M]. Second Ed. SAGE, Los Angeles, 2017.

[272] Halkos G. and Tzeremes N.. Trade Efficiency and Economic Development: Evidence From a Cross Country Comparison [J]. *Applied Economics*, 2008 (40): 2749-2764.

[273] Halkos G. E. and Tzeremes N. G.. Exploring the Existence of Kuznets Curve in Countries' Environmental Efficiency Using DEA Window Analysis [J]. *Ecological Economics*, 2009, 68 (7): 2168-2176.

[274] Hartman T. E. and Storbeck J. E.. Input Congestion in Loan Operations [J]. *International Journal of Production Economics*, 1996 (46-47): 413-421.

[275] Henseler J., Hubona G., Ray P.. Using PLS Path Modeling in New Technology Research: Updated Guidelines [J]. *Industrial Management & Data Systems*, 2016, 116 (1): 2-20.

[276] Henseler J., Ringle C. M., Sinkovice R. R.. The Use of Partial Least Squares Path Modeling in International Marketing [M]. in Rudolf R. Sinkovics, Pervez N. Ghauri (Ed.) *New Challenges to International Marketing* (Advances in International Marketing, Volume 20) Emerald Group Publishing Limited, 2009: 277-319.

[277] Henseler J., Sarstedt M.. Goodness-of-fit Indices for Partial Least Squares

Path Modeling [J]. *Computational Statistics*, 2013, 28 (2): 565 -580.

[278] Hong J., Feng B., Wu Y. R. and Wang L. B. Do Government Grants Promote Innovation Efficiency in China's High-tech Industries? [J]. *Technovation*, 2016 (57 -58): 4 -13.

[279] Hunya G.. Restructuring Through FDI in Romanian Manufacturing [J]. *Economic Systems*, 2002, 26 (4): 387 -394.

[280] Ivarsson I., Alvstam C. G. R.. Local Technology Linkages and Supplier Upgrading in Global Value Chains: The Case of Swedish Engineering Tncs in Emerging Markets [J]. *Ann Otol Rhinol Laryngol*, 2009, 13 (4): 357 -373.

[281] Jens H.. Determinants of Environmental Innovation – New Evidence from German Panel Data sources [J]. *Research Policy*, 2008 (37): 163 -173.

[282] Kagermann H., Wahlster W., Helbig, J.. *Securing the Future of German Manufacturing Industry: Recommendations for Implementing the Strategic Initiative INDUSTRIE* 4.0 [R]. Final Report of the Industrie 4.0 Working Group, 2013.

[283] Kis T., Cileg M., Sedlak O.. Reindustrialization Problems of Regions of Economics in Translation [J]. *Advances in Business Related Scientific Research Journal*, 2011 (2).

[284] Kokko A.. Technology, Market Characteristics, And Spillovers [J]. *Journal of Development Economics*, 1994 (43): 279 -293.

[285] Konar S., Cohen M. A.. Information As Regulation: The Effect of Community Right to Know Laws on Toxic Emissions [J]. *Journal of Environmental Economics and Management*, 1997, 32 (1): 109 -124.

[286] Kou M. T., Chen K. H., Wang S. Y. and Shao Y. M. Measuring Efficiencies of Multi – Period and Multi-division Systems Associated with DEA: An Application to OECD Countries' national Innovation Systems [J]. *Expert Systems with Applications*, 2016 (46): 494 -510.

[287] Kumbhakar S. C. and Lovell C.. *Stochastic Frontier Analysis* [M]. Cambridge: Cambridge University Press, 2000.

[288] Lia X. Upgrading of China's Manufacturing Industry: Two-sector Analysis based on the Facilitation of Producer Services [J]. *Procedia Environmental Sciences*, 2011, 10 (Part A): 307 -312.

[289] Lin J. Y., Xu J. T.. The Potential for Green Growth and Structural Transformation in China [J]. *Oxford Review of Economic Policy*, 2014, 30 (3): 550 –

568.

[290] Lin S. F., Sun J., Wang S. Y.. Dynamic Evaluation of the Technological Innovation Efficiency of China's Industrial Enterprises [J]. *Science and Public Policy*, 2019, 2 (46): 232 -243.

[291] Lin Y. The Efficiency Study of Regional Technological Innovation: based on the Provinces Level [J]. *Energy Procedia*, 2011 (5): 1579 -1583.

[292] Liu C., Lin S. J., Lewis C.. Evaluation of Thermal Power Plant Operational Performance in Taiwan by Data Envelopment Analysis [J]. *Energy Policy*, 2010 (38): 1049 -1058.

[293] Liu P., Yi S. P.. Pricing Policies of Green Supply Chain Considering Targeted Advertising and Product Green Degree in the Big Data Environment [J]. *Journal of Cleaner Production*, 2017 (164): 1614 -1622.

[294] Los B., Verspagen B.. R&D Spillovers and Productivity: Evidence From U. S. Manufacturing Microdata [J]. *Empirical Economics*, 2000 (1): 127 -148.

[295] Lu X. D., Pan J. H., Chen Y.. Sustaining Economic Growth in China under Energy and Climate Security Constraints [J]. *China and World Economy*, 2006, 14 (6): 85 -97.

[296] Luethje B.. Global Production Networks and Industrial Upgrading in China: The Case of Electronics Contract Manufacturing [J]. *Economics Study Area Working Papers*, 2004, 107 (1 -3): 365 -365.

[297] Luken R, Castellanos - Silveria F. Industrial Transformation and Sustainable Development in Developing Countries [J]. *Sustainable Development*, 2011, 19 (3): 167 -175.

[298] Markusen J. R., Venables A. J.. Foreign Direct Investment as a Catalyst for Industrial Development [J]. *European Economic Review*, 1999 (43): 335 -356.

[299] Meltzer J.. A Carbon Tax as a Driver of Green Technology Innovation and the Implications for International Trade [J]. *Energy Law Journal*, 2014, 35 (1), 45 -69.

[300] Mukherjee K.. Energy Use Efficiency in the Indian Manufacturing Sector: An Interstate Analysis [J]. *Energy Policy*, 2008a (36): 662 -672.

[301] Mukherjee K.. Energy Use Efficiency in US Manufacturing: A Nonparametric Analysis [J]. *Energy Economics*, 2008b (30): 76 -96.

[302] Mullins K. A., Venkatesh A., Nagengast A. L.. Regional Allocation of

Biomass to U. S. Energy Demands under a Portfolio of Policy Scenarios [J]. *Environmental Science & Technology*, 2014, 48 (5): 2561 -2568.

[303] Oltra V., Saint J. M.. Variety of Technological Trajectories in Low Emission Vehicles (Levs): A Patent Data Analysis [J]. *International Schumpeter Society, Nice Sophia Antipolis*, 2009, 17 (2): 201 -213.

[304] Klemmer P., Lehr U.. *Environmental Innovation* [R]. BMBF, Analytica - Verlag, Berlin, 1999: 63 -81.

[305] Pakes A. and Schankerman M.. *The Rate of Obsolescence of Patents, Research Gestation Lags, and the Private Rate of Return to Research Resources* [M]. In: R&D, Patents, And Productivity. University of Chicago Press, 1984: 73 -88.

[306] Poon S. C. Beyond the Global Production Networks: A Case Offurther Upgrading of Taiwan's Information Technology Industry [J]. *International Journal of Technology and Globalization*, 2004, 1 (1): 130 -144.

[307] Porter M. E., Linde C.. Toward a New Conception of the Environment - Competitiveness Relationship [J]. *Journal of Economic Perspectives*, 1995, 9 (4): 97 -118.

[308] Porter M. E.. Towards a Dynamic Theory of Strategy [J]. *Strategic Management Journal*, 1991, 12 (S2): 95 -117.

[309] Kemp R., Arundel A. and Smith K.. *Survey Indicators for Environmental Innovation* [A]. Paper Presented to Conference Towards Environmental Innovation Systems in Garmisch - Partenkirchen, 2002.

[310] Ramanathan R. An Analysis of Energy Consumption and Carbon Dioxide Emissions in Countries of the Middle East and North Africa [J]. *Energy*, 2005, 30 (15): 2831 -2842.

[311] ŘEpková I.. Efficiency of the Czech Banking Sector Employing the DEA Window Analysis Approach [J]. *Procedia Economics & Finance*, 2014 (12): 587 - 596.

[312] Revilla E., Sarkis J. and Modrego A.. Evaluating Performance of Public-private Research Collaborations: A DEA Analysis [J]. *Journal of Operational Research Society*, 2003 (54): 165 -174.

[313] Rifkin, J.. *The Third Industrial Revolution: How Lateral Power is Transforming Energy, The Economy and the World* [M]. Landon: Palgrave Macmillan, 2011.

[314] Ross A. and Droge C. . An Integrated Benchmarking Approach to Distribution Center Performance Using DEA Modeling [J]. *Journal of Operations Management*, 2002 (20): 19 - 32.

[315] Sala - I - Martin X. X. . The Classical Approach to Convergence Analysis [J]. *Economic Journal*, 1995, 106 (437): 1019 - 1036.

[316] Saranga H. . The Indian Auto Component Industry - Estimation of Operational Efficiency and its Determinants Using DEA [J]. *European Journal of Operational Research*, 2009 (196): 707 - 718.

[317] Schaumburg - MüLler H. Rise and Fall of Foreign Direct Investment in Vietnam and its Impact on Local Manufacturing Upgrading [J]. *European Journal of Development Research*, 2003, 15 (2): 44 - 66.

[318] Shao J. H and Fei X. X. . Research on Green Technical Innovation & Administration [J]. *Proceedings of the 3rd International Conference on Product Innovation Management*, 2008: 1065 - 1069.

[319] Smith L. , et al. . Airborne Quantification of Methane Emissions over the Four Corners Region [J]. *Environmental Science & Technology*, 2017, 51 (10): 5832 - 5837.

[320] Straub D. , Boudreau M. , Gefen D. . Validation Guidelines for Is Positivist Research [J]. *Communications of the Association for Information Systems*, 2004, 13 (24): 380 - 427.

[321] Sueyoshi T. and Aoki S. . A Use of a Nonparametric Statistic for DEA Frontier Shift: The Kruskal and Wallis Rank Test [J]. *Omega*, 2001, 29 (1): 1 - 18.

[322] Sueyoshi T. , Goto M. , Sugiyama M. . DEA Window Analysis for Environmental Assessment in a Dynamic Time Shift: Performance Assessment of U. S. Coal-fired Power Plants [J]. *Energy Economics*, 2013 (40): 845 - 857.

[323] Sun L. Y. , Miao C. L. , Yang L. . Ecological-economic Efficiency Evaluation of Green Technology Innovation in Strategic Emerging Industries based on Entropy Weighted TOPSIS Method [J]. *Ecological Indicators*, 2017 (73): 554 - 558.

[324] Swiecki T. . Determinants of Structural Change [J]. *Review of Economic Dynamics*, 2017 (24): 95 - 131.

[325] Tenenhaus M. , Vinzi V. E. , Chatelinc Y. M. , Laurob C. . PLS Path Modeling [J]. *Computational Statistics & Data Analysis*, 2005, 48 (1): 159 - 205.

[326] Tian W. X. , Guo J. F. and Zhang X. T. . Comparison of Parameter and

Non-parameter Methods on Production Frontier [J]. *Policy-making Reference*, 2000, 13 (2): 44 -46.

[327] Tidd J. and Bessant J.. *Managing Innovation*; *Integrating Technological*, *Market and Organizational Change* [M]. 4th Ed. John Wiley & Sons Ltd., Chichester, England, 2009.

[328] Tseng F. M., Chiu Y. J., Chen J. S.. Measuring Business Performance in the High - Tech Manufacturing Industry: A Case Study of Taiwan's Large-sized TFT - LCD Panel Companies [J]. *Omega*, 2009 (37): 686 -697.

[329] Tulkens, H. and Vanden Eeckaut, P.. Non-parametric Efficiency, Progress and Regress Measures for Panel Data: Methodological Aspects [J]. *European Journal of Operational Research*, 1995 (80): 474 -499.

[330] Vlontzos, G. and Pardalos, P. M.. Assess and Prognosticate Greenhouse Gas Emissions From Agricultural Production of EU Countries, by Implementing DEA Window Analysis and Artificial Neural Networks [J]. *Renewable and Sustainable Energy Reviews*, 2017 (76): 155 -162.

[331] Vu T. B., Noy I.. Sectoral Analysis of Foreign Direct Investment and Growth in the Developed Countries [J]. *Journal of International Financial Markets*, *Institutions and Money*, 2009 (19): 402 -413.

[332] Wang K., Yu S. W., Zhang W.. China's Regional Energy and Environmental Efficiency: A DEA Window Analysis based Dynamic Evaluation [J]. *Mathematical & Computer Modelling*, 2013 (58): 1117 -1127.

[333] Wang W. X., Yu B., Yan X., Yao X. L and Liu Y.. Estimation of Innovation's Green Performance: A Range-adjusted Measure Approach to Assess the Unified Efficiency of China's Manufacturing Industry [J]. *Journal of Cleaner Production*, 2017 (149): 919 -924.

[334] Wang Y. R., Xu Q. L.. Evaluation of Green Technology Innovation Capacity of Automobile Manufacture Industry [J]. *Applied Mechanics and Materials*, 2010 (44): 206 -212.

[335] Webb R. M.. Levels of Efficiency in UK Retail Banks: A DEA Window Analysis [J]. *International Journal of the Economics of Business*, 2003, 10 (3): 305 -322.

[336] Wolfgang K.. International Technology Diffusion [J]. *Journal of Economic Literature*, 2004, 42 (3): 752 -782.

[337] Wu, S.. U. S. Reindustrialization Strategy, Innovation, And Regional Policy for Manufacturing Development in China [J]. *Quarterly Journal of Chinese Studies*, 2016, 4 (3): 69 -70.

[338] Xie J. M. , Tang X. , Shao Y.. Research on Stratified Cluster Evaluation of Enterprise Green Technology Innovation [J]. *Based on the Rough Set. Technology and Investment*, 2012, 3 (2): 68 -73.

[339] Yang H. H. and Chang C. Y.. Using DEA Window Analysis to Measure Efficiencies of Taiwan's Integrated Telecommunication Firms [J]. *Telecommunications Policy*, 2009 (33): 98 -108.

[340] Yi C. , Huang J. Y. , Sun F. Y. , Lin M. L. , Liu Q.. The Green Degrees of Single Construction Technology Assessment System Using AHP - Fuzzy [J]. *Advanced Materials Research*, 2013 (671 -674): 2636 -2643.

[341] Yu Y. and Liu D.. The Effect of the Space Outflow of China's Regional Innovation and the Effect of the Outflow of Value Chains: A Study from the Perspective of the Innovative Value Chain, on the Model of the Panel of Multidimensional Space [J]. *Management World*, 2013 (7): 6 -20.

[342] Zhou P. , Ang B. W. , Poh K. L.. A Survey of Data Envelopment Analysis in Energy and Environmental Studies [J]. *European Journal of Operational Research*, 2008 (189): 1 -18.

[343] Zhou Z. F.. On Evaluation Model of Green Technology Innovation Capability of Pulp and Paper Enterprise based on Support Vector Machines [J]. *Advanced Materials Research*, 2014, 2986 (886): 285 -288.

后　　记

本书是2016年国家社科基金青年项目（项目编号：16CJL020）的最终研究成果。在课题研究和本书的撰写过程中，课题组的各位同志付出了艰辛的劳动，也得到了学院领导的大力支持，在此谨向全力支持本课题顺利进行的福建师范大学经济学院领导及参与本课题研究的叶琪博士、黄茜博士、杨莉莎博士、伊馨老师、冯国治老师、张宝英老师，以及研究生孙吉、朱彦章、曾诗怡、蔡烁纯、吴维香、肖莲、董小卿等同学表示深深的谢意。

全书由林寿富教授提出研究思路和负责研究工作安排，并具体承担了本书相关章节的研究工作，以及担任全书统稿、审定工作。课题组成员通力合作、集体攻关，历经多轮讨论、修改、论证、充实而成。在本书的写作过程中，具体分工是：第一章，林寿富；第二章，林寿富；第三章，林寿富、肖莲；第四章，林寿富、吴维香；第五章，林寿富、孙吉；第六章，林寿富、孙吉；第七章，林寿富、孙吉；第八章，林寿富、朱彦章；第九章，朱彦章、伊馨；第十章，朱彦章、叶琪；第十一章，林寿富、朱彦章；第十二章，蔡烁纯、吴维香；第十三章，林寿富、董小卿；第十四章，林寿富、孙吉、朱彦章。

我要特别感谢福建师范大学经济学院院长黄茂兴教授，他在课题申请之初就提出了很多宝贵的意见和建议，在课题研究过程中也给予了非常多的指导和支持。而他一年工作三百六十天、十年如一日的“工作狂”精神也让我由衷的敬佩。在此，我还要感谢我的妻子——王海艳一直以来对我学习、工作的支持和帮助，衷心感谢她任劳任怨，默默付出不求回报，让我能够全身心地投入到工作和学术研究中。感谢我的父母、岳父母多年来的支持，也感谢我可爱的儿子——林淏文对我的理解，在我工作的时候，他从来不打扰我，而是自己默默地去看书。此外，也对我尊敬的导师赵定涛教授和多拉·马里诺娃（Dora Marinova）教授，福建师范大学经济学院所有老师，以及宋马林教授、周鹏教授、洪进教授、魏玖长教授、时省教授、戚威博士、王善勇博士、李军博士等关心支持我的老师和朋友们致以诚挚的谢意！

本书还直接或间接引用、参考了其他研究者的相关文献，对这些文献的作者表示诚挚的感谢。

由于时间仓促，本书难免存在疏漏和不足，敬请读者批评指正。

林寿富

2019年10月